자연의 개념
The Concept of Nature

자연의 개념 : 1919년 11월 트리니티 칼리지 타너 강의
The Concept of Nature : Tarner Lectures Delivered in Trinity College, November 1919

지은이	알프레드 노스 화이트헤드
옮긴이	안호성
펴낸이	조정환 신은주
편집	김정연
디자인	조문영
홍보	김하은
프리뷰	박신현·신빛나리·심귀연
초판 1쇄	2025년 2월 28일
초판 2쇄	2025년 12월 3일
종이	타라유통
인쇄·제본	영신사
라미네이팅	금성산업
ISBN	978-89-6195-376-4 93100
도서분류	1. 철학 2. 자연철학 3. 과학철학
카테고리	카이로스총서 110 Mens
값	22,000원
펴낸곳	도서출판 갈무리
등록일	1994. 3. 3.
등록번호	제17-0161호
주소	서울 마포구 동교로18길 9-13 2층
전화	02-325-1485
팩스	070-4275-0674
웹사이트	www.galmuri.co.kr
이메일	galmuri94@gmail.com

일러두기

1. 이 책은 Alfred North Whitehead의 *The Concept of Nature : Tarner Lectures Delivered in Trinity College, November 1919*, London : Cambridge University Press, 1920을 완역한 것이다.
2. 인명, 책 제목, 논문 제목 등 고유명사의 원어는 맥락을 이해하는 데 원어가 꼭 필요하다고 생각되는 경우를 제외하고는 본문에서 병기하지 않았으며 찾아보기에 수록하였다.
3. 단행본, 전집, 정기간행물에는 겹낫표(『』)를, 논문에는 홀낫표(「」)를 사용하였다.
4. 영어판에서 이탤릭체로 강조된 것은 고딕체로 표기하였다.
5. 번역어 중 대안 번역어가 있지만 원문과의 관련성을 위해 다른 번역어를 사용한 경우에는 대괄호([ ])를 사용하여 대안 번역어를 추가하였다(ex. 질료[물질]matter).

차례　　　　　자연의 개념

5　서문

11　1장 · 자연과 사고
45　2장 · 자연의 이분화 이론들
77　3장 · 시간
113　4장 · 연장 추상화의 방법
147　5장 · 공간과 운동
175　6장 · 합동
207　7장 · 객체
237　8장 · 요약
265　9장 · 궁극적인 물리 개념들
282　　　주 : 점에 대한 그리스적 개념에 관해서
284　　　주 : 의미작용과 무한 사건에 관해서

286　옮긴이 후기
297　화이트헤드 연보
301　화이트헤드 저작 목록
305　인명 찾아보기
307　용어 찾아보기

:: 서문

 이 책의 내용은 1919년 가을 트리니티 칼리지에서 타너 강의의 첫 번째 강좌로서 처음 발표되었습니다. 타너 강의의 연사라는 직위는 에드워드 타너 씨의 아량으로 만들어진 비정기적 직위입니다. 이 직책을 승계하는 각 강연자의 의무는 '과학철학, 그리고 다양한 지식 분야 사이의 관계 또는 관계의 결핍'에 관해 강의를 진행하는 것입니다. 이 책은 그 임무를 이행하기 위해 시리즈를 담당한 첫 번째 강연자의 노력을 잘 구현하고 있습니다.

 각 장은 표현상의 모호성을 제거하기 위해 고안된 사소한 변경을 제외하고는 원래의 강의 형태를 유지하고 있습니다. 강의 형태라는 것에는 어떤 한정된 정신적 배경을 가진 청중을 시사하는 장점이 있으며, 강의의 목적은 그 배경을 특정한 방식으로 수정하는 것입니다. 광범위한 파급력을 지닌 새로운 전망을 제시하는 데 있어서 전제에서 결론까지의 단일한 전달 노선을 채택하는 것은 이해 가능성을 위해 충분하지 않습니다. 청중은 여러분이 하는 어떤 말도 자신들이 기존에 가지고 있던 관점에 맞추어 해석할 것입니다. 이러한 이유로, 처음 두 장과 마지막 두 장은 설명의 형식적 완전성에는 거의 보태는 바가 없지만, 내용을 이해하는 데는 필수적입니다. 독자가 오해를 좇아 옆길로 새지 않게 하는 것이 이 장들이 맡는 기능입니다. 같은 이유에서 저는 기존의 철학적 전문 용어를 회피합니다. 근대 자연철학은 이 책의 두 번째 장에서 논의된 이분화의 오류를 반복해서 범하고 있습니다. 따라서 철학의 모든 전문 용어는 어떤 오묘한 방식으로 저의 테제에 대한 오해를 불러일으킵니다. 독자가 이분화의 안이한 악덕에 탐닉한다면 제가 여기서 쓴 글을 단 한 글자도 이해할 수 없으리라고 명시적으로 말해두는 편이 좋을 것 같습니다.

엄밀히 말하자면 마지막 두 장은 이 특별 강의에 속하는 것이 아닙니다. 8장은 1920년 봄에 임페리얼 과학기술 칼리지의 화학회 학생들 앞에서 행한 강의입니다. 8장은 이 책이 소개하는 학설을 편리하게 요약하며 적용하고 있으므로, 어떤 하나의 특정한 유형의 관점을 지닌 독자를 위해 여기에 추가되었습니다.

'자연의 개념'을 다루는 이 책은 저의 전작 『자연인식의 원리』와 한 짝을 이룹니다. 두 책 모두 독립적으로 읽힐 수 있는 동시에 서로를 보완합니다. 이 책은 부분적으로 이전 책에서 생략된 관점을 제공하고, 부분적으로는 같은 문제에 대한 대안적 설명을 제공합니다. 우선, 여기서는 수학적 표기법을 조심스럽게 피했고, 수학적 연역의 결과를 가정했습니다. 일부 설명은 개선되었고 다른 몇몇 설명은 새로운 관점에서 설정되었습니다. 반면에 전작의 중요한 요지 중 몇몇은 생략했습니다. 그 요지들에 관해 말할 새로운 것이 없기 때문입니다. 전체적으로 전작이 주로 수리물리학에서 직접 도출된 관념들에 기반하는 반면, 이 책은 수학을 제쳐두고 철학과 물리학의 특정 영역과 더 긴밀하게 관련됩니다. 두 작품은 공간과 시간에 관한 논의의 몇 가지 세부사항에서 중첩됩니다.

제가 의식하는 한, 그간 제 견해에는 어떤 변화도 일어나지 않았습니다. 다만 몇 가지 진전이 있었습니다. 본문에는 수학적 방식을 통하지 않고도 설명이 가능한 것이 포함되었으며, 수학적 전개는 마지막 두 장에서 언급됩니다. 그것들은 수리물리학의 여러 원리를 여기에서 유지되는 형태의 상대성 원리에 적용해 보는 맥락에서 언급됩니다. 이 책에서는 텐서 이론 tensor theory을 사용하는 아인슈타인의 방법을 채택하지만, 다른 가정을 가지고 다른 노선으로 적용됩니다. 경험을 통해 검증된 그의 결과는 저의 방법을 통해서도 얻을 수 있습니다. 아인슈타인과 제가 갈라지는 지점은 주로 그의 불균등 공간 이론이나 빛 신호의 고유한 기본 특성에 대해 그가 가정하는 것을 제가 받아들이지 않는다는 사실에서 비롯됩니다. 그러나 아인슈타인의 일반 상대성 이론의 위대한 공적은 상대성 원리에 비추어 수리물리학이 나아가야 할 방향을 최초로 드러냈다는 점에 있는 것이며, 일반 상대성 이론에 대한 그의 최근 연구가 지닌 가치는 저평가되지 말아야 합니다. 그러나 제가 판단하기에, 아인슈타인은 자신의 기발한 수학적 방법의 전개를 매우 의심스러운 철학의 협소한 경계 속으로 밀어 넣었습니다.

이 책 『자연의 개념』과 전작 『자연인식의 원리』의 목적은 사변적 물리학을 재조직하는 데 필수적인 전제가 되는 자연철학의 기반을 마련하는 것입니다. 구성적 사유를 지배하고 있는 공간과 시간의 일반적 동화同化는 과학 쪽에서는 민코프스키와 이후의 상대론자들에 의해 독립적으로 지지될 수 있습니다. 철학자의 쪽에서 그것은 몇 년 전에 발표되었지만 아직 출간되지는 않은 알렉산더 길퍼드 교수의 강의 주제 중 하나였습니다. 또한, 길퍼드 교수는 1918년 7월 아리스토텔레스 학회에서 행한 강연에서 이 문제에 관한 자신의 결론을 요약했습니다. 『자연인식의 원리』가 출판된 이후, 운 좋게도 저는 C. D. 브로드 씨의 『지각, 물리학, 실재』(Cambridge University Press, 1914)를 읽을 기회를 가질 수 있었습니다. 이 귀중한 책은 『자연의 개념』 2장의 논의에 도움이 되었지만, 2장에서 진술된 제 논증에 브로드 씨가 얼마나 동의하실지는 알 수 없습니다.

마지막으로 저는 편집자, 교정자, 사무원, 운영 담당자를 포함한 대학 출판부의 직원들이 탁월한 전문성으로 이 작품에 기여해 주셨을 뿐만 아니라 더 나아가 제 편의를 보장하기 위해 협력해 주신 것에 대해서 감사의 뜻을 표합니다.

1920년 4월
임페리얼 과학기술 칼리지에서
A. N. 화이트헤드

{ 1장 }

자연과 사고

설립자가 정의한 타너 강의의 주제는 '과학철학, 그리고 다양한 지식 분야 사이의 관계 또는 관계의 결핍'입니다. 이 새로운 재단의 첫 번째 강의를 담당하는 데 있어서 이 정의에 표현된 창립자의 의도에 관해 잠시 검토해 보는 것이 적절할 것입니다. 그리고 제가 기꺼이 그렇게 하는 데는 이유가 있는데, 그렇게 함으로써 현재 강의에서 다룰 주제를 소개할 수 있을 것이기 때문입니다.

제가 생각하기에, 타너 강의 주제의 두 번째 항목인 '다양한 지식 분야 사이의 관계 또는 관계의 결핍'은 앞의 항목 '과학철학'을 부분적으로 설명하는 절로서 받아들이는 것이 타당할 것입니다. 과학철학이란 무엇인가? 이 질문에 대해서 과학철학은 다양한 지식 분야 간의 관계에 관한 연구라고 답하는 것도 나쁘지 않은 대답입니다. 그런데 그다음에는 학문의 자유에 대한 존경스러운 배려로, 이 정의에는 '관계'라는 단어 뒤에 '관계의 결핍'이라는 문구가 삽입되어 있지요. 과학들 사이의 관계에 대한 반증은 그 자체로 과학철학을 구성합니다. 하지만 우리는 정의의 첫째 항목과 둘째 항목 중 어느 것도 생략할 수 없습니다. 과학철학에 포함되는 것은 과학들 간의 모든 관계가 아니라 특정한 관계들입니다. 예를 들어 생물학과 물리학은 현미경을 사용한다는 점으로 인해 연결됩니다. 그렇지만 저는 생물학에서의 현미경의 사용에 대한 전문적인 기술이 과학철학의 일부가 아니라고 단언할 수 있습니다. 다시 말하지만 정의의 둘째 항목, 즉 여러 과학 사이의 관계를 언급해야 합니다. 이 부분을 포기하는 것은 이상^{ideal}에 대한 명시적 참조를 포기하는 것이기 때문입니다. 이상의 부재 속에서 철학이란 그 본질적 관심으로부터 멀어지는 법입니다. 그 이상이란 지식, 느낌, 정서에 대해 존재하는 모든 것을 그 자체 내부에 할당된 관계들로 설정하는 어떤 통합적 개념을 달성해 내는 것입니다. 이상이라기에는 너무 터무니없는 그 이상이야말로 철학적 연구의 원동력이며, 철학적 연구는 그 이상이 추방될 때도 그 이상에 충성을 바치는 법입니다. 철학적 다원주의자는 엄격한 논리학자입니다. 헤겔주의자는 절대자의 손을 빌리며 모순 위에서 번성합니다. 마호메트교 신학자는 알라의 창조적 의지 앞에 절을 바칩니다. 실용주의자는 '작용'하는 것이라면 무엇이든 집어삼킬 것입니다.

이러한 광대한 체계들과 그것들이 낳은 오랜 여러 논쟁에 대한 언급은 우리에게 집중할 것을 요청합니다. 우리의 임무는 과학철학이라는 좀 더 단순한 것입니다. 그런데 어떤 하나의 과학은 이미 일정한 통합성을 보유하고 있으며, 이 점이 바로 지식 체계가 과학을 형성한다고 본능적으로 인식되는 이유입니다. 어떤 하나의 과학에 관한 철학은 사유들의 복잡성에 스며들어 이를 하나의 과학으로 만드는 통합적 특징을 명시적으로 표현하려는 노력입니다. 과학철학은 ─ 하나의 주제로서 구상하자면 ─ 모든 과학을 하나의 과학으로 보여주려는 노력이거나, 혹은 ─ 그러한 노력이 좌절될 경우 ─ 그 가능성을 반증하는 것입니다.

저는 더욱 단순화시켜서 자연과학, 즉 자연을 주제로 삼는 과학들에 저의 주의를 국한할 것입니다. 이 과학 무리에 대해 공통의 주제를 상정함으로써 자연과학에 관한 하나의 통합적 철학이 전제되었습니다.

자연이란 무엇을 의미합니까? 우리는 자연과학의 철학에 관해 논해야 합니다. 자연과학은 자연에 관한 과학입니다. 그렇지만 자연이란 무엇인가요?

자연은 우리가 감각을 통해 지각한 것 속에서 관찰하는 것입니다. 우리는 이 감각-지각에서 그 자체로는 사고가 아닌, 사고에 대해 자립적인 self-contained for thought 어떤 것을 알아차립니다. 사고에 대해 자립적인 특성이야말로 자연과학의 기초에 놓여 있습니다. 이는 자연이 하나의 닫힌 체계로 생각될 수 있음을 의미합니다. 여기서 체계가 닫혀 있다고 함은, 그 체계 내부의 상호관계들은 그것들이 사고의 대상이라는 사실을 표현할 필요 없이 성립한다는 것을 의미합니다.

그러므로 어떤 의미에서 자연은 사고에 대해 독립적입니다. 저는 이 진술을 통해 어떠한 형이상학적 선언도 의도하지 않았습니다. 제가 의미하는 바는 우리가 사고에 관해 생각하지 않고도 자연에 관해 생각할 수 있다는 것입니다. 여기서 저는 우리가 자연에 관해서 '동질적'homogeneously으로 생각하고 있다고 말하고자 합니다.

물론, 자연이 사고되었다는 사실에 관한 사유와 함께 자연을 생각하는 것도 가능합니다. 그럴 때 우리는 자연에 관해서 '이질적'heterogeneously으로 생각하고 있는 것입니다. 사실, 지난 몇 분 동안 우리는 자연에 관해서 이질적으로 생각해 왔습니다. 자연과학은 전적으로, 자연에 관한 동질적인 사고에만 관심을 둡니다.

그런데 감각-지각은 그 안에 사고가 아닌 요소를 포함합니다. 감각-지각이 사고를 포함하는지, 그리고 만약 포함한다면, 그것이 필연적으로 포함하는 사고란 어떤 종류의 것인지의 문제는 어려운 심리학적 질문입니다. 앞에서 감각-지각은 그 자체로는 사고가 아닌 어떤 것에 대한 알아차림awareness이라고 언급되었음에 유의하십시오. 즉, 자연은 사고가 아닙니다. 그러나 감각-지각에 그 자체로는 사고가 아닌 요인이 있다는 사실은 다른 문제입니다. 저는 이러한 요인을 '감각-알아차림'sense-awareness이라고 부릅니다. 따라서, 자연과학이 전적으로 자연에 관한 동질적 사고와만 관련되어 있다는 학설은 즉각적으로 자연과학이 감각-알아차림과 관련이 없다는 결론을 수반하지

1장 자연과 사고 **15**

는 않습니다.

그러나 저는 자연과학이 감각-지각의 종점terminus에 있는 자연과는 관련되지만, 감각-알아차림 그 자체와는 관련되지 않는다고 덧붙이겠습니다.

저는 이 논증의 요점을 반복하고, 그것을 특정한 방향으로 확장할 것입니다.

자연에 관한 사고는 자연에 대한 감각-지각과는 다릅니다. 그러므로 감각-지각이라는 사실은 그 자체로는 사고가 아닌 성분이나 요인을 포함합니다. 이 성분을 저는 감각-알아차림이라고 부릅니다. 감각-지각이 또 다른 성분으로서 사고를 포함하는지 안 하는지는 저의 논증과 무관합니다. 만약 감각-지각이 사고를 포함하지 않는다면, 감각-알아차림과 감각-지각은 동일한 것입니다. 그러나 지각된 것은 감각-알아차림의 종점인 존재자로서 지각되며, 사고에 이 존재자는 감각-알아차림이라는 사실 너머에 있는 어떤 것입니다. 또한, 지각된 것은 분명 그 지각의 성분을 구성하는 감각-알아차림과는 다른 감각-알아차림을 포함하지 않습니다. 따라서 감각-지각 속에 드러난 것으로서의 자연은 사고에 대하여 자립할 뿐만 아니라 감각-알아차림에 대해서도 자립합니다. 자연의 이러한 자립성은 자연이 정신에 대해 닫혀 있다고 말함으로써도 표현될 수 있습니다.

자연의 이러한 닫힘은 자연과 정신의 이접성에 대한 어떠한 형이상학적 학설도 수반하지 않습니다. 그것은 감각-지각 속에서 자연이 존재자들의 복합체로 드러나며, 그 복합체의 상호관계는 정신에 대한 참조 없이, 즉 감각-알아차림이나 사고에 대한 참조 없이 사고 속에 표현될 수 있음을 의미합니다. 게다가 저는 감각-알아차림과 사고가 정신에 귀속되어야 하는 유일한 활동임을 함의하는 것으로 이해되기를 원하지 않습니다. 또한, 저는 감각-알아차림의 종점이 아닌 것으로서의 정신이나 정신과 자연적 존재자들의 관계가 존재한다는 것을 부정하지 않습니다. 따라서 저는 이미 도입된 '동질적 사고'와 '이질적 사고'라는 용어의 의미를 확장하겠습니다. 우리가 사고나 감각-알아차림에 관해 생각함이 없이 자연에 관해 생각할 때 우리는 자연에 관해 '동질적으로' 생각하고 있는 것이며, 우리가 사고나 감각-알아차림에 관해, 혹은 그 둘 모두에 관해 생각하는 것과 관련하여 자연에 관해 생각할 때 우리는 자연에 관해 '이질적으로' 생각하고 있는 것입니다.

  또한, 저는 자연에 관한 사고의 동질성을 자의식적 활동에 비례해서 그 포착이 생생해지는 도덕적 또는 미적 가치에 대한 참조를 배제하는 것으로 여깁니다. 자연의 가치는 아마도 현존에 관한 형이상학적 종합의 열쇠일 것입니다. 그러나 정확히 그러한 종합이야말로 제가 여기서 피하려는 것입니다. 저는 감각-알아차림의 직접적 전달로서 우리에게 알려진 것과 관련하여 산출될 수 있는 가장 광범위한 일반화에만 전적으로 관심을 둡니다.

저는 자연이 존재자들의 복합체로서 감각-지각 속에 드러난다고 말했습니다. 여기서 우리가 존재자라고 할 때 그것이 무엇을 의미하는지 고려해 보는 것은 의미가 있습니다. 기술적 목적을 위해 단어들 사이에 자의적 구별을 세우지 않는 한, '존재자'entity는 단순히 '사물'thing에 대한 라틴어 대응어입니다. 모든 사고는 사물에 관한 것이어야만 합니다. 우리는 명제의 구조를 검토함으로써 사고에 대한 사물의 이러한 필연성에 관해서 몇 가지 착상을 얻을 수 있습니다.

명제가 어떤 제시자에 의해 수신자에게로 전해졌다고 가정해 봅시다. 이러한 명제는 구절들로 구성됩니다. 이 구절 중 일부는 지시적demonstrative일 수 있고, 다른 일부는 기술적descriptive일 수 있습니다.

여기서 지시적 구절이란, 지시적 구절의 특수성과 독립된 방식으로 수신자가 존재자를 알아차리게 하는 구절을 의미합니다. 여기서 제가 '지시'demonstration를 비논리학적인 의미로 사용하고 있다는 점, 즉 의대생의 기초 수업에서 강사가 개구리와 현미경의 도움을 빌려 혈액 순환을 보여준다는 그런 의미에서 제가 지시라는 낱말을 사용하고 있다는 점을 이해해야 합니다. 저는 맥베스가 다음과 같이 말했을 때 그가 '사변'이라는 단어를 사용한 방식을 떠올리며 그러한 지시를 '사변적' 지시라고 부르겠습니다.

그 눈에는 사변이 깃들어 있지 않군.[1]

그러므로 지시적 구절은 어떤 존재자를 사변적으로 지시합니다. 제시자가 어떤 다른 존재자를 의미했을 수도 있습니다. 즉, 그 구절은 수신자에게 지시하는 그 존재자와는 다른 어떤 존재자를 제시자에게 지시할 수도 있습니다. 그 경우 거기에는 혼란이 있게 됩니다. 왜냐하면 거기에는 두 가지 다른 명제, 즉 제시자를 위한 명제와 수신자를 위한 명제가 있게 되기 때문입니다. 저는 이 가능성을 우리의 논의와 무관한 것으로 제쳐두겠습니다. 그러나 실제로는 두 사람이 정확히 같은 명제를 고려하고 있다는 데 동의하기 어렵거나, 심지어는 한 사

---

1. * 원문은 『햄릿』에서 "There is no speculation in those eyes"를 인용하고 있다고 말하지만, 『햄릿』에서는 이 문장에 정확히 해당하는 것을 찾을 수 없다. 아마도, 화이트헤드가 『맥베스』의 제3막 제4장 1절 "Thou hast no speculation in those eyes Which thou dost glare with"(보이지도 않는 눈으로 나를 노려보면 어쩔 테냐)을 잘못 인용한 것으로 보인다. 맥베스의 이 대사는 뱅쿠오의 망령을 향해서 외친 것이다. 여기서 speculation은 사물을 분별할 능력을 의미하고 있다.

람이 스스로 고려하고 있는 명제를 정확히 결정하는 것이 어려울 수도 있습니다.

게다가 지시적 구절은 어떤 존재자도 지시하지 못할 수 있습니다. 그 경우, 수신자를 위한 명제는 없는 것이 됩니다. 저는 제시자가 스스로 의미하는 바를 알고 있다고 (아마도 경솔하게) 가정할 수 있다고 생각합니다.

하나의 지시적 구절은 하나의 제스처gesture입니다. 지시적 구절은 그 자체로는 명제의 구성요소가 아니지만, 그것이 지시하는 존재자는 명제의 구성요소입니다. 여러분은 여러분에게 어떤 식으로든 불쾌감을 주는 지시적 구절로 인해 말다툼을 벌일 수 있습니다. 그러나 그것이 올바른 존재자를 지시한다면, 여러분의 취향에 거슬릴 수는 있어도 그 점이 명제 자체에는 영향을 미치지 않습니다. 이러한 어법의 시사성suggestiveness은 명제를 전달하는 문장이 가진 문학적 성질의 일부입니다. 이는 문장이 하나의 명제를 직접 전달하는 동시에, 그 어법으로 인해 감정적 가치를 지닌 다른 명제들의 그림자-영역penumbra을 시사하기 때문입니다. 우리는 지금 어떤 어법을 취해도 직접적으로 전달되는 하나의 명제에 관해 이야기하고 있습니다.

이 이론은 대부분의 경우, 형식에 있어서는 단순히 지시적 제스처의 일부인 것이 실제로는 그것이 직접적으로 전달하고

자 하는 명제의 일부라는 사실로 인해 모호해집니다. 그 경우, 우리는 명제의 어법이 생략적elliptical이라고 부르겠습니다. 일상 대화에서는 거의 모든 명제의 어법이 생략적입니다.

몇 가지 예시를 들어 보겠습니다. 제시자가 런던, 예를 들어 리젠트 공원에 위치한 여자 대학인 베드퍼드 칼리지에 있다고 가정해 봅시다. 제시자는 대학 강당에서 연설하고 있고 다음과 같이 말합니다.

"이 대학 건물은 넓습니다."

"이 대학 건물"이라는 구절은 지시적 구절입니다. 이제 수신자가 이렇게 답한다고 가정해 봅시다.

"이것은 대학 건물이 아니라 동물원에 있는 사자 우리입니다."

그러자 제시자의 원래 명제가 생략적 어법으로 발화된 것이 아닌 한, 제시자는 자신의 원래 명제를 고수하며 이렇게 말합니다.

"어쨌든, 그것it은 넓습니다."

수신자의 대답이 "이 대학 건물"이라는 구절의 사변적 지시를 받아들인다는 점에 유의해야 합니다. 수신자는 '무슨 의미입니까?'라고 말하지 않았습니다. 수신자는 그 구절을 존재자를 지시하는 것으로서 받아들이지만, 그 동일한 존재자가 동물원의 사자 우리라고 선언하는 것입니다. 수신자의 대답에서

1장 자연과 사고

제시자는 자신의 원래 제스처가 사변적 지시로서 성공했음을 인식하고 '어쨌든'이라는 단어의 사용을 통해 그 시사성의 양태가 적합한지의 여부에 관한 질문을 포기합니다. 그런데 제시자는 이제 다음과 같이 말함으로써 적합한지 부적합한지의 여부를 떠나 어떠한 시사성도 제거된 지시적 제스처의 도움을 받으며 원래 명제를 반복할 수 있는 입장에 서 있습니다.

"그것^{it}은 넓습니다."

이 마지막 진술의 '그것'은 사고가 그 존재자를, 사고가 고찰하기 위한 벌거벗은 목표물로서 붙잡았음을 전제합니다.

우리는 감각-알아차림 속에 드러난 존재자들로 우리 자신을 국한합니다. 그렇게 존재자는 자연이라는 복합체 속의 하나의 관계항으로서 드러납니다. 존재자는 그것의 관계들로 인해 관찰자에게 나타나지만, 그 존재자 자체의 벌거벗은 개체성이 사고의 목표물입니다. 사고는 이와는 다른 방식으로 진행될 수 없습니다. 즉, 사고는 사변적으로 지시된 이상적인 벌거벗은 '그것' 없이는 진행될 수 없는 것입니다. 존재자를 벌거벗은 목표물로 설정하는 것은, 감각-지각이 그 속에서 그 존재자를 발견했던 복합체와는 분리된 현존을 그 존재자에 귀속시키지 않습니다. 사고에 대한 '그것'은 본질적으로 감각-알아차림에 대한 하나의 관계항입니다.

대학 건물에 관한 대화가 다른 형태를 취할 수도 있을 것입니다. 제시자가 처음에 무엇을 의도했든 간에, 제시자는 자신의 이전 진술이 생략적 어법으로 표현된 것이라고 거의 확신하면서 자신이 다음을 의미했었다고 추정합니다.

"이것this은 대학 건물이고 이것은 넓습니다."

여기에서 넓다고 진술되는 '그것'을 지시하는 '지시적 구절' 혹은 '제스처'는 이제 '이것'으로 축소되었습니다. 그리고 다소 약화된 구절은 그 구절이 발화된 환경에서는 정확한 지시를 위해 충분합니다. 이것은 구술형식이 결코 명제의 전체 어법이 아니라는 점을 보여줍니다. 이 어법에는 그 어법이 생산될 수 있는 일반적인 환경도 포함됩니다. 그러므로 지시적 구절의 목적은 사고에 대한 벌거벗은 목표물로서 한정적인 '그것'을 드러내는 것입니다. 그런데 지시적 구절의 작용 방식modus operandi은, 단지 사변적 지시를 위해 선택되고 명제 자체와는 무관한 보조적 복합체auxiliary complex 속에 있는 특수한 관계항으로서의 존재자에 대한 알아차림을 생산하는 것입니다. 예를 들어, 위의 대화에서 "이 대학 건물"이라는 구절에 의해 사변적으로 지시된 "그것"과 관계된 대학 그리고 건물은 다음의 명제와 무관한 보조적 복합체 속에 "그것"을 설정합니다.

"그것은 넓습니다."

물론 언어에서 모든 구절은 항상 매우 생략적입니다. 따라서,

"이 대학 건물은 넓습니다."
라는 문장은 아마도
"이 대학 건물은 대학 건물로서는 넓습니다."
라는 의미일 것입니다.

그러나 위의 논의에서 우리는 결론을 변경하지 않고 '넓습니다'를 '대학 건물로서는 넓습니다'로 대체할 수 있음을 알게 될 것입니다. 비록 자신이 동물원의 사자 우리에 있다고 생각한 수신자는

"어쨌든, 그것은 대학 건물로서는 넓습니다."
라는 언명에 아마도 동의하지 않을 것이라는 점을 우리는 쉽게 추측할 수 있지만 말입니다.

생략적 어법에 관한 좀 더 분명한 사례는 제시자가 수신자에게 다음과 같이 말해야 하는 경우에서 볼 수 있습니다.

"그 범죄자는 당신의 친구입니다."

수신자는 이렇게 답할 수도 있을 것입니다.

"그 사람은 제 친구이고 당신은 모욕적입니다."

여기서 수신자는 '그 범죄자'라는 구절을 단순히 지시적인 것이 아니라 생략적인 것이라고 가정합니다. 사실, 순수한 지시는 사고의 이상이지만 불가능합니다. 순수한 지시의 이러한 실천적 불가능성은 사고의 전달과 사고의 유지에서 발생하는 난관입니다. 즉, 자연의 특수한 요인에 관한 명제는 명제와 무관

한 보조적 복합체의 도움 없이는 타자에게 표현될 수 없고 반복적인 고찰을 위해 담지될 수도 없다는 것입니다.

이제 기술적 구절로 넘어가 보겠습니다. 제시자가 말합니다.

"리젠트 공원에 있는 대학은 넓습니다."

수신자는 리젠트 공원을 잘 알고 있습니다. 수신자에게 "리젠트 공원에 있는 대학"이라는 구절은 기술적입니다. 만약 그것의 어법이 생략적이지 않다면 – 일상생활에서는 어떤 방식으로든 분명 생략적이겠지만 – 이 명제는 단순히 다음을 의미합니다.

"리젠트 공원에는 대학 건물이라는 존재자가 있고 그것은 넓습니다."

만약 다시 수신자가

"동물원의 사자 우리가 리젠트 공원에 있는 유일한 넓은 건물입니다."

라고 말한다면, 이제 수신자는 동물원의 사자 우리가 대학 건물이 아니라는 가정하에 제시자와 모순을 이루게 됩니다.

그러므로 첫 번째 대화에서는 수신자와 제시자가 모순됨이 없이 단지 말다툼을 벌이는데, 이 대화에서는 수신자와 제시자가 모순을 이루는 것입니다. 따라서 기술적 구절은 그것이 표현하고자 하는 명제의 일부인 반면, 지시적 구절은 그것이 표현하고자 하는 명제의 일부가 아닙니다.

다시, 제시자는 그린 공원 – 그린 공원에는 대학 건물이 없습니다 – 에 서서 이렇게 말할 수 있습니다.

"이 대학 건물은 넓습니다."

아마도 수신자는 어떠한 명제도 받지 못할 것인데, 왜냐하면

"이 대학 건물"

이라는 지시적 구절이 전제하는 감각-알아차림이라는 배경의 부재로 인해 그 구절은 지시에 실패하기 때문입니다.

그러나 제시자가

"그린 공원에 있는 대학 건물은 넓습니다."

라고 말했다면, 수신자는 명제를 받았을 것입니다. 하지만 그것은 거짓 명제입니다.

언어는 통상적으로 애매한 것이며 그 의미에 관해 일반적 주장을 하는 것은 경솔한 행위입니다. 그러나 '이것'this 또는 '저것'that으로 시작하는 구절은 종종 지시적인 반면, 정관사 '그'the 또는 부정관사 '어떤'a으로 시작하는 구절은 종종 기술적입니다. 명제 표현 이론을 연구할 때, 두 개의 유사한 평범한 단어로서 한편으로 '이것'과 '저것', 다른 한편으로 '어떤'과 '그' 사이의 광대한 차이를 기억하는 것이 중요합니다. 버트런드 러셀이 처음으로 수행한 분석에 따르면,

"리젠트 공원에 있는 그 대학 건물은 넓습니다"

라는 문장의 의미는 다음과 같은 것입니다.

"거기에 하나의 존재자가 있는데 그것은 (i) 리젠트 공원에 있는 어떤 대학 건물이고, (ii) 그것은 넓으며, (iii) 리젠트 공원에 있는 어떤 대학 건물도 그 건물과 동일하다."

그러므로 "리젠트 공원에 있는 그 대학 건물"이라는 구절의 기술적 특징은 명백합니다. 또한, 명제는 세 개의 구성요소 절 중 하나를 부인하거나 구성요소 절들의 어떤 조합을 부인함으로써 거부됩니다. 만약 우리가 '리젠트 공원'을 '그린 공원'으로 대체하면 거짓 명제가 초래됩니다. 또한 리젠트 공원에 두 번째 대학을 설립하면 그 명제는 거짓이 되겠지만, 일상생활에서는 상식적으로, 그것을 단지 애매한 표현으로 정중하게 받아들일 것입니다.

고전 학자에게 '일리아스'는 통상적으로 지시적 구절입니다. 왜냐하면 고전 학자에게 '일리아스'는 잘 알려진 시를 지시하기 때문입니다. 그러나 대부분의 인류에게 이 구절은 기술적입니다. 즉, 그것은 『일리아스』라는 이름의 시와 동의어입니다.

이름은 지시적 구절일 수도 있고 기술적 구절일 수도 있습니다. 예를 들어, '호메로스'는 우리에게 기술적 구절입니다. 즉, 그 시사성에는 약간의 차이가 있지만 이 단어는 '『일리아스』를 쓴 사람'을 의미하고 있습니다.

이 논의는 사고가 그 자신의 앞에 여러 벌거벗은 목표물,

즉 우리가 존재자들이라고 부르는 것을 배치하며, 사고는 그 존재자들의 상호관계를 표현함으로써 그 존재자들로 표현된다는 점을 보여줍니다. 감각-알아차림은 사실과 그에 대한 요인들, 즉 사고에 대한 존재자들을 드러냅니다. 사고 속의 존재자를 분리해서 구별하는 것은 형이상학적 주장이 아니라 개별 명제의 유한한 표현에 필요한 절차의 방법론입니다. 존재자들 없이 유한한 진리란 있을 수 없습니다. 그것들은 무관한 것의 무한대가 사고로부터 제외되게 하는 수단입니다.

요약하자면 사고의 종점은 존재자들로서, 일차적으로는 벌거벗은 개체성을 지니며, 이차적으로는 사고의 절차를 통해서 그것들에게 귀속된 특성들과 관계들을 가집니다. 감각-알아차림의 종점은 자연의 사실 속의 요인들이며, 그것들은 일차적으로는 관계항으로서, 그리고 오직 이차적으로만 이산적 개체성으로서 변별됩니다.

감각-알아차림에 의해 즉시 지식에 대해 상정되는 자연의 어떤 특징도 설명될 수는 없습니다. 그러한 특징은 사고에 의해 관통될 수 없습니다. 감각-알아차림을 통해 경험 속에 들어오는 그 고유한 본질적 특징이, 사고에 대해서는 벌거벗은 존재자로서의 그 개체성을 유지하는 역할을 할 뿐이기 때문입니다. 그러므로 사고에 대해서 '붉은색'은 단지 한정적 존재자일 뿐이지만, 알아차림에 대해서 '붉은색'은 그 개체성의 내용을 가지고 있습니다. '붉은색'에 대한 알아차림에서 '붉은색'에 대한 사고로의 이행은 내용의 한정적 손실, 즉 요인 '붉은색'에서 존재자 '붉은색'으로의 이행을 수반합니다. 사고로의 이행에서 생기는 이러한 손실은 사고는 소통될 수 있지만 감각-알아차림은 소통될 수 없다는 사실로서 보상받습니다.

그러므로 자연에 관한 우리의 지식에는 세 가지 구성요소가 있게 되는데, 그것은 각각 사실, 요인, 존재자입니다. 사실은 감각-알아차림의 분화되지 않은 종점이고, 요인은 사실의 요소로 분화된 감각-알아차림의 종점이며, 존재자는 사고의 종점으로서 기능하는 요인입니다. 지금까지 다루어진 존재자들은 모두 자연적 존재자입니다. 사고는 자연보다 넓기에, 사고에는 자연적 존재자들이 아닌 존재자들도 존재합니다.

우리가 자연을 관계된 존재자들의 복합체라고 말할 때, '복합체'는 사고에 대한 존재자로서의 사실이며, 그것의 벌거벗은 개체성에는 그 복잡성 속에 자연적 존재자들을 포용하는 특성이 귀속됩니다. 이 개념을 분석하는 것이 우리의 일이며, 그 분석 과정에서 공간과 시간이 나타나야 합니다. 자연적 존재자들 사이에 유지되는 관계들 그 자체는 자연적 존재자임이 명백합니다. 즉 그것들 역시 감각-알아차림에 대해 존재하는 사실의 요인입니다. 따라서, 사실의 요인들이 감각-알아차림 속에서 소진될 수 없는 것과 마찬가지로, 자연적 복합체의 구조는 사고 속에서 결코 완성될 수 없습니다. 소진 불가성unexhaustiveness은 자연에 관한 우리의 지식이 가진 본질적 특징입니다. 또한 자연은 사고를 위한 재료를 소진하지 않습니다. 즉, 자연에 관한 어떠한 동질적 사고에서도 발생하지 않을 여러 사고가 존재합니다.

감각-지각이 사고를 포함하는지의 여부는 대부분 언어적인 문제입니다. 만약 사실 속 요인으로서의 존재자가 점하는 현실적 위치에서 추상화된 개체성에 대한 인지를 감각-지각이 포함한다면, 감각-지각은 의심의 여지 없이 사고를 포함합니다. 그러나 추가적인 인지 없이 정서와 목적적인 행위를 불러일으키는 데 효과적인 사실 속 요인에 대한 감각-알아차림으로 감각-지각이 구상된다면, 감각-지각은 사고를 포함하지 않습니다. 그 경우에 감각-알아차림의 종점은 정신에 대한 어떤 것이지만 사고에 대한 어떤 것은 아니게 됩니다. 일부 낮은 형태의 생명체가 가지는 감각-지각은 습관적으로 이 특징에 근접한 것으로 추측할 수 있습니다. 또한, 이따금 사고-활동이 고요히 휴면 상태에 들어간 순간에 우리의 감각-지각은 이 이상적인 한계에 근접할 수 있을 것입니다.

감각-알아차림에서 변별 과정에는 두 가지 측면이 있습니다. 한편으로는 사실을 부분들로 변별하는 측면이 있습니다. 그리고 다른 한편으로는 사실의 성분임에도 불구하고 사실의 부분이 아닌, 존재자들의 관계를 나타내는 것으로서의 사실의 어떤 부분을 변별하는 측면이 있습니다. 즉, 알아차림에 대한 즉각적 사실이란 자연의 발생occurrence 전체입니다. 그것은 감각-알아차림에 대해 현재하고, 본질적으로 추이推移하고 있는 사건으로서의 자연입니다. 자연을 가만히 붙잡고 바라볼 수는 없는 것입니다. 우리는 현재의 감각-알아차림의 종점에 관한 우리의 지식을 향상하려는 노력을 배가할 수는 없습니다. 우리의 좋은 결단에 따른 수혜를 받게 되는 것은 우리의 다음 감각-알아차림 속의 다음 기회입니다. 그러므로 감각-알아차림에 대한 궁극적 사실은 사건입니다. 우리는 이 전체 사건을 부분적 사건들로 변별합니다. 우리는 우리의 신체적 삶으로서의 사건, 이 방 안에서 펼쳐지는 자연의 과정으로서의 사건, 그리고 모호하게 지각된 다른 부분적 사건들의 집합체aggregate를 알아차리고 있습니다. 이는 감각-알아차림에서 사실을 부분들로 변별하는 것입니다.

저는 '부분'이라는 용어를, 알아차림 속에 드러난 전체 사실의 부분으로서의 사건이라는 임의적으로 제한된 의미로 사용할 것입니다.

감각-알아차림은 사건이 아닌 자연의 다른 요인을 우리에게 제공하기도 합니다. 예를 들어, 하늘색은 특정한 사건 속에 상황화situated된 것처럼 보입니다. 이러한 상황 관계에 관해서는 추가적인 논의가 필요하므로 뒤의 강의에서 다룰 것입니다. 지금 요점은 하늘색이 사건 속에 한정적으로 내포된 것으로서 자연에서 발견되지만 사건 자체는 아니라는 것입니다. 따라서 사건 외에도 자연의 다른 여러 요인이 감각-알아차림 속에서 우리에게 직접적으로 드러납니다. 자연의 모든 요인을 한정적인 자연적 관계를 맺은 이산적 존재자들로 구상하는 개념화는 제가 다른 곳[2]에서 "자연의 다양화"diversification of nature라고 부른 것입니다.

앞의 논의에서 도출할 수 있는 일반적인 결론이 하나 있습니다. 그 결론이란, 과학철학의 첫 번째 임무는 감각-지각 속에서 우리에게 드러난 여러 존재자에 대한 일반적인 분류가 되어야 한다는 것입니다.

'사건'에 덧붙여서 존재자의 실례를 보여주기 위한 목적으로 사용한 예시로는 베드퍼드 칼리지의 건물, 호메로스, 하늘색이 있었습니다. 이것들은 매우 다른 종류의 사물들임이 명백합니다. 그리고 그중 한 종류의 존재자에 관해서 세워진 진술은 다른 종류의 존재자에 관해서는 참이 아닐 개연성이 높습니다. 만약 인간의 사고가 추상적 논리학이 시사하는 대로 절차법orderly method으로 전개된다면, 우리는 나아가서 자연적

---

2. *An Enquiry concerning the Principles of Natural Knowledge* 참조.

존재자의 분류가 과학 자체의 첫 번째 단계가 되어야 한다고 말할 수 있습니다. 어쩌면 여러분은 이 분류가 이미 끝났으며, 과학은 공간과 시간 속에 있는 물질적 존재자들이 겪는 모험과 관련이 있다고 반론을 하고 싶을 수도 있지요.

물질에 관한 학설의 역사는 아직 쓰인 적이 없습니다. 그것은 그리스 철학이 과학에 끼쳐온 영향의 역사입니다. 그 영향은 자연적 존재자의 형이상학적 지위에 관한 한 가지 장구한 오해를 초래했습니다. 존재자는 감각-알아차림의 종점인 요인으로부터 분리되어 왔습니다. 존재자는 그 요인에 대한 기체 substratum가 되었고, 그 요인은 존재자의 속성으로 전락했습니다. 이런 식으로 구별이 자연에 도입되었는데, 실상은 전혀 구별되지 않습니다. 자연적 존재자는 그 자체로 고려할 때 단순히 사실의 요인입니다. 사실의 복합체에서 자연적 존재자를 분리하는 것은 단순한 추상화입니다. 자연적 존재자는 요인에 대한 기체가 아니라 사고에 드러난 요인 그 자체입니다. 그러므로 감각-알아차림을 담론적 지식으로 번역하는 정신의 단순한 절차가 자연의 근본적 특징으로 변형되었습니다. 그렇게 물질은 자신의 속성에 대한 형이상학적 기체로서 등장했으며, 자연의 과정은 물질의 역사로 해석된 것입니다.

플라톤과 아리스토텔레스는 사건들의 과정을 표현할 수 있는 단순한 실체의 탐구에 몰두하며 그리스 사상의 기반을 마련했습니다. 우리는 "자연은 무엇으로 만들어졌는가?"라는 질문으로 이러한 태도를 정식화해 볼 수 있을 것입니다. 이 질문에 대해 두 천재가 내린 답, 특히 그들이 답을 직조할 때 사용한 용어들의 기저에 있는 개념들은 시간·공간·물질에 관해서 의심의 여지 없이 받아들여지는 전제들을 결정했으며, 그 전제들이 과학을 지배해 왔습니다.

플라톤의 사고 형태는 아리스토텔레스의 것보다 유동적이며, 따라서 제가 감히 생각해 보건대, 더 가치 있는 것입니다. 그들의 중요성은, 과학철학의 장구한 전통이 자연에 관한 사고를 어떤 획일적 틀에 강제로 끼워 맞추기 이전에, 그들이 자연에 관한 세련된 사고를 보여 주었다는 증거에 놓여 있습니다. 예를 들어 『티마이오스』에는 자연의 일반적 생성과 자연의 측정가능한 시간 사이의 구별에 대한 전제가 다소 모호하게 표현되어 있습니다. 뒤의 강의에서 저는 제가 자연의 추이라고 부르는 것과 그 추이의 일정한 특징을 드러내는 특수한 시간-체계를 구별할 것입니다. 저는 플라톤이 이 학설을 직접적으로 지지한다고 주장하지는 않겠지만, 저의 구별을 받아들인다면 시간에 관해 다루는 『티마이오스』의 부분이 더 명료해질 것으로 생각합니다.

그러나 이것은 본론에서 벗어난 것입니다. 저는 지금 물질에 관한 과학적 학설이 그리스 사상에 기원을 두고 있음을 논하고자 하는 것입니다. 『티마이오스』에서 플라톤은 자연이 불과 흙, 그리고 그 중간체인 공기와 물로 만들어져 있으며, '불이 공기에 대해 있는 것처럼, 공기는 물에 대해 있고, 공기가 물에 대해 있는 것처럼, 물은 흙에 대해 있다'라고 주장합니다. 또한 플라톤은 이 네 원소에 대한 분자 가설을 시사합니다. 이 가설에서 모든 것은 원자의 형태에 의존하는데, 예를 들어 흙의 원자는 정육면체이고 불의 원자는 피라미드 형태입니다. 오늘날 물리학자들은 다시 원자의 구조에 관해 논의하고 있으며, 원자의 형태는 그 구조에서 결코 하찮은 요인이 아닙니다. 플라톤의 추측은 아리스토텔레스의 체계적 분석보다 훨씬 더 몽상적으로 읽힙니다. 그러나 어떤 면에서는 그 추측이 더 가치가 있습니다. 플라톤 사상의 주된 개요는 근대과학의 것과 비견될 수 있습니다. 플라톤 사상은 자연철학의 어떠한 이론이 되었든 그 이론이 담지해야 하고 어떤 의미에서 설명해야 하는 개념을 체현합니다. 아리스토텔레스는 "'실체'란 무엇을 의미하는가"라고 하는 근본적인 질문을 던졌습니다. 여기서 아리스토텔레스의 철학과 논리학 사이에 일어난 공명은 매우 불행한 방식으로 작용했습니다. 아리스토텔레스의 논리학에서 긍정명제의 기본형은 술어를 주어에 귀속시키는 것입니다. 그리하여 아리스토텔레스는 자신의 시대에 다양한 용법으로 사용되었던 '실체'라는 용어를 분석하면서 '더 이상 다른 어떤 것의 술어가 되지 않는 궁극적 기체'라는 의미를 특히 강조합니다.

아리스토텔레스의 논리학을 무비판적으로 받아들임으로써, 그렇게 감각-알아차림 속에 드러난 모든 것에 대해 기체를 상정하려는 뿌리 깊은 경향, 즉 우리가 알아차리고 있는 것 아래에서 '구체적 사물'이라는 의미에서의 실체를 찾고자 하는 뿌리 깊은 경향이 생겨났습니다. 이것이 물질과 에테르에 관한 근대과학적 개념의 기원이며, 그것들은 이러한 상정을 향한 끈질긴 습관의 산물입니다.

그리하여 일상적으로 생각할 수 있는 물질의 범위를 넘어서 시공간을 통해 퍼지는 사건에 대한 기체로서의 에테르가 근대과학에 의해 창시되었습니다. 개인적으로 저는 술어화 predication가 편리한 일상적 대화 형식 아래에서 여러 다른 관계를 혼동시키는 뒤죽박죽된 개념이라고 생각합니다. 예를 들어, 저는 풀잎에 대해 녹색이 가지는 관계가 그 풀잎의 짧은 기간 동안의 생애 사건에 대해 녹색이 가지는 관계와 완전히 다르며, 풀잎이 풀잎의 생애 사건에 대해 가지는 관계와도 다르다고 생각합니다. 어떤 의미에서 저는 사건을 녹색의 상황이라고 부르고, 다른 의미에서는 그것을 풀잎의 상황이라고 부릅니다. 그러므로 어떤 한 의미에서는 풀잎이 그 상황에 대한 술어가 되는 특성 또는 특징이고, 다른 의미에서는 녹색이 같은 사건의 특성 또는 특징이며, 이는 같은 사건이 풀잎과 녹색의 상황임을 의미합니다. 이러한 방식으로 특성의 술어화는 존재자들 사이의 극단적으로 다른 관계를 은폐하게 됩니다.

그러므로 '술어화'와 상관관계에 있는 용어인 '실체'는 술어화와 애매함을 공유합니다. 만약 우리가 어디에선가 실체를 찾고자 한다면, 그 실체는 어떤 의미에서는 자연의 궁극적 실체인 사건 속에서 찾아야 할 것입니다.

근대과학적 의미에서 물질은 시간과 공간 속에서 자연을 구성하는 재료를 찾으려는 이오니아인의 노력으로 회귀하는 것입니다. 물질은 아리스토텔레스의 실체 관념과 어떤 모호한 연합관계를 맺고 있어서 흙과 물에 관한 초기의 추측보다 더 세련된 의미를 지니고 있습니다.

흙, 물, 공기, 불, 물질, 마지막으로 에테르는 모두 자연의 궁극적 기체로 상정되었다는 점에서 직접적으로 연결되는 계열을 형성합니다. 그것들은 궁극적 존재자들을 추구하는 것에서 우러나오는 그리스 철학의 시들지 않는 활력을 증언하며, 이 궁극적 존재자들은 감각-알아차림을 통해 드러난 사실의 여러 요인입니다. 이 추구야말로 과학의 기원입니다.

초기 이오니아 사상가들의 조잡한 추측들에서 출발하여 19세기의 에테르로 끝나는 관념들의 계열은 물질에 관한 과학적 학설이, 실제로는 철학이 세련된 아리스토텔레스적 실체 개념으로 넘어가는 과정과 과학이 철학적 추상화에 반발하면서 되돌아오는 과정의 혼성물이라는 사실을 상기시켜 줍니다. 이오니아 철학의 흙, 불, 물과 『티마이오스』의 형태 잡힌 원소들은 근대과학적 학설의 물질 및 에테르와 비견될 수 있습니다. 그런데 실체는 모든 속성의 기저에 놓인 기체라는 궁극적인 철학적 개념을 표상하고 있습니다. (과학적 의미에서) 물질은 이미 공간과 시간 속에 있습니다. 그러므로 물질은 공간적이고 시간적인 특징을 생각함이 없이 개체적 존재자의 벌거벗은 개념에 도달하는 것에 대한 거부를 표상하고 있습니다. 사고의 절차에 불과한 것을 자연의 사실로 불러들이는 혼란을 야기한 것이 바로 이 거부입니다. 공간과 시간이라는 특징을 제외한 모든 특징을 벗은 존재자는 자연의 궁극적 질감으로서의 물리적 지위를 획득했습니다. 그렇게 자연의 과정은 공간을 거닐며 모험하는 물질의 단순한 운명에 불과한 것으로 구상되었습니다.

따라서 물질에 관한 학설의 기원은 공간과 시간을 자연적 현존에 대한 외적 조건으로서 무비판적으로 수용한 결과입니다. 그러나 이는 자연의 성분으로서의 시간과 공간이라는 사실을 의심해야 한다는 말은 아닙니다. 제가 의미하는 바는 '그 안에 자연이 설정된 것으로서의 공간과 시간에 대한 무의식적 전제'입니다. 이것이 바로 철학적 비판의 오묘함에 반발하는 모든 사유에 색채를 부여하는 전제입니다. 물질에 관한 과학적 학설의 형성에 관한 저의 이론은 이렇습니다. 먼저 철학은 사고의 방법을 위해 필요한 것일 뿐인 추상화 즉 벌거벗은 존재자를, 다양한 의미에서 존재자의 속성으로 할당되는 자연 속의 여러 요인에 대한 형이상학적 기체로 불법적으로 변형시켰습니다. 두 번째 단계에서는 (과거에 과학자였던 철학자를 포함해서) 과학자들이, 의식적으로든 무의식적으로든 철학을 무시하면서 이 기체를 속성에 대한 기체로 전제하면서도 그것이 시간과 공간 속에 존재한다고 가정했습니다.

이것은 혼란임이 분명합니다. 여기에서 실체의 존재 전체는 속성들에 대한 기체로서 존재합니다. 그러므로 시간과 공간은 실체의 속성이어야만 합니다. 만약 물질을 자연의 실체로 보고자 한다면 그것은 명백하게 잘못된 것인데, 왜냐하면 물질 조각들 이외의 관계항을 포함하는 여러 관계에 호소함이 없이 시공간적 진리를 표현하기란 불가능하기 때문입니다. 그러나 저는 이 점을 제쳐두고 다른 점으로 넘어가겠습니다. 시간 속에 있는 것은 실체가 아니라 속성입니다. 우리가 공간 속에서 발견하는 것은 장미의 붉은색과 재스민의 향기와 대포의 소음입니다. 여러분은 치통이 어디 있는지 치과의사에게 말해 보았을 것입니다. 그러므로 공간은 실체들 사이의 관계가 아니라 속성들 사이의 관계인 것입니다.

따라서 우리가 실체 지지자들이 실체를 물질로 구상하는

것을 용인한다고 하더라도, 공간이 실체들 사이의 관계를 표현한다는 주장에 따라 실체를 공간 속으로 밀어 넣는 것은 사기입니다. 공간은 물질과 관련이 없고, 오직 속성과 관련이 있을 뿐이라는 것은 명백합니다. 제가 의미하는 바는, 만약 여러분이 자연에 대한 우리의 경험이 — 제가 보기에는 잘못된 방식으로 — 실체의 속성에 대한 알아차림이라고 해석하기로 선택한다면, 이 이론에 따라 우리는 우리의 경험 속에 드러난 것으로서의 실체들 사이의 어떤 유비적인 직접적 관계를 찾는 것으로부터도 차단된다는 것입니다. 우리가 발견하는 것은 실체들의 속성들 사이의 관계입니다. 그러므로 물질을 공간 속에 있는 실체로 간주한다면, 물질이 발견되는 공간은 우리의 경험 공간과는 거의 관련이 없습니다.

앞의 논증은 공간에 관한 관계적 이론의 관점에서 표현되었습니다. 그러나 공간이 절대적이라고 해도 — 즉, 그 안에 있는 사물들에 독립된 존재를 가지고 있다고 하더라도 — , 논증의 방향은 거의 변하지 않습니다. 왜냐하면 공간 속에 있는 사물은 우리가 점유occupation라고 부를, 공간과의 일정한 근본적 관계를 맺고 있어야 하기 때문입니다. 따라서 공간과 관계된 것으로서 관찰되는 것이 속성이라는 반론은 여전히 유효한 것으로 남게 됩니다.

물질에 관한 과학적 학설은 절대시간에 관한 이론과 관련해서 성립합니다. 공간과 물질 사이의 관계에 적용되는 것과 같은 논증이 물질과 시간 사이의 관계에도 적용됩니다. 그러나 (오늘날의 철학에서는) 시간과 물질의 연결성과 공간과 물질의 연결성 사이에 차이가 있습니다.

공간은 단순히 하나의 물질적 존재자가 다른 물질적 존재자와 일정한 관계를 맺게 하는 물질적 존재자들의 배치ordering가 아닙니다. 공간의 점유는 각각의 물질적 존재자 그 자체에 일정한 특징을 각인합니다. 물질은 공간을 점유함으로써 연장extension을 가집니다. 자신의 연장으로 인해 각각의 물질 조각은 부분들로 분할될 수 있으며, 각각의 부분은 다른 모든 부분과 수적으로 구별되는 존재자입니다. 따라서 모든 물질적 존재자는 진정으로 하나의 존재자가 아닌 것처럼 생각됩니다. 그것은 존재자의 본질적 다수성multiplicity입니다. 하나의 독립된 점을 점유하는 각각의 궁극적 존재자를 찾아내지 않는 한, 물질을 다수성으로 분해해 가는 과정은 언제까지고 계속될 것처럼 보입니다. 물질적 존재자의 이러한 본질적 다수성은 과학이 의미하는 바가 아니라는 것이 명백하며, 감각-알아차림 속에 드러난 어떤 것과도 상응하지 않습니다. 물질의 이러한 분해는 일정 단계에서 중단되어야 하며, 그렇게 획득된 물질적 존재자를 하나의 단위체로 취급하는 것이 절대적으로 필요합니다. 정지 단계는 임의적일 수도 있고 자연의 특징에 따라 설정될 수도 있습니다. 그러나 과학의 모든 추론은 궁극적으로 그것의 공간-분석을 포기하고 "여기 하나의 물질적 존재자가 있는데, 단위 존재자로서 그것에 무슨 일이 일어나고 있는가?"라는 문제를 상정합니다. 그러나 이 물질적 존재자는 여전히 그 연장을 담지하고 있으며, 따라서 연장된 것으로서 그것은 단순한 다수성일 뿐입니다. 따라서 자연에는 연장의 분해와 무관한 본질적인 원자적 특성이 있습니다. 그 자체로 하나인 무언가, 단위체가 점유하는 부피 내부의 점들을 점유하는 존재자들의 논리적 집합체 이상인 무언가가 있습니다. 물론 우리는 점들을 점유하는 이러한 궁극적 존재자들에 대해 회의적일 수 있으며, 그러한 존재자가 진정으로 존재하는지도 의심할 수 있습니다. 그 존재자들은 의심스러운 특징을 가지고 있어서, 우리는 관찰된 사실을 통해서가 아닌 추상적인 논리학을 통해서 그것들을 수용하게 됩니다.

(오늘날의 철학에서) 시간은 시간을 점유하는 물질에 대해 공간과 같은 분해 효과를 초래하지 않습니다. 만약 물질이 시간의 지속을 점유한다면, 그 물질 전체가 그 지속의 모든 부분을 점유합니다. 그러므로 오늘날의 과학철학에서 표현되는 것처럼 물질과 시간 사이의 연결성은 물질과 공간 사이의 연결성과 다릅니다. 서로 다른 물질 조각들 사이의 관계를 통해 산출되는 결과로서 시간을 구상하는 것이 공간에 대한 유비적 개

념화에서 그랬던 것보다 훨씬 더 어렵다는 것은 명백합니다. 일순간에 서로 다른 물질 조각들이 서로 다른 공간의 부피들을 차지합니다. 그러므로 공간을 단순히 물질 조각들 사이의 관계가 산출하는 결과로서 구상하는 데는 아직 본질적인 어려움이 없습니다. 그러나 일차원적 시간에서는 같은 물질 조각이 시간의 다른 여러 부분을 점유합니다. 따라서 시간은 물질이 자기 자신과 맺는 관계를 통해 표현될 수 있어야 합니다. 저는 공간과 시간에 관한 관계적 이론은 신뢰하지만 물질 조각을 공간적 관계에 대한 관계항으로 표현하는 오늘날의 공간에 관한 관계적 이론 형태에 대해서는 회의적입니다. 참된 관계항은 사건입니다. 제가 방금 물질과 연결해서 시간과 공간 사이의 구별을 지적한 것은, 시간과 공간의 어떠한 동화도 물질을 공간-형성의 근본적인 요소로 간주하는 전통적인 노선을 따라 진행될 수 없다는 점을 명백하게 만듭니다.

자연철학은 그리스 사상에 의해 발전하는 동안 잘못된 방향으로 왜곡되었습니다. 이 잘못된 전제는 플라톤의 『티마이오스』에서는 모호하고 유동적으로 드러납니다. 이 사유에 대한 일반적 토대는 아직 확고히 설정되지 않았으며, 그저 적절한 설명과 신중한 강조가 결여된 것으로 해석될 수 있습니다. 그러나 아리스토텔레스의 설명을 통해 현재의 개념들은 경화되고 한정되어, 감각-알아차림 속에 드러난 자연의 형상과 질료[물질]matter 사이의 관계에 관한 잘못된 분석을 산출하게 되었습니다. 이 구절에서 '물질'matter이라는 용어는 과학적 의미에서 사용되지 않았습니다.

저는 오해를 방지하는 방식으로 결론을 내리겠습니다. 오늘날의 물질에 관한 학설이 몇 가지 근본적인 자연법칙을 담고 있음은 명백합니다. 단순한 예시로도 제가 의미하는 바를 예증할 수 있을 것입니다. 예를 들어, 박물관의 진열장 안에는 몇 개의 표본이 안전하게 보존되어 있습니다. 그 표본들은 몇 년 동안 그곳에 머물며 퇴색되고, 어쩌면 산산조각이 날 것입니다. 그렇지만 그것은 같은 표본일 것입니다. 그리고 처음에 존재했던 것과 동일한 화학 원소들과 그 원소들의 동일한 양이 마지막까지 그 진열장 안에 존재할 것입니다. 게다가 공학자와 천문학자는 자연의 진정으로 영속적인 운동을 다룹니다. 경험에 관한 이 위대한 기본 사실들을 한시라도 망각하는 자연에 관한 이론은 단순히 어리석은 것입니다. 그러나 이러한 사실에 대한 과학적 표현이 의심스러운 형이상학의 미로에 얽혀 있다는 점을 지적하는 것은 허용됩니다. 그리고 우리가 그 형이상학을 제거하고 자연을 편견 없이 새롭게 탐구하기 시작할 때, 과학을 지배하고 연구의 진행을 인도하는 많은 근본적 개념에 새로운 빛이 비추어지는 것입니다.

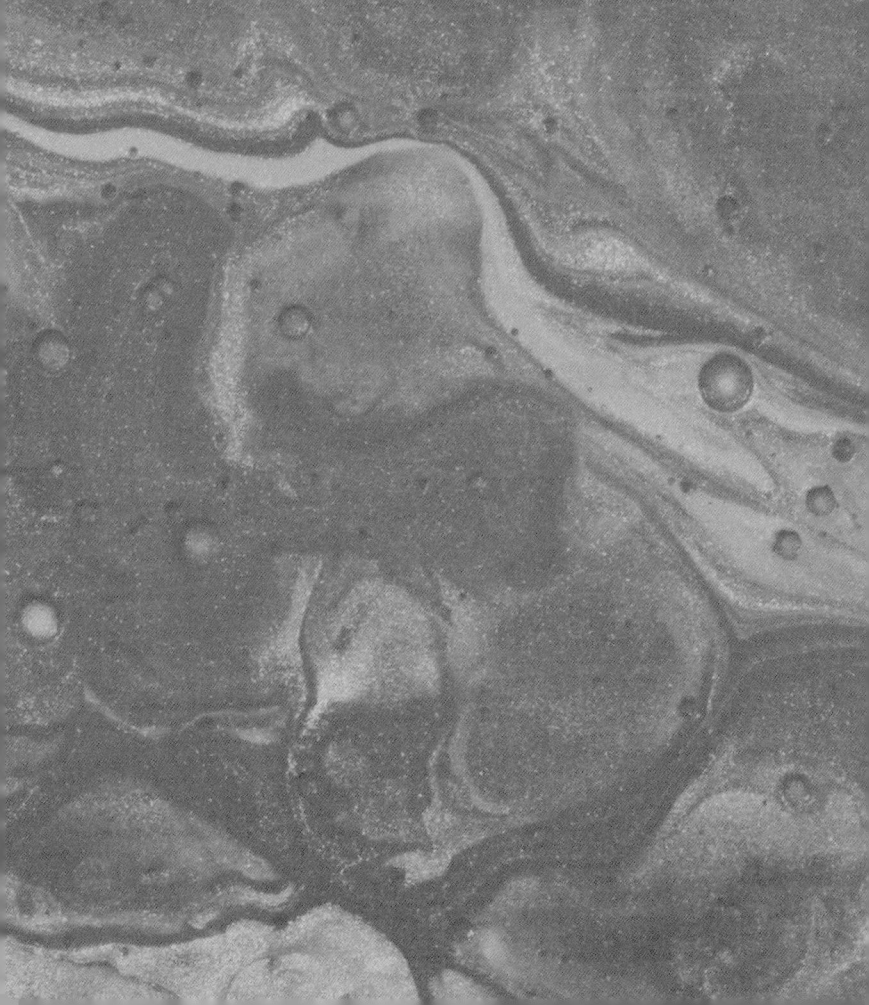

{2장}

자연의 이분화 이론들

이전 강의에서 저는 우리가 지각하는 속성이 귀속되는 실체로서의 물질이라는 개념을 비판했습니다. 제가 생각하기에 물질에 관한 이러한 사고방식은 물질이 과학에 도입된 역사적 이유입니다. 그리고 지금도 우리 사고의 뒷배경에 드리워져 있는 그 모호한 견해는 현재의 과학적 학설을 아주 명백한 것으로 나타나게 만드는 이유로서 기능하고 있습니다. 즉, 우리는 사물의 속성을 지각하는 것으로 우리 자신을 구상하고, 물질 조각은 우리가 지각하는 속성이 귀속되는 사물입니다.

17세기에 물질의 이러한 양상이 가진 달콤한 단순성은 돌연 충격을 받았습니다. 과학에서 전달transmission에 관한 학설은 그 당시 정교화 과정에 있었고, 세기말까지는 의심 없이 받아들여졌습니다. 비록 그 특수한 형태들은 이후 수정되긴 했지만 말입니다. 이러한 전달 이론의 확립은 과학과 철학의 관계에 전환점을 가져옵니다. 제가 특히 언급하고자 하는 학설은 빛과 소리의 전달 이론입니다. 그 이론들이 명백하게 상식적인 제안으로서 이전부터 모호하게 떠돌았었다는 것은 분명합니다. 왜냐하면 사고의 그 무엇도 완전히 새로운 것일 수는 없기 때문입니다. 그러나 그 시대에 그 이론들은 체계화되고 정밀한 형태로 만들어졌으며, 그 이론들에 따른 완전한 귀결들이 가차 없이 연역되었습니다. 여러 귀결을 신중하게 취급하는 절차의 확립이야말로 이론의 진정한 발견을 각인하는 것입니다. 빛과 소리는 그것들을 방출하는 물체로부터 나오는 어떤 것이라는 체계적 학설이 명확하게 확립되었고, 특히 빛과 색깔의 관계는 뉴턴에 의해 해명되었습니다.

그 결과, '실체와 속성' 지각 이론의 단순성이 완전히 무너졌습니다. 우리가 보는 것은 눈에 들어오는 빛에 의존합니다. 게다가 우리는 눈에 무엇이 들어오는지조차 지각하지 못합니다. 전달된 사물은 파동이거나 혹은 – 뉴턴이 생각한 것처럼 – 미세한 입자이며, 보이는 사물은 색깔입니다. 로크는 일차 성질과 이차 성질 이론을 가지고 이러한 난관에 대처했습니다. 즉, 우리가 지각하는 물질의 몇몇 속성이 있습니다. 그것들은 일차 성질이고, 우리가 지각하는 다른 것들, 예를 들어 색깔이 있는데, 색깔은 물질의 속성이 아니라 마치 물질에 그러한 속성이 있는 것처럼 지각됩니다. 그것들이 물질의 이차 성질입니다.

왜 우리는 이차 성질을 지각해야 할까요? 우리가 존재하지 않는 많은 것을 지각해야 한다는 것은 매우 불행한 상태로 느껴집니다. 그러나 실제로 이차 성질 이론에 따르는 귀결이 바로 이것입니다. 감각-알아차림 속에 드러난 자연에 관해서, 그것이 정신과 맺는 관계를 끌어들이지 않고는 정합적 설명을 제공할 수 없다는 결론에 대한 냉담한 묵인이 이제 철학과 과학을 지배하고 있습니다. 자연에 대한 근대적 설명은, 그 설명이 마땅히 그래야 하듯이, 단지 정신이 자연에 관해 아는 것을 설명하는 것이 아닙니다. 그리고 자연에 대한 근대적 설명은 자연이 정신에 하는 일에 대한 설명과 혼동되기도 합니다. 그 결과는 과학과 철학 모두에 재앙이 되어 왔지만, 주로는 철학에 재앙이었습니다. 그것은 자연과 정신의 관계라는 광대한 문제를 인간 신체와 정신 사이의 상호작용이라는 하찮은 형태로 바꾸어 놓았습니다.

물질에 대한 버클리의 논쟁은 빛의 전달 이론에 의해 도입된 이러한 혼란에 기반을 두고 있었습니다. 제가 생각하기에, 버클리는 물질에 관한 현재 형태의 학설을 포기할 것을 정당하게 주장했습니다. 그러나 버클리에게는 유한한 정신이 신적 정신과 맺는 관계에 관한 이론 외에는 그 자리를 대신할 것이 아무것도 없었습니다.

그러나 우리는 이 강의에서 자연 자체로 논의를 제한하고 감각-알아차림 속에 드러난 존재자 너머로 나아가지 않으려 노력하고 있습니다.

지각력percipience 그 자체는 당연한 것으로 가정되고 있습니다. 물론 우리는 지각력을 위한 여러 조건을 고려하지만, 그 조건들이 지각의 드러남에 속하는 한에서만 고려합니다. 우리는 아는 자the knower와 알려진 자the known의 종합을 형이상학에 맡길 것입니다. 이 강의의 논증이 펼치는 사유 노선을 이해하려면, 이 입장에 관한 몇몇 추가 설명과 변호가 필요합니다.

논의에 부쳐질 즉각적 테제는 어떤 형이상학적 해석도 자연과학의 철학에 불법적으로 도입된 것이라는 점입니다. 여기서 형이상학적 해석이란, 사고와 감각-알아차림이 (자연을 넘어서) 어떤 방식으로 이루어지고 (자연을 넘어서) 어째서 이루어지는지에 관한 모든 논의를 의미합니다. 과학철학에서 우리는 자연에 적용되는 일반적 개념들, 즉 우리가 지각을 통해서 알아차리는 것에 대한 일반적 개념들을 추구합니다. 과학철학은 지각된 사물에 관한 철학이며, 그 범위가 지각자와 지각된 사물을 모두 포괄하는 실재에 관한 형이상학과 혼동되어서는 안 됩니다. 지식의 객체와 관련된 어떤 난점도 그것을 아는 정신이 존재한다고 말하는 것으로 해결될 수는 없는 것입니다.[1]

다른 말로 하자면, 여기서 취해진 기초는 다음과 같습니다. 감각-알아차림은 어떤 것에 대한 알아차림입니다. 그렇다면 우리가 알아차리고 있는 어떤 것의 일반적 특징은 무엇일까요? 우리는 지각자나 지각 과정에 관해 묻는 것이 아니라 지각된 사물에 관해 묻고 있습니다. 제가 이 점을 강조하는 이유는 과학철학에 관한 논의가 – 제가 보기에는 주제에 크게 해를 끼칠 정도로 – 대개 극도로 형이상학적이기 때문입니다.

---

1. *An Enquiry concerning the Principles of Natural Knowledge*의 서문을 참조.

형이상학에 호소하는 것은 화약고에 성냥을 던지는 것과 같습니다. 그것은 무대 전체를 폭발시킵니다. 이것이 정확히 과학철학자들이 궁지에 몰리고 비정합성을 범했을 때 하는 일입니다. 그들은 일단 정신을 끌어들이고 경우에 따라 정신 속의 존재자나 정신 밖의 존재자를 말합니다. 자연철학에서 지각된 모든 것은 자연 속에 있습니다. 우리는 고르지 말아야 할 것입니다. 우리에게 있어, 석양의 붉은 빛은 과학자들이 그 현상을 설명하기 위해 사용하는 분자와 전자파만큼이나 자연의 일부여야 합니다. 이러한 자연의 다양한 요소가 어떻게 연결되어 있는지를 분석하는 것이 바로 자연철학인 것입니다.

이런 요구를 할 때 저는 제가 지각적 지식에 대한 우리의 본능적 태도를 채택하는 입장을 취한다고 생각하며, 이 지각적 지식은 오로지 이론의 영향 아래에서만 폐기됩니다. 우리는 우리가 적절한 주의를 기울인다면 첫눈에 관찰되는 것보다 더 많은 것을 자연 속에서 발견할 수 있다고 본능적으로 믿으려 합니다. 하지만 우리는 더 적게 발견하는 것으로는 만족하지 않을 것입니다. 우리가 과학철학에 요구하는 것은 지각적으로 알려진 사물들의 정합성에 관한 설명입니다.

이것은 지각을 통해 알려진 객체에 대해 정신적 첨가물을 말하는 어떠한 이론도 거부함을 의미합니다. 예를 들어, 지각 속에 주어진 것은 녹색 풀입니다. 이것은 우리가 자연의 성분으로 알고 있는 객체입니다. 정신적 첨가물 이론은 녹색성greenness을, 지각하는 정신에 의해 채워지는 정신적 첨가물로 취급합니다. 그리고 자연에는 정신이 그러한 지각을 향하도록 정신에 영향을 미치는 분자와 복사 에너지만을 남길 것입니다. 저의 논증은, 감각-알아차림에 의해 지식에 대해 상정된 사물에 정신이 자기 것을 첨가하는 것으로서 정신을 끌어들이는 것은 단지 자연철학의 문제를 회피하는 방법일 뿐이라는 것입니다. 자연철학의 문제란, 사물들이 알려졌다는 벌거벗은 사실로부터 추상화해서 알려진 사물들 사이의, 그 사물들-자체에만-속한inter se 관계를 논하는 것입니다. 자연철학은 정신 속에 있는 것이 무엇이고 자연 속에 있는 것이 무엇인지를 문제시해서는 안 됩니다. 그렇게 하는 것은 자연철학이 지각적으로 알려진 사물들 사이의 관계를 표현하는 데 실패했다는 고백, 즉 자연철학 그 자체인 자연적 관계를 표현하는 데 실패했다는 고백입니다. 그 과제가 우리에게 너무 어렵거나, 여러 관계가 너무 복잡하고 너무 다양해서 우리가 포착할 수 없거나, 혹은 설명하는 수고를 들이기에는 그 관계들이 너무 사소할 수 있습니다. 우리는 실제로 그러한 관계를 적합하게 정식화하는 데서 매우 작은 진전만을 이루었을 뿐입니다. 그러나 적어도 지각하는 정신에 의한 부차적 사건byplay의 이론 아래에 그 실패를 은폐하지 말아야 합니다.

제가 철저하게 항의하고 있는 것은 설령 실재적이라 하더라도 다른 의미에서 실재적인 두 가지 실재 체계로 자연을 이분화하는 것입니다. 한 실재는 사변적 물리학이 연구하는 전자 electrons 같은 존재자일 것입니다. 이것은 지식에 대해 존재하는 실재일 것인데, 문제는 이 이론에서 그 실재는 결코 알려질 수 없다는 것입니다. 왜냐하면 알려진 것이 다른 종류의 실재, 즉 정신에 의한 부차적 사건이기 때문입니다. 그러므로 두 개의 자연이 있게 됩니다. 하나는 추측이고 다른 하나는 몽상입니다.

제가 반대하고 있는 이 이론을 표현하는 또 다른 방식은 자연을 두 영역, 즉 알아차림을 통해 포착된 자연과 알아차림의 원인인 자연으로 이분화하는 것입니다. 알아차림을 통해서 포착된 사실로서의 자연은 그 안에 나무의 푸르름, 새들의 노래, 햇볕의 따스함, 의자의 딱딱함, 벨벳의 감촉을 담고 있습니다. 알아차림의 원인으로서의 자연은 현상적으로 나타나는 자연에 대한 알아차림을 낳도록 정신을 촉발하는 분자와 전자의 추측 체계입니다. 이 두 자연이 만나는 지점이 정신인데, 인과적 자연은 정신에 유입하고 나타나는 자연은 정신으로부터 유출합니다.

자연의 이분화 이론과 관련하여 논의할 수 있는 네 가지 물음이 있습니다. 그것들은 각기 (i) 인과성, (ii) 시간, (iii) 공간, (iv) 망상입니다. 이 문제들이 실제로 분리될 수는 없습니다. 그것들은 단지 그 이론에 관한 논의를 시작할 때 네 가지 별개의 출발점을 구성할 뿐입니다.

인과적 자연이란 정신에 영향을 미쳐 정신으로부터 외양적 자연이 흘러나오게 하는 원인입니다. 인과적 자연에 관한 이러한 개념화는 자연의 한 부분이 다른 부분에 대한 원인이 된다는 별개의 개념화와 혼동되어서는 안 됩니다. 예를 들어, 타오르는 불꽃과 중간 공간을 통해 전달되는 열은 신체, 그 신체의 신경과 뇌가 일정한 방식으로 기능하는 것에 대한 원인입니다. 그러나 이것은 자연이 정신에 행하는 작용이 아닙니다. 그것은 자연 내부의 상호작용입니다. 이 상호작용에 포함된 인과관계는, 자연 내부의 이러한 신체적 상호작용 체계가 붉음과 따스함을 지각하는 외부의 정신에 미치는 영향과는 의미가 다른 인과관계입니다.

이분화 이론은 자연과학이 지식이라는 사실의 원인을 조사하는 학문임을 보여주려는 시도입니다. 즉, 이분화 이론은 나타나는 자연을 인과적 자연으로 인해 정신에서 유출된 것으로 드러내려는 시도입니다. 그 개념 전체는 다음의 암묵적 가정에 부분적으로 기반합니다. 즉, 비록 정신은 그 활동성의 특징을 조직하고 결정하는 외적 이유를 필요로 하지만, 정신 자체는 오직 스스로 생산한 것만 알 수 있고 어떤 의미에서는 그 자신의 내부에 그 생산물을 담지하고 있다는 것입니다. 그러나 지식을 고려하는 한에서 우리는 '정신 내부'와 '정신 외부' 같은 모든 공간적 은유를 없애버려야 합니다. 지식은 궁극적인 것입니다. 지식에 관해서 '왜'why는 설명할 수 없으며, 오직 지식에 대한 '무엇'what을 기술할 수 있을 뿐입니다. 즉, 우리는 지식의 내용과 그 내적 관계를 분석할 수 있지만, 지식이 존재하는 이유를 설명할 수는 없습니다. 그러므로 인과적 자연은 형이상학적 환상입니다. 그렇지만 자연에 국한되지 않는 범위의 시야를 가진 형이상학의 필요성이 있습니다. 그러한 형이상학적 과학의 목적은 지식을 설명하는 것이 아니라, 실재에 관한 우리의 개념을 최대한의 완전성을 가지고 드러내는 것입니다.

그러나 우리는 자연의 인과성 이론에 강점이 있음을 인정해야 합니다. 자연의 이분화가 언제나 과학철학으로 슬금슬금 돌아오는 이유는 탄소와 산소 분자의 교반agitation, 그리고 그것들로부터 흘러나오는 복사 에너지, 그리고 물질적 신체의 다양한 기능과 관련된 하나의 체계 안에서 불꽃에 대해 지각된 붉음과 따스함을 설명하기가 극도로 어렵기 때문입니다. 우리가 모든 것을 포용하는 관계들을 만들어내지 않는 한, 우리는 이분화된 자연, 즉 한쪽에는 따스함과 붉음이 있고, 다른 한쪽에는 분자·전자·에테르가 있는 자연에 직면하게 됩니다. 그러면 이 두 가지 요인은 각각 원인과 그 원인에 대한 정신의 반응으로 설명됩니다.

시간과 공간은 자연의 통합성을 주장하는 철학자들이 요구하는 이 모든 것을 포용하는 관계들을 제공할 것처럼 보일 것입니다. 불꽃에 대해 지각된 붉음과 따스함은 시간과 공간 속에서 불의 분자 및 신체의 분자와 관계되어 있음이 분명합니다.

자연의 의미를 결정하는 것은 시간의 특징과 공간의 특징에 관한 논의로 주로 귀결된다고 해도 과언이 아닙니다. 이어지는 강의에서 저는 시간과 공간에 관한 저의 견해를 설명할 것입니다. 저는 시간과 공간이 자연의 더 구체적인 요소들, 즉 사건들로부터 추상화된 것임을 보여줄 것입니다. 추상화 과정의 세부 사항에 관한 논의는 시간과 공간을 상호연결된 것으로서 드러낼 것이며, 최종적으로는 근대 전자기 상대성 이론에서 일어나는, 시간의 측정과 공간의 측정 간의 어떤 연결성으로 우리를 이끌 것입니다. 그러나 이것은 우리가 이후에 논의하게 될 내용을 앞서가는 것입니다. 여기서는 시간과 공간에 관한 일상적 견해가 자연에 관한 우리의 개념화를 통합하는 데 어떻게 도움이 되는지, 혹은 어떻게 도움이 되지 않는지를 고찰하고자 합니다.

우선, 절대시간과 절대공간의 이론을 고려해야 합니다. 이 이론에 따르면, 우리는 시간과 공간 양자를 분리되고 독립된 존재자들의 체계로 간주해야 하며, 각각의 체계는 자연의 사건들에 대한 우리의 지식과 함께 즉자적in itself이고 대자적for itself으로 우리에게 알려져 있습니다. 시간은 지속 없는 순간들의 순차적 연쇄ordered succession입니다. 이 순간들은 우리에게 단지 계열적 관계 즉 시간-순서 관계의 관계항으로서 알려지며, 시간-순서 관계는 단지 순간들을 관계시키는 것으로서 우리에게 알려집니다. 즉, 그 관계와 순간들은 시간에 대한 우리의 포착 속에서 함께 알려지며, 각각이 서로를 함의합니다.

이것이 절대시간 이론입니다. 솔직히 말해서, 저는 이 이론은 설득력이 없다고 생각합니다. 제가 아는 한에서는 절대시간 이론의 벌거벗은 시간에 상응하는 것을 찾을 수 없습니다. 시간은 사건들의 추이passage of events에 대한 추상화로서 나에게 알려집니다. 이 추상화를 가능하게 만드는 근본적 사실은 자연의 추이, 그것의 전개, 그것의 창조적 전진입니다. 그리고 이 사실과 결합된 자연의 또 다른 특징은 사건들 사이의 연장적 관계입니다. 이 두 가지 사실, 즉 사건들의 추이와 서로에 대한 사건들의 연장은 제 생각에 시간과 공간을 추상화로 발생하게 만드는 성질들입니다. 그러나 이는 제가 나중에 논의할 사변을 미리 언급하는 셈입니다.

한편, 절대시간 이론으로 돌아가 보자면 우리는 시간이 우리에게 시간 속의 어떤 사건들과도 독립적으로 알려진다고 가정해야만 합니다. 시간 속에서 일어난 것은 시간을 점유합니다. 사건과 사건이 점유한 시간이 맺는 관계, 즉 이 점유 관계는 자연이 시간과 맺는 근본적 관계입니다. 그러므로 그 이론은 우리가 두 가지 근본적 관계, 한편으로 순간들 사이의 시간-순서 관계와 다른 한편으로 시간의 순간들과 그 순간들에서 발생하는 자연 상태 사이의 시간-점유 관계를 알아차리고 있다는 점을 요구합니다.

지배적인 절대시간 이론을 강력하게 뒷받침하는 두 가지 고려 사항이 있습니다. 첫 번째로 시간은 자연을 넘어 연장됩니다. 우리의 사고는 시간 속에 있습니다. 그리하여 단순히 자연의 요소들 사이의 관계들에서 시간을 도출하는 것은 불가능한 것처럼 보입니다. 왜냐하면 그 경우 시간적 관계들은 사고들을 관계시키지 못할 것이기 때문입니다. 따라서, 은유를 사용하자면, 시간은 분명 자연보다 실재에 더 깊이 뿌리를 내리고 있을 것입니다. 왜냐하면 우리는 자연에 대한 어떤 지각도 없이 시간 속에서 서로 관계된 사고들을 상상할 수 있기 때문입니다. 예를 들어, 우리는 시간 속에서 차례로 일어나는 생각들 속에 빠져 있는 밀턴의 천사 중 하나를 상상할 수 있습니다. 그런데 이 천사가 전지전능한 신이 공간을 창조하고 그 안에 물질적 우주를 배치했다는 사실을 눈치채지 못했다고 상상해 볼 수 있습니다. 물론 저는 밀턴이 실제로는 공간을 시간과 같은 절대 수준으로 설정했다고 생각합니다. 그러나 그 점이 예시를 혼란스럽게 할 필요는 없습니다. 두 번째로, 상대성 이론으로부터는 시간의 참된 계열적 특징을 도출하기가 어렵습니다. 각각의 순간은 불가역적입니다. 시간의 특징상 과거의 순간들은 결코 회귀할 수 없습니다. 그러나 상대성 이론에서 시간의 순간이 단순히 그 당시의 자연 상태이고, 시간-순서 관계가 단순히 그러한 상태들 사이의 관계라면, 시간의 불가역성은 모든 자연의 실제 상태가 결코 되돌아올 수 없음을 의미하는 것처럼 보일 것입니다. 가장 작은 개체에 이르기까지 그러한 회귀는 개연성이 없는 것처럼 보입니다. 그러나 극도의 비개연성 unlikeliness은 요점이 아닙니다. 우리의 무지는 그 끝을 헤아릴 수 없기에, 미래 사건의 개연성과 비개연성에 대한 우리의 판단은 거의 의미가 없습니다. 진정한 요점은 어떤 한 자연상태가 정확히 회귀한다는 것은 단순히 개연성이 없어 보일 뿐이지만, 시간의 어떤 한 순간의 회귀는 시간-순서에 관한 우리의 개념 전체를 위반한다는 것입니다. 지나간 시간의 순간들은 지나가 버린 것이며, 결코 다시 돌아올 수 없습니다.

시간에 관한 어떤 대안적 이론도 절대시간 이론의 버팀목으로 기능하는 이 두 가지 고려 사항에 대처해야 합니다. 그러나 저는 여기서 이 점에 관한 논의를 이어가지는 않을 것입니다.

절대공간 이론은 그에 상응하는 절대시간 이론과 유사하지만, 이론을 유지할 이유는 더 약합니다. 이 이론에 따르면 공간은 연장 없는 점들의 체계인데, 엄밀히 말하면 하나의 관계로 결합할 수 있는 이 점들은 공간-순서 관계들 속의 관계항입니다. 이 관계는 순간들의 시간-순서 관계에 대한 단순한 방법과 유사한 방식을 가지고 점들을 하나의 선형 계열로 배열하지 않습니다. 그로부터 공간의 모든 특성이 유래하는 이 관계의 본질적인 논리적 특징은 수학자들에 의해 기하학의 여러 공리 속에 표현되었습니다. 근대 수학자들이 직조한 이러한 여러 공리[2]로부터, 엄격한 논리적 추론을 거쳐 기하학의 과학 전체가 연역됩니다. 여기서는 이러한 여러 공리의 세부 사항에 관해서는 다루지 않겠습니다. 우리가 공간을 포착할 때 점들과 그 관계들도 함께 알려지며, 각각은 서로를 함의합니다. 공간 속에서 일어난 것은 공간을 점유합니다. 이 점유 관계는 통상적으로 사건에 대해 진술되는 것이 아니라 객체에 대해 진술되는 것입니다. 예를 들어, 폼페이우스 동상은 공간을 점유한다고 말해지지만 율리우스 카이사르의 암살 사건은 공간을 점유한다고 말해지지 않습니다. 이 점에서 저는 일상적 용어법이 유감스럽다고 생각하며, 사건이 시간 그리고 공간과 맺는 관계는 모든 측면에서 유사하다고 생각합니다. 그런데 여기서 이

---

[2]. 예를 들어, Veblen and Young, *Projective Geometry*, vol. i. 1910, vol. ii. 1917, Ginn and Company, Boston, U.S.A.를 참조.

점을 논하는 것은 이어지는 강의에서 논할 저의 의견을 미리 다루는 것입니다. 그러므로 절대공간 이론은 우리가 두 가지 근본적 관계, 즉 한편으로는 점들 사이에 성립되는 공간-순서 관계와 다른 한편으로는 공간의 점과 물질적 객체 사이의 공간-점유 관계를 알아차리는 것을 요구합니다.

절대공간 이론에는 절대시간 이론을 뒷받침하는 두 가지 주요 고려 사항이 결여되어 있습니다. 첫 번째로, 공간은 시간이 그렇게 보이는 것처럼 자연 너머로 연장되지 않습니다. 우리의 사고는 시간을 점유하는 방식과 같은 친밀한 방식으로 공간을 점유하는 것처럼 보이지 않습니다. 예를 들어, 저는 방 안에서 생각하고 있고, 그런 의미에서 제 생각은 공간 안에 있습니다. 그러나 사고가 점유한 방의 부피가 얼마인지를 묻는 것은 그것이 1세제곱피트이든 1세제곱인치이든 난센스처럼 보입니다. 반면에 동일한 사고들이 시간의 어떤 결정적 지속을 점유합니다. 예를 들어, 어떤 날짜의 11시부터 12시까지 말이지요.

그러므로 시간의 상대성 이론의 여러 관계는 사고와 관계시킬 필요가 있지만, 공간의 상대성 이론의 여러 관계와 사고를 관계시킬 필요성은 그리 명백해 보이지 않습니다. 사고와 공간의 연결성에는 사고와 시간의 연결성에서는 찾아볼 수 없는 어떤 간접성의 특징이 일정 정도 있는 것처럼 보입니다.

게다가 공간에는 시간의 불가역성에 필적하는 것이 없는 것처럼 보입니다. 상대성 이론에 따르면, 공간이란 일상적으로 공간 속에 있다고 말해지는 객체들 사이의 일정한 관계가 산출하는 결과입니다. 여러 객체가 있고 그 객체들이 관계를 맺고 있다면 거기에는 언제나 공간이 있습니다. 다 끝났다고 생각할 때면 다시금 머릿속으로 돌아오곤 하는 시간의 불편한 순간들에서 엿볼 수 있는 어려움이 공간에서는 발생하지 않는 것 같습니다.

절대공간 이론은 오늘날에 와서는 인기를 얻지 못하고 있습니다. 자연의 사건들에 관한 우리의 지식과 독립적으로 우리에게 즉자적이고 대자적으로 알려진 존재자들의 체계로서의 벌거벗은 공간에 관한 지식은 우리의 경험에 있는 어떤 것과도 상응하지 않는 것처럼 보입니다. 시간과 마찬가지로 공간은 사건들로부터의 추상화입니다. 저의 이론에 따르면 공간은 추상화 과정의 다소 발전된 단계에서만 시간과 분화됩니다. 공간의 관계적 이론을 표현하는 좀 더 일반적인 방식은 공간을 물질적 객체들 사이의 관계로부터 추상화된 것으로 간주하는 것입니다.

절대시간과 절대공간을 가정한다고 한번 해 봅시다. 인과적 자연과 나타나는 자연으로 이분화된 것으로서의 자연의 개념에 대해 절대시간과 절대공간을 가정한다는 것은 무엇을 의미할까요? 의심의 여지 없이 두 자연의 이분화가 이제 크게 완화되었습니다. 우리는 두 자연에 공통적인 두 개의 관계 체계를 제공할 수 있습니다. 왜냐하면 두 자연이 같은 공간과 같은 시간을 점유하고 있다고 가정할 수 있기 때문입니다. 이제 이론은 이렇습니다. 인과적 사건은 절대시간의 일정 주기period를 점유하고 절대공간의 일정 위치를 점유합니다. 이러한 사건은 정신에 영향을 미치며, 그 결과로 정신은 절대시간의 일정 주기를 점유하고 절대공간의 일정 위치를 점유하는 일정한 외양적 사건을 지각합니다. 그리고 나타나는 사건이 점유하는 주기와 위치는 인과적 사건이 점유하는 주기 및 위치와 어떤 결정적인 관계를 갖습니다.

더 나아가, 한정적인 인과적 사건은 정신에 대해 한정적인 외양적 사건을 산출합니다. 망상은 정신이 그러한 한정적인 외양적 사건을 지각하도록 정신에 적절한 영향을 미치는 인과적 사건의 개입 없이 시간적 주기와 공간적 위치 속에 나타난 외양적 사건입니다.

이론 전체가 완벽하게 논리적입니다. 이러한 일련의 논의에서, 우리는 부당하다고 느끼는 이론을 논리적 모순으로 몰아넣기를 바랄 수 없습니다. 추론자는 단순한 실수를 하는 경우를 제외하고는, 귀류법reductio ad absurdum을 회피하려 할 때에만 모순에 빠지게 됩니다. 우리가 어떤 철학적 이론을 거부하는 실질적인 이유는 그것이 우리를 '배리'absurdum로 데려가기 때문입니다. 자연과학의 철학의 경우, '배리'는 오직 우리의 지각적 지식이 이론이 거기에 할당하는 특징을 가지고 있지 않다는 것일 수 있습니다. 만약 상대방이 자신의 지식이 그러한 특징을 가지고 있다고 단언한다면, 우리는 — 우리가 서로를 이해하고 있다는 점을 이중으로 확인한 후에 — 차이에 동의할 수 있을 뿐입니다. 그러므로 제시자가 자신이 믿지 않는 이론을 스스로 진술할 때 가지는 첫 번째 의무는 그것을 논리적인 것으로 드러내는 것입니다. 제시자의 난관은 거기에 놓여 있지 않습니다.

자연에 관한 이 이론에 대해서 앞서 진술된 반론을 요약하겠습니다. 첫째, 이 이론은 알려진 사물의 특징을 찾는 대신에 알려진 사물에 대한 지식의 원인을 찾습니다. 둘째, 이 이론은 시간과 관계된 사건들과는 별개로 시간 그 자체에 대한 지식을 가정합니다. 셋째, 이 이론은 공간과 관계된 사건들과는 별개로 공간 그 자체에 대한 지식을 가정합니다. 이러한 반론들에 덧붙여 이 이론에는 다른 결함이 있습니다.

이 이론에서 인과적 자연이 점하는 인공적 지위는 인과적 자연이 시간과 공간을 전유한다고 가정되는 이유를 물음으로써 설명될 수 있습니다. 이것은 인과적 자연이, 나타나는 자연과 어떤 특징을 공유해야 하느냐는 근본적인 의문을 제기합니다. 이 이론에서 지각하는 정신에 영향을 미치는 원인이 정신에서 유출하는 외양적 자연과 공통적 특징을 가져야 하는 이유는 무엇일까요? 특히, 왜 인과적 자연이 공간 속에 있어야 할까요? 왜 시간 속에 있어야 할까요? 그리고 더 일반적으로, 정신에 관해 우리가 아는 것이 무엇이기에 원인의 어떤 특징이 정신에 영향을 미쳐 특수한 결과를 초래한다고 추론할 수 있을까요?

자연을 넘어서는 시간의 초월성은, 인과적 자연이 시간을 점유해야만 한다고 가정할 만한 약간의 이유를 제공합니다. 만약 정신이 시간의 주기를 점유한다면, 정신에 영향을 미치는 원인이 시간의 같은 주기를 점유하거나, 적어도 정신적 주기와 엄밀하게 관계된 주기를 점유한다고 가정할 모호한 이유가 있는 것처럼 보일 것이기 때문입니다. 그러나 정신이 공간의 부피를 점유하지 않는다면, 인과적 자연이 공간의 부피를 점유해야 할 이유는 없는 것으로 보입니다. 따라서 공간은, 외양적 자연이 단지 외양적인 것에 불과한 것과 같은 의미에서, 그저 외양적이기만 한 것처럼 보일 것입니다. 따라서 과학이 정말로 정신에 작용하는 원인을 조사하고 있다면, 과학이 찾고 있는 원인이 여러 공간적 관계를 맺고 있다고 가정하는 것은 전적으로 잘못된 노선에 있는 것처럼 보입니다. 게다가, 우리의 지식에는 정신이 지각을 향하도록 영향을 미치는 이러한 원인과 유사한 것이 아무것도 없습니다. 따라서, 원인이 시간을 점유한다는 성급하게 가정된 사실 이외에, 원인의 특징을 결정할 수 있는 어떤 근거도 실제로는 존재하지 않는다는 것이 밝혀집니다. 그것은 영원히 알려지지 않은 것으로 남아 있어야 합니다.

이제 저는 과학이 동화fairy tale가 아니라는 것을 하나의 공리로 가정하겠습니다. 과학은 자의적이고 공상적인 특성을 가진 불가지론적 존재자를 날조하는 데 종사하지 않습니다. 과학이 어떤 중요성을 산출하고 있다는 점을 인정한다면, 그렇다면 과학이 하는 일은 무엇일까요? 이에 대한 저의 대답은 과학이 알려진 사물들의 특징, 즉 나타나는 자연의 특징을 결정한다는 것입니다. 그런데 우리는 '외양적'apparent이라는 용어를 삭제해야 할지도 모릅니다. 왜냐하면 오직 하나의 자연, 지각적 지식을 통해서 우리 앞에 드러난 자연만이 존재하기 때문입니다. 과학이 자연 속에서 식별하는 특징들은 첫눈에는 명백하지 않은 오묘한 특징들입니다. 그 특징들은 관계들의 관계이자 특징들의 특징들입니다. 그러나 그 특징들이 오묘함으로 점철되어 있더라도, 그것들에는 어떤 일정한 단순성이 각인되어 있습니다. 이 단순성은 좀 더 지각적으로 강렬한 특징들 간의 복잡한 관계들을 풀어가는 데 있어서 그 특징들을 필수적인 고찰 대상으로 만듭니다.

자연을 인과적 구성요소와 나타나는 구성요소로 이분화

하는 것이 우리의 지식이 의미하는 바를 표현하지 않는다는 사실은, 우리가 지각의 원인에 관한 논의를 진행하면서 우리의 사고를 알아챌 때 우리 앞에 드러납니다. 예를 들어, 불이 타오르고 있고 우리가 붉은 석탄을 보고 있다고 해 봅시다. 과학은 이 현상을 석탄으로부터 나오는 복사 에너지가 우리 눈에 들어오는 것으로 설명합니다. 그러나 그러한 설명을 추구하면서, 우리는 정신이 붉은색을 보게 만들기에 적합한 종류의 발생들이 무엇인지를 묻고 있는 것이 아닙니다. 인과관계의 사슬이 완전히 다릅니다. 정신은 철저히 배제됩니다. 진짜 질문은 이것입니다. 자연 속에서 붉은색이 발견될 때, 거기에서 그 외에 무엇이 함께 발견되는가? 즉, 우리는 자연 속에서 붉은색을 발견하는 것이 동반하는 것들에 대한 분석을 요구하고 있습니다. 이어지는 강의에서 저는 이 사유 노선을 확장할 것입니다. 여기서 저는 빛의 파동 이론이 채택되지 않은 것은 파동이, 정신이 색깔을 지각하게 만들어야 하는 종류의 바로 그 사물이기 때문이 아니라는 점을 지적하기 위해 이 점에 주의를 집중시키고 있습니다. 이것은 파동 이론을 뒷받침하기 위해 지금까지 제시되어 왔던 증거의 일부가 아니지만, 지각의 인과 이론에서는 실제로 유일하게 관련이 있는 부분입니다. 다른 말로 하자면, 과학은 지식의 원인을 논하는 것이 아니라 지식의 정합성을 논합니다. 과학이 추구하는 이해란 자연 내부의 관계들에 관한 이해입니다.

지금까지 저는 절대시간 이론 및 절대공간 이론과 관련하여 자연의 이분화를 논하였습니다. 그 이유는 관계적 이론의 도입이 이분화의 주장을 약화할 뿐이고, 저는 이분화를 그것의 가장 강력한 토대 위에서 논의하고자 했기 때문입니다.

예를 들어 우리가 공간의 관계적 이론을 채택했다고 가정해 봅시다. 그렇다면 외양적 자연이 그 안에 설정되는 공간은 외양적 객체들 사이에 성립되는 일정한 관계의 표현입니다. 공간은 외양적 관계항들 사이의 외양적 관계입니다. 외양적 자연은 꿈이고, 공간의 외양적 관계는 꿈 관계이며, 공간은 꿈 공간입니다. 마찬가지로, 인과적 자연이 그 안에 설정되는 공간은 인과적 객체들 사이에 성립되는 일정한 관계의 표현입니다. 공간은 장면의 뒤에서 진행되고 있는 인과적 활동에 관한 일정한 사실들의 표현입니다. 따라서 인과적 공간은 나타나는 공간과는 다른 실재의 질서에 속합니다. 그러므로 이 둘 사이에는 어떤 점별pointwise, 點別 연결성도 없으며, 우리가 보는 풀이 점유하는 장소와 결정적인 공간적 관계를 맺는 어떤 장소에 풀의 분자가 있다고 말하는 것은 무의미합니다. 이 결론은 매우 역설적이며, 모든 과학적 어법을 난센스로 만듭니다. 시간의 상대성을 인정하면 사태가 더 악화합니다. 같은 논증이 적용되고, 실재의 다른 질서에 속하는 꿈의 시간과 인과적 시간으로 시간이 나누어지기 때문입니다.

그런데 저는 이분화 이론의 극단적 형태에 관해 논해 왔습니다. 제가 생각하기에 그것이 가장 방어 가능한 형태의 이분화 이론입니다. 그러나 이론이 지닌 한정성 자체가 이론을 비판에 더 취약하게 만듭니다. 중간적 형태는 우리가 논하는 자연이 언제나 직접적으로 알려진 자연임을 허용하며, 여기까지는 이분화 이론을 거부합니다. 그러나 그 형태는 그렇게 알려진 자연에 정신적 첨가물이 있으며, 이러한 첨가물은 적절한 의미에서 자연의 일부가 아니라고 주장합니다. 예를 들어, 우리는 적절한 시간과 적절한 위치에 적절한 관성과 적절한 경도를 가지고 적절하게 운동하는 붉은 당구공을 지각합니다. 그러나 붉은 당구공의 붉음과 따스함, 세게 부딪치는 소리는 정신적 첨가물, 즉 정신이 자연을 지각하는 방식일 뿐인 이차 성질입니다. 이것은 모호하게 퍼져 있는 이론일 뿐만 아니라, 제가 생각건대, 그것이 철학에서 파생되었다는 의미에서 이분화 이론의 역사적 형태입니다. 저는 그것을 정신적 첨가물 이론이라고 부르겠습니다.

이 정신적 첨가물 이론은 시간, 공간, 입체성, 관성의 명백한 실재성에 막대한 강조를 두는 그럴듯한 상식적 이론입니다. 그러나 이 이론은 색깔, 따스함, 소리와 같은 사소한 예술적 첨가물을 불신합니다.

그 이론은 숨어있는 상식의 산물입니다. 그것은 과학의 전달 이론이 정교화된 시대에 생겨났습니다. 예를 들어, 색깔은 물질적 객체에서 지각자의 눈으로 전달된 것의 결과이며, 따라서 전달되는 것은 색깔이 아닙니다. 그러므로 색깔은 물질적 객체라는 실재의 부분이 아닙니다. 같은 이유에서 소리 또한 자연으로부터 사라집니다. 또한 따스함은 온도가 아닌 어떤 것의 전달로 인한 것입니다. 따라서 우리에게는 시공간적 위치와 제가 신체의 '압성'pushiness이라고 부를 수 있는 것만이 남게 됩니다. 이것은 우리를 18세기와 19세기의 유물론, 즉 자연에서 실재적인 것은 시간과 공간 속에서 관성을 가진 물질이라는 믿음에 이르게 합니다.

촉각으로 인한 일부 지각과 다른 지각들을 구분하는 데 성질의 구분이 전제되어 있다는 것은 분명합니다. 이러한 촉각-지각은 실재적 관성에 대한 지각이지만, 다른 지각들은 인과 이론에 근거해서 설명되어야 하는 정신적 첨가물입니다. 이 구별은 물리학이 의학 병리학과 생리학을 추월하고 있었던 시대의 산물입니다. 압push의 지각은 색깔의 지각만큼이나 전달의 결과입니다. 색깔이 지각되면 신체의 신경이 한 방향으로 흥분하여 뇌에 메시지를 전달하고, 압이 지각되면 신체의 신경이 또 다른 방식으로 흥분하여 뇌에 메시지를 전달합니다. 이때 전자의 집합의 메시지는 색깔의 전달이 아니며, 후자의 집합의 메시지는 압의 전달이 아닙니다. 그러나 객체로 인해서 한 경우에는 색깔이 지각되고 다른 경우에는 압이 지각되는 것입니다. 특정 신경을 절단하면 색깔 지각이 없어지고, 또 다른 특정 신경을 절단하면 압 지각이 없어집니다. 그러므로 자연의 실재에서 색깔을 제거하는 어떤 이유도 관성 역시 제거하도록 작용할 것처럼 보입니다.

따라서 외양적 자연을 두 부분으로 이분화하려는 시도는 좌절됩니다. 이 중 한 부분은 자신의 외양에 대한 원인일 뿐 아니라 순수하게 외양적인 다른 부분의 외양에 대한 원인이기도 한데, 이렇게 나눈 두 부분에 관해 우리가 아는 방식들 사이에 근본적인 구분이 확립되지 못하기 때문입니다. 저는 힘의 개념을 정식화하고자 해 왔던 힘찬 노력의 역사를 부정하지 않습니다. 그러나 이러한 역사적 사실이 자연에서 색깔이나 소리보다 물리적 관성에 더 높은 실재성을 할당할 근거가 되지는 않습니다. 실재를 주목하는 한에 있어서 우리의 모든 감각-지각은 같은 상황에 처해 있으며, 같은 원리에 따라 다루어져야 합니다. 모든 감각-지각을 평등하게 다루는 것이야말로 자연의 이분화에 관한 이 절충안이 달성하지 못하는 것입니다.

그러나 이분화 이론은 쉽게 스러지지 않습니다. 그 이유는 불꽃의 붉은색과 분자들의 교반agitation을 동일한 존재자들의 체계 내에서 관계시키는 데 실제로 직면하게 되는 어려움이 있기 때문입니다. 다른 강의에서 저는 그 어려움의 기원과 해결책에 관한 저 자신의 설명을 제공할 것입니다.

또 다른 유명한 해결책, 즉 이분화 이론이 취하는 가장 약화된 형태의 해결책은 과학의 분자와 에테르가 순수하게 개념적인 것임을 유지하는 입장입니다. 그러므로 오직 하나의 자연, 즉 나타나는 자연만이 있으며, 원자와 에테르는 계산의 개념적 정식 속에 있는 논리적 용어에 대한 명칭일 뿐입니다.

그렇지만 계산의 정식formula이란 무엇일까요? 추정컨대 그것은 자연적 발생에 대해 무언가가 참이라는 진술입니다. 온갖 정식 중에서 가장 간단한 정식, 예를 들어 2+2=4를 생각해 봅시다. 이것은 ─ 이것을 자연에 적용하는 한 ─ 두 개의 자연적 존재자를 취한 다음 또 다른 두 개의 자연적 존재자를 취하면, 이들을 합한 모임에는 네 개의 자연적 존재자가 포함된다고 주장합니다. 어떤 존재자에 대해서도 참인 그러한 정식은 원자 개념의 생산으로 귀결될 수 없습니다. 그런데 자연 속에는 이러저러한 특수한 특성, 예를 들어 수소 원자의 특성을 가진 존재자가 있다고 주장하는 정식이 있습니다. 그런 존재자가 없는 것이라면, 저로서는 어떻게 그것에 관한 어떤 진술도 자연에 적용될 수 있는 것인지 알 수 없습니다. 예를 들어, 달에 생치즈가 있다는 주장은 실제로 실험을 통해 달에 생치즈가 있음을 검증하지 않는 한 과학적 중요성을 연역하는 전제가 될 수 없습니다. 이러한 반론에 대한 현재의 대답은 원자가 단순히 개념적인 것일지라도, 그것은 자연에 대해 참인 다른 어떤 것을 말하는 흥미롭고 생생한 방법이라는 것입니다. 그러나 다른 의미임이 분명하다면, 제발 그것이 무엇인지 말씀해 주시기를 바랍니다. 존재하는 사물들에 관한 진실들을 전달하기 위해 존재하지 않는 사물에 관한 주장들로 구성된 개념적 자연이라는 정교한 기계를 폐기합시다. 저는 과학적 법칙이 참이라면, 그것은 우리가 자연 속에 존재하는 것으로 알고 있는 존재자에 관한 진술이며, 그리고 그 진술이 참조하는 존재자가 자연 속에서 발견되지 않는 경우, 그 존재자에 관한 진술은 어떤 순수한 자연적 발생과도 관련이 없다는 명백한 입장을 유지합니다. 그러므로 분자와 전자에 관한 과학적 이론은 과학이 그것들의 법칙을 올바르게 정식화하는 한, 각각 자연 속에서 발견되는 요인입니다. 전자들은 우리가 전자 이론이 참인지 완전히 확신하지 못하는 한에서만 가설적입니다. 그러나 이론의 진리치가 인정된 이후에는, 이론 그 자체의 본질적 본성 nature에서 전자들의 가설적 성격이 비롯되지 않습니다.

이렇게 이 다소 복잡한 논의의 끝에 이르러서 우리는 우리가 논의의 처음에 긍정한 입장으로 돌아가게 됩니다. 자연과학의 철학이 짊어져야 하는 일차적 임무는 지식에 대한 하나의 복잡한 사실로 간주되는 자연의 개념을 해명하고, 모든 자연

법칙의 진술에 대한 근간이 되는 근본적 존재자들과 존재자들 사이의 근본적 관계들을 드러내며, 이렇게 드러난 존재자들과 관계들이 자연 속에서 일어나는 존재자들 사이의 모든 관계들을 표현하는 것으로서 적합함을 확인하는 것입니다.

세 번째 요구 사항, 즉 적합성이 모든 어려운 문제를 일으킵니다. 통상적으로 시간, 공간, 물질, 물질의 성질, 물질적 객체들 사이의 관계가 과학의 궁극적인 여건[데이터]data인 것으로 가정됩니다. 그러나 과학적 법칙에서 발견되는 여건은 자연에 대한 우리의 지각 속에 현재하는 모든 존재자와 관계하지는 않습니다. 예를 들어, 빛의 파동 이론은 잘 확립된 훌륭한 이론입니다. 그러나 불행히도 그것은 색깔을 지각된 것으로 남겨 둡니다. 그러므로 지각된 붉음 – 또는 다른 색깔 – 은 자연에서 제거되고, 자연의 현실적 사건이 가한 자극에 따른 정신의 반응으로 만들어져야 합니다. 다른 말로 하자면, 자연 내부의 근본적 관계들에 대한 이러한 개념은 부적합합니다. 따라서 우리는 적합한 개념을 진술하는 데 에너지를 쏟아야 합니다.

그러나 그렇게 함으로써 우리는 사실 어떤 형이상학적 문제를 해결하려 하는 것은 아닐까요? 저는 그렇게 생각하지 않습니다. 우리는 단지, 우리가 자연 속에서 실제로 지각하는 존재자들 사이에 성립되는 관계들의 유형을 드러내려 하고 있을 뿐입니다. 우리는 주체가 객체와 맺는 심리적 관계나 실재의 영

2장 자연의 이분화 이론들 73

역에서 그 둘이 가지는 지위에 관해 어떤 선고를 내리려고 온 것이 아닙니다. 우리 노력의 결과물이 그 문제에 관한 논의를 위해서 관련 증거 자료를 제공할 수 있다는 것은 참입니다. 오히려 그렇게 되지 않기가 힘듭니다. 그러나 그것은 증거일 뿐 그 자체로는 형이상학적 논의가 아닙니다. 우리의 영역을 넘어선 이 추가적 논의의 특징을 명확하게 하기 위해 두 가지 인용문을 제시하겠습니다. 하나는 셸링에게서 인용한 것인데, 최근에 영어로 아주 훌륭하게 번역된 러시아 철학자 로스키의 저작에서 그 인용문을 발췌하겠습니다.[3]

> 『자연철학』에서 나는 자연이라고 불리는 주체-객체를 자기-구성self-constructing 활동성을 가지는 것으로서 고려했다. 그것을 이해하기 위해서는 자연에 관한 지적 직관을 고양해야 한다. 경험주의자는 그 직관을 고양하지 않으며, 이러한 이유로 경험주의자의 모든 설명에서 자연이 구성되고 있음을 증명하는 것은 언제나 경험주의자 자신일 뿐이다. 그러므로 경험주의자가 구성한 것과 구성되었어야 할 것이 아주 드물게만 일치하는 것은 놀라운 일이 아니다. 자연철학자

---

3. *The Intuitive Basis of Knowledge*, by N. O. Lossky, transl. by Mrs. Duddington, Macmillan and Co., 1919.

Natur-philosoph는 자연을 독립시켜 스스로 구성하게 한다. 그리하여 자연철학자는 구성된(즉, 경험으로서의) 자연을 실재적 자연과 상충시키거나 한쪽을 통해 다른 한쪽을 교정해야 할 필요성을 느끼는 법이 없다.

다른 인용문은 1919년 5월 아리스토텔레스 학회에서 성 바울 성당의 사제장이 낭독한 논문에서 발췌한 것입니다. 잉게 박사의 논문은 「플라톤주의와 인간 불멸성」이라는 표제를 달고 있으며, 거기에는 다음과 같은 진술이 있습니다.

요약해 보자. 불멸성에 관한 플라톤주의적 학설은 영적 세계의 **독립성**에 기반한다. 영적 세계는 영적이지 않은 사실의 실재적 세계와 상충하는 실현되지 않은 이상들의 세계가 아니다. 그와는 반대로, 상상력의 도움을 받아 모두 같은 수준에 있지는 않은 온갖 잡다한 여건으로 채워진 공통 경험의 세계, 완전한 전체로서는 실재적이지 않은 그 공통 경험의 세계와 대적하고 있는 세계, 즉 우리가 그에 관해 매우 불완전하지만 참된 지식을 갖고 있는 실재적 세계야말로 바로 영적 세계다. 우리의 공통 경험의 세계에 상응correspondence하는 세계란 없다. 자연은 우리에 대해 추상화를 만들어 우리가 보고 들을 수 있는 진동의 범위, 알아채고 기억할 수 있는 사물의 범위를 결정한다.

제가 이 진술들을 인용한 이유는, 두 진술 모두 우리의 논의 범위를 벗어났지만 언제나 우리의 논의 범위와 혼동되는 주제를 다루기 때문입니다. 그것이 혼동을 일으키는 이유는 그 진술들이 우리의 사고 영역과 가장 가깝고, 또한 형이상학에 사로잡힌 정신에 뜨거운 관심을 불러일으키는 주제이기 때문입니다. 철학자들로서는 누군가의 논의가 여기서 제가 여러분께 제시한 제한들 내에 실제로 국한되고 있다는 점을 깨닫기가 어려울 것입니다. 경계란 그 사람의 정신이 타오르기 시작하는 바로 그 지점에 세워집니다. 그러나 저는 철학과 자연과학에 필요한 프롤레고메나prolegomena 중에는 자연에 대한 우리의 지각 속에 드러나는 존재자들의 유형과 그러한 존재자들 사이의 관계들의 유형에 관한 철저한 이해가 있다는 점을 말씀드립니다.

{3장}

시간

이 강좌의 지난 두 강의는 주로 비판적이었습니다. 이번 강의에서 저는 감각-알아차림 속에서 지식에 대해 상정된 존재자들의 종류를 탐구해 보고자 합니다. 제 목적은 이러한 다양한 종류의 존재자가 서로에 대해 가질 수 있는 관계의 종류를 조사하는 것입니다. 자연적 존재자들의 분류는 자연철학의 출발점입니다. 오늘은 시간에 관해서 검토하며 시작해 보겠습니다.

우선, 우리에 대해 상정된 일반적 사실이 있습니다. 즉, 무언가가 일어나고 있습니다. 발생이 존재하며, 이 발생은 정의되어야 합니다.

이 일반적 사실은 두 가지 요인, 즉 제가 '식별된-것'discerned과 '식별될-수-있는-것'discernible이라고 부를 것을 일거에 포착하게 합니다. 식별된 것은 자신의 개체적 고유성을 가진 것으로서 변별되는, 일반적 사실의 여러 요소로 구성되어 있습니다. 그것은 직접적으로 지각된 장field입니다. 그러나 지각된 장의 존재자들은 이러한 개체적 방식을 통해서 특수하게 변별되지 않는 다른 존재자들과 관계하고 있습니다. 이러한 다른 존재자들은 식별된 장의 존재자들과 관계를 맺고 있는 단순한 관계항으로서만 알려집니다. 그러한 존재자는 식별된 장의 어떤 한정적 존재자 또는 존재자들과 이런저런 한정적 관계를 갖는 '어떤 것'일 뿐입니다. 이처럼 관계된 것으로서, 그 다른 존재자들은 ─ 이러한 여러 관계의 특수한 특징으로 인해 ─ 발생이라는 일반적 사실의 여러 요소로서 알려집니다. 그러나 우리는 이러한 관계들 속에서 관계항으로 기능할 뿐인 존재자로서의 그것들의 지위를 제외하면, 그 다른 존재자들을 알아차리지 못합니다.

그러므로 발생하는 것으로서 상정되는 완전한 일반적 사실은 두 개의 존재자 집합, 즉 자신의 개체성을 가진 것으로 지각되는 존재자들과 추가적인 정의 없이 단순한 관계항으로 포착되는 다른 존재자들로 이루어져 있습니다. 이 완전한 일반적 사실이 식별될-수-있는-것이며, 그것이 식별된-것을 구성합니다. 식별될-수-있는-것은 그 감각-알아차림 속에 드러난 모든 자연이며, 그것은 그 감각-알아차림 속에서 실제로 변별되거나 식별된 것으로서의 자연의 모든 것을 포함하고 또 그 모든 것을 넘어 연장됩니다. 자연의 식별이나 변별은 자연 속의 고유한 요인들에 대한 고유한 알아차림인데, 이 고유한 요인들은 그것들이 가진 고유한 특징의 측면에서 알아차려집니다. 그러나 우리를 이러한 고유한 감각-알아차림으로 이끈 자연 속의 요인들은, 식별에 대해 존재하는 일반적 사실 내에서 관계된 존재자들의 전체 복합체를 형성하는 모든 요인을 포함하지는 않는 것으로 알려져 있습니다. 지식의 이러한 고유성은 제가 그것의 소진 불가적 특징unexhaustive character이라고 부르는 것입니다. 이 특징은 지각된 것으로서의 자연이 언제나 고르지 못한 가장자리를 가지고 있다는 진술을 통해 은유적으로 기술될 수 있습니다. 예를 들어, 우리의 시야가 제한된 방 너머에는 그 방 안에서 식별된 존재자들의 공간-관계를 완성하는 것으로 우리에게 알려진 세계가 있습니다. 방의 내부 세계가 그 너머의 외부 세계와 접합하는 지점은 결코 선명하지 않습니다. 감각-알아차림 속에 드러난 소리와 오묘한 여러 요인은 외부에서 떠올라 흘러 들어옵니다. 모든 유형의 감각은 그 자신의 변별된 존재자의 집합을 가지고 있으며, 이러한 존재자들은 그 감각을 통해 변별되지 않은 존재자들과 관계를 맺는 관계항으로 알려져 있습니다. 예를 들어, 우리는 만져지지 않는 것을 보고 보이지 않는 것을 만집니다. 그리고 우리는 시각에 드러난 존재자와 촉각에 드러난 존재자 사이의 공간-관계에 대한 일반적인 감각을 가지고 있습니다. 그러므로 먼저 각각의 두 존재자는 공간-관계의 일반적 체계 속 관계항으로서 알려지며, 두 번째로 이 일반적 체계 속에서 서로 관계된 것으로서 이 두 존재자의 특수한 상호관계가 결정됩니다. 그러나 시각을 통해 변별된 존재자와 촉각을 통해 변별된 존재자를 관계시키는 공간-관계의 일반적 체계는 다른 감각을 통해 보고되는 다른 존재자의 고유한 특징에 의존하지 않습니다. 예를 들어, 눈으로 본 사물^{the thing seen}의 공간-관계는, 비록 만져진 사물이 가진 특징의 특정한 요소가 촉각에 의해 드러나지 않았더라도, 만져진 사물의 자리에 관계항으로서의 존재자를 필요로 했을 것입니다. 따라서 촉각과는 별개로, 시각적으로 보인 사물과 특정한 관계를 맺은 존재자는 감각-알아차림에 의해 드러났을 것이지만, 그 개체적 특징에 대해서는 변별되지 않았을 것입니다. 단지 어떤 식별된 존재자와 공간적으로 관계된 것으로 알려진 존재자는 우리가 '장소'place라는 벌거벗은 개념으로 의미하는 바입니다. 장소라는 개념은 식별된 존재자와의 공간적 관계를 통해서만 알려지는 자연의 여러 존재자에 대한 감각-알아차림 속 드러남을 특징짓습니다. 그것은 식별된 것과의 관계를 통해 식별될 수 있는 것을 드러내는 것입니다.

성질에 대한 추가적인 구체적 변별을 수행함이 없이 존재자를 드러내는 것이 의미작용significance이라는 개념의 기초입니다. 앞의 예시에서는 시각적으로 보인 사물이 유의미한데, 그것이 다른 방식으로는 의식에 진입할 필요가 없는 다른 존재자들과의 공간적 관계를 드러냈다는 점에서 그렇습니다. 그러므로 의미는 관계성이지만, 관계성의 한쪽 끝만을 강조하는 관계성입니다.

저는 단순성을 위해 논증을 공간적 관계에 국한했습니다. 그러나 동일한 고려 사항이 시간적 관계에도 적용됩니다. '시간의 주기'라는 개념은 식별된 존재자와의 시간적 관계를 통해서만 알려지는 자연의 여러 존재자에 대한 감각-알아차림 속 드러남을 특징짓습니다. 게다가, 시간 관념과 공간 관념의 이러한 분리는 단지 오늘날의 언어에 순응함으로써 설명의 단순성을 얻기 위해 채택된 것일 뿐입니다. 우리가 식별하는 것은 어떤 시간의 주기 동안 어떤 장소가 가지는 특정한 특징입니다. 이것이 제가 '사건'이라는 말을 통해 의미하는 바입니다. 우리는 사건의 특정한 특징을 식별합니다. 그러나 어떤 사건을 식별하면서, 우리는 여러 사건의 구조 속 관계항으로서 그 사건이 가지는 의미 또한 알아차립니다. 이러한 사건들의 구조는 연장과 공액共軛, cogredience 1이라는 두 가지 관계에 의해 관련된 사건들의 복합체입니다. 이 구조의 특성에 대한 가장 단순한 표현은 우리의 공간적이고 시간적인 관계에서 찾을 수 있습니다. 식별된 사건은 이 구조 내에서 다른 사건들과 관계된 것으로서 알려지며, 그 다른 사건들의 특정한 특징들은 그 구조 내의 관계항이라는 점을 제외한 다른 방식으로는 직접적인 알아차림 속에서 드러나지 않습니다.

사건들의 구조가 감각-알아차림 속에서 드러나면서, 사건들은 두 가지로 분류됩니다. 하나는 여러 추가적인 개체적 특

---

1. * 화이트헤드는 지각하는 사건(거칠게 말해서 지각자)과 지속을 묶는 관계를 공액(共軛, cogredience)이라고 부른다. 지속은 "지금"을 정의하지만, 공액은 "여기"를 정의한다고 할 수 있다.

징의 측면에서 식별된 사건들이고, 다른 하나는 구조의 요소로서만 드러나며 그 외의 방식으로는 나타나지 않는 사건들입니다 이렇게 의미가 부여된 사건들은 미래의 사건들뿐만 아니라 머나먼 과거의 사건들도 포함해야 합니다. 우리는 이것들을 경계 지어지지 않은 시간의 먼 시기들로서 알아차립니다. 그런데 감각-알아차림에는 이와는 다른 방식으로 내재된 사건들의 또 다른 부류가 있습니다. 그것은 즉각적으로 현재하는 식별된 사건들의 즉각성을 공유하는 사건들입니다. 이러한 사건들의 특징은 식별된 사건들의 특징과 함께 식별에 대해 현재하는 모든 자연을 구성합니다. 그것들은 그 감각-알아차림 속에 드러난 것으로서 지금 현재하는 모든 자연이라는 완전한 일반적 사실을 형성합니다. 공간을 시간에서 분화하는 것의 기원은 사건들에 대한 이 두 번째 분류에 있습니다. 공간의 기원은 지금 식별될 수 있는 모든 자연이라는 즉각적인 일반적 사실 내부, 즉 현재 자연의 총체성이라는 단일한 사건 내부의 사건들 사이에 성립하는 상호관계에서 발견됩니다. 이러한 자연의 총체성에 대해 다른 여러 사건이 맺는 관계는 시간의 질감을 형성합니다.

이 일반적인 현재 사실의 통합성은 동시성simultaneity의 개념으로 표현됩니다. 일반적 사실이란 감각-알아차림에 대해 지금이라 할 수 있는 자연의 동시적 발생 전체입니다. 이 일반적 사실을 저는 식별될-수-있는-것이라 부른 것입니다. 그러나 앞으로 저는 그것을 '지속'duration이라고 부를 것인데, 지속은 동시성이라는 특성에 의해서만 제한되는 자연의 일정한 전체를 의미합니다. 더 나아가, 자연 내부에 감각-알아차림의 종점 전체가 구성된다는 원리에 따라 동시성을, 자연에 부과된 어떤 무관한 정신적 개념으로 이해해서는 안 됩니다. 우리의 감각-알아차림은, 여기서 '지속'이라고 부르는 일정한 전체를, 즉 각적 식별에 대해 상정합니다. 그러므로 지속은 어떤 한정적인 자연적 존재자입니다. 지속은 부분적 사건들의 복합체로 구별되며, 이 복합체의 구성요소인 여러 자연적 존재자는 그러므로 '이 지속과 동시적'이라고 말해집니다. 또한, 어떤 파생적 의미에서 그 자연적 존재자들은 이 지속과 관련해서 서로 동시적입니다. 그러므로 동시성은 어떤 한정적인 자연적 관계입니다. '지속'이라는 단어가 어떤 단순한 추상적 시간의 흐름을 시사하는 한, 그 단어를 선택하는 것은 부적절해 보일 것입니다. 제가 의미하는 바는 그것이 아닙니다. 지속은 감각-알아차림 속에서 드러나는 하나의 본질적 요인인 동시성에 의해 제한된, 자연의 구체적 평판concrete slab입니다.

자연은 하나의 과정입니다. 감각-알아차림 속에 직접적으로 드러난 모든 것과 마찬가지로, 자연의 이러한 특징에 관한 설명은 가능하지 않습니다. 할 수 있는 것은 그것을 사변적으로 지시할 수 있는 언어를 사용하고, 그러면서 자연의 이 요인이 다른 요인과 가지는 관계를 표현하는 것입니다.

그것은 각각의 지속이 일어나고 지나가는 자연의 과정을 표현하는 것입니다. 자연의 과정은 자연의 추이passage라고도 명명될 수 있습니다. 이 단계에서 저는 '시간'이라는 단어의 사용을 분명하게 자제할 것입니다. 과학과 문명화된 생활에서 측정가능한 시간이라는 것은 통상적으로, 자연의 추이라는 더 근본적인 사실의 일부 양상만을 보여줄 뿐이기 때문입니다. 베르그손은 제가 '자연의 추이'라고 부르는 근본적인 사실에 대해 '시간'이라는 단어를 사용하기는 하지만, 저는 저의 이런 신조가 베르그손의 입장과 온전히 일치한다고 생각합니다. 또한, 자연의 추이는 시간적 이행뿐만 아니라 공간적 이행에서도 동등하게 드러납니다. 자연이 언제나 전진하고 있는 것은 그러한 추이로 인해서입니다. '전진'이라는 특성의 의미는, 어떤 감각-알아차림 행위도 그저 그 행위일 뿐 다른 행위가 아니라는 것을 포함하고 있을 뿐만 아니라, 각 행위의 종점 또한 유일하며 다른 어떤 행위의 종점이 아니라는 점을 포함하고 있습니다. 감각-알아차림은 자신의 유일한 기회를 붙잡고, 지식만을 위해 존재하는 어떤 것을 지식에 제시합니다.

감각-알아차림의 종점이 유일하다는 언명에는 두 가지 의미가 있습니다. 그것은 하나의 개별 정신이 가지는 감각-알아차림에 대해서 유일한 것이자, 자연적 조건 아래에서 작용하는 모든 정신의 감각-알아차림에 대해서 유일한 것입니다. 이 두 경우 사이에는 중요한 차이가 있습니다. (i) 하나의 정신에 대해서, 어떤 하나의 감각-알아차림 행위에서 드러나는 일반적 사실의 식별된 구성요소가 그 정신의 다른 감각-알아차림 행위에서 드러나는 일반적 사실의 식별된 구성요소와 구별된다는 것만이 아닙니다. 동시성에 의해서 그 두 개의 식별된 구성요소와 관계되는 두 개의 상응하는 지속 또한 필연적으로 구별됩니다. 이것은 자연의 시간적 추이, 즉 한 지속이 다른 지속으로 추이했음을 드러냅니다. 그러므로 자연의 추이는 감각-알아차림의 종점으로서의 역할rôle을 수행하는 자연의 본질적 특징일 뿐만 아니라, 감각-알아차림 그 자체에 대해서도 본질적 특징입니다. 시간이 자연 너머로 연장되는 것처럼 보이게 하는 것은 바로 이 진리입니다. 그러나 자연을 넘어 정신으로 연장되는 것은 단순히 자연 속의 추이가 가진 특징을 나타내는 계열적이고 측정가능한 시간이 아닙니다. 그것은 자연 속에서 얻는 것을 제외하고는 결코 측정할 수 없는 추이 그 자체의 성질입니다. 즉, '추이'는 연장과의 연결성을 가지고 자연 속에서 일어나는 것을 제외하고는 측정될 수 없습니다. 추이라는 개념을 통해 우리는 궁극적인 형이상학적 실재와 자연의 연결성에 도달합니다. 지속들 속 추이의 성질은, 자연을 넘어 연장되는 성질이 자연 속에 특수하게 표현된 것입니다. 예를 들어, 추이는 자연, 즉 알려진 사물의 성질일 뿐만 아니라 감각-알아차림, 즉 앎의 절차가 지닌 성질이기도 합니다. 지속에는 자연이 가진 모든 실재성이 있지만, 그것이 무엇인지는 지금 결정할 필요가 없습니다. 시간의 측정가능성은 지속의 특성으로부터 파생하는 것입니다. 그렇기에 시간의 계열적 특징 또한 그렇습니다. 우리는 서로 다른 지속 족族, family에서 파생된, 서로 간에 경쟁적인 여러 계열적 시간-체계가 자연 속에 있음을 발견할 것입니다. 이것은 자연 속에서 발견되는 추이의 특징이 가진 고유성입니다. 이 특징은 자연의 실재성을 지니고 있지만, 그러나 우리가 자연적 시간을 반드시 자연-외적 존재자로 전이해야 하는 것은 아닙니다. (ii) 두 개의 정신에 대해서, 각각의 감각-알아차림 행위에서 드러나는 일반적 사실의 식별된 구성요소는 서로 달라야 합니다. 자연에 대한 알아차림에서, 각각의 정신은 관계된 자연적 존재자들의 어떤 복합체를 자신의 초점focus으로서의 살아있는 신체와 관련해서 알아차리기 때문입니다. 그러나 각각의 정신과 연합된 지속은 동일할 수도 있습니다. 여기서 우리는 동시적 신체들의 공간적 관계로부터 떠오르는, 추이하는 자연의 특징에 관해 다루고 있습니다. 이 산적 정신들의 감각-알아차림에서 성립될 수 있는 이러한 지속의 가능한 동일성이야말로 여러 감각적 존재자의 사밀적 경험을 하나의 자연으로 묶는 것입니다. 여기서 우리는 자연의 추이가 가지는 공간적 측면을 고려하고 있습니다. 이 양상에서의 추이 또한 자연을 넘어 정신으로 연장되는 것처럼 보입니다.

동시성simultaneity을 순간성instantaneousness과 구별하는 것은 중요합니다. 저는 두 용어가 오늘날 사용되는 방식에 관해 강조하고자 하는 것이 아닙니다. 제가 구별하고 싶은 두 가지 개념이 있는데, 하나는 동시성이고 다른 하나는 순간성이라는 것입니다. 저는 제가 분별력 있게 단어를 선택했기를 바라지만 제가 의미하는 바를 성공적으로 설명하는 한, 그 점은 전혀 중요하지 않을 것입니다. 동시성은 어떤 의미에서 지속의 구성요소인 자연적 요소들의 군group이 가진 특성입니다. 지속은 감각-알아차림에 의해 상정된 즉각적 사실로서 현재하는 모든 자연일 수 있습니다. 지속은 그 자신의 내부에 자연의 추이를 담지합니다. 지속 안에는 선행하는 지속과 후행하는 지속이 있으며, 그것들은 더 빠른 의식에게는 완전한 외양적 현재specious present일 수 있습니다. 다른 말로 하자면, 지속은 시간적 두께를 담지합니다. 즉각적으로 알려진 것으로서의 모든 자연에 대한 어떤 개념도 언제나 어떤 지속에 대한 개념입니다. 그렇지만 지속은 그 시간적 두께에 있어서 자연 내부에 존재하는 것으로 우리에게 알려진 어떤 존재자의 가능적 외양적 현재를 넘어 확장될 수도 있습니다. 그러므로 동시성은 자연의 궁극적 요인이며, 감각-알아차림에 대해 즉각적입니다.

순간성은 사고 속의 한 절차에 대한, 복잡한 논리적 개념입니다. 그 절차는 자연의 특성들을 사고 속에서 단순하게 표현하기 위해 구성된 논리적 존재자들을 만들어 냅니다. 순간성은 한 순간에서의 모든 자연all nature at an instant에 관한 개념으로, 여기서 순간은 모든 시간적 연장이 박탈된 것으로서 구상됩니다. 예를 들어 우리는 한 순간에서의 공간 속 물질의 분포를 구상합니다. 이것은 과학, 특히 응용수학에서는 매우 유용한 개념입니다. 그러나 그것은 감각-알아차림의 즉각적 사실과의 연결성에서 볼 때는 매우 복잡한 관념입니다. 감각-알아차림에 의해 상정된 것 중에 한 순간에서의 자연 같은 것은 없습니다. 지식에 대해 감각-알아차림이 전달하는 것은 주기를 거치는 자연입니다. 따라서, 한 순간에서의 자연은 진정한 자연적 존재자들의 관점에서 정의되어야만 합니다. 왜냐하면 한 순간에서의 자연이 그 자체로는 자연적 존재자가 아니기 때문입니다. 그렇게 하지 않는다면, 순간적 자연의 개념을 사용하는 우리의 과학은 관찰에 기반을 둔 모든 주장을 포기해야 합니다.

저는 '한 순간에서의 모든 자연'을 의미하는 것으로서 '찰나'moment라는 용어를 사용하겠습니다. 여기서 사용되는 의미에서의 찰나는 시간적 연장을 가지지 않으며, 이런 측면에서 그러한 연장을 갖는 지속과 대조됩니다. 감각-알아차림에 의해 우리의 지식에 직접적으로 초래되는 것은 지속입니다. 따라서 우리는 이제 어떻게 찰나가 지속에서 파생되는지를 설명하고, 찰나의 도입이 달성하는 목적을 설명해야 합니다.

찰나란 최소한의 연장을 가진 지속에 주의를 집중할 때 우리가 접근하게 되는 하나의 극한^{limit}입니다. 지속의 여러 성분 사이의 여러 자연적 관계는 우리가 점점 더 기나긴 시간적 연장을 가진 지속을 고려할수록 그 복잡성이 증가합니다. 따라서 연장의 이상적인 축소에 접근함에 따라 이상적인 단순성을 향한 접근이 있게 됩니다.

'극한'이라는 단어는 수의 논리학에서뿐만 아니라 비수량적인 일차원 계열의 논리학에서도 하나의 정확한 의미를 가지고 있습니다. 여기서 극한이라는 단어는 지금까지 단순히 은유로서 사용되었지만, 그것이 지시하려는 개념이 무엇인지 직접적으로 설명할 필요가 있습니다.

지속들은 하나를 다른 하나 너머로 연장하는 이항관계적 특성을 가질 수 있습니다. 어떤 특정한 1분 동안의 모든 자연의 지속은 [그 1분 안에 포함된] 30초까지의 모든 자연의 지속 너머로 연장합니다. 이 '~ 너머로 연장함'의 관계 ― 저는 이 관계를 '연장'이라고 부를 것입니다 ― 는 근본적인 자연적 관계이며 그 자연적 관계의 장은 지속들 이상의 것을 포함합니다. 연장은 두 개의 제한된 사건이 서로에 대해 가질 수 있는 관계입니다. 게다가 그 관계는 지속들 사이에 성립되는 것으로서 순전히 시간적 연장을 지시하는 것으로 보입니다. 그러나 저는 같은 연장 관계가 시간적 연장과 공간적 연장 모두의 기초에 있다는 입장을 유지할 것입니다. 이 논의는 뒤로 미루고, 여기서는 제한된 지속들의 장에 대해 시간적 양상으로 일어나는 것으로서의 연장 관계에 관해 간단히 다루겠습니다.

연장이라는 개념은, 자연의 궁극적 추이가 가진 한 측면을 사고 속에 드러냅니다. 이 관계는 자연 속에서 추이가 취하는 특별한 특징으로 인해 성립됩니다. 지속의 경우, 그것은 '~너머로 추이함'passing over의 특성을 표현하는 관계입니다. 그러므로 하나의 특정한 1분이라는 지속은 [그 1분 안에 포함된] 30초까지의 지속 너머로 추이했습니다. 30초의 지속은 그 일 분의 지속의 부분이었습니다. 저는 '전체'와 '부분'이라는 용어를 오직 다음의 의미로만 사용할 것입니다. 즉, '부분'이란 하나의 사건이며, 또 다른 사건인 '전체'가 그것 너머로 연장됩니다. 그러므로 저의 명명법에서 '전체'와 '부분'은 이 근본적인 연장 관계만을 지칭합니다. 따라서 이 전문적 용법에서 오직 사건만이 전체이거나 부분일 수 있습니다.

자연의 연속성은 연장에서 떠오릅니다. 모든 사건은 다른 사건들 너머로 연장되고, 모든 사건들은 다른 사건들에 의해 그것들 너머로 연장됩니다. 그러므로 지금 직접적으로 고려하고 있는 유일한 사건인, 지속이라는 특별한 경우에서는 모든 지속은 다른 지속들의 부분입니다. 그리고 모든 지속은 자신의 부분들로서 다른 지속들을 가집니다. 따라서 최대 지속과 최소 지속이란 없는 것입니다. 그러므로 지속의 원자적 구조란 없습니다. 그리고 어떤 한 지속의 개체성을 표시하고 그 지속이 그것 너머로 추이하고 있거나 그 지속 너머로 추이하고 있는 매우 유사한 지속들과 구별하고자 그 지속을 완벽하게 정의하는 것은 사고의 자의적 상정입니다. 감각-알아차림은 지속을 자연 속의 요인으로서 상정합니다. 그러나 그것을 서로 약간씩 다른 지속들의 연관된 군 내에서 여러 존재자의 개체성을 구별하는 데 명확히 활용할 수 있게 하지는 않습니다. 이것은 감각-알아차림이 지닌 비결정성의 한 사례입니다. 정밀성exactness은 사고의 이상이지만, 오직 근사치의 경로route of approximation를 선택함으로써만 경험 속에 실현되는 것입니다.

최대 지속과 최소 지속의 부재는 연속성을 구현하는 자연의 특성을 소진하지 않습니다. 자연의 추이는 지속들 사이에 성립된 하나의 족族의 현존을 포함합니다. 두 개의 지속이 같은 족에 속할 때는, 하나가 다른 하나를 포함하거나, 하나가 다른 하나를 포함함이 없이 종속적 지속 속에서 서로 중첩되어 있거나, 또는 서로 완전히 분리되어 있습니다. 여기서 제외된 경우는, 지속들이 유한 사건 속에서 중첩되지만, 공통부분으로서 세 번째 지속을 포함하지는 않는 경우입니다.

연장의 관계가 추이적transitive이라는 것은 명백합니다. 즉, 지속에 적용해 보자면, 만약 지속 A가 지속 B의 부분이고 지속 B가 지속 C의 부분이라면, A는 C의 부분입니다. 그러므로 처음 두 사례는 하나로 결합할 수 있으며, 우리는 다음과 같이 말할 수 있습니다. 두 지속이 같은 족에 속해 있다면, 두 지속 모두의 부분인 지속이 있거나, 혹은 두 지속이 완전히 분리되어 있거나 둘 중 하나입니다.

더 나아가 이 명제의 역도 성립합니다. 즉, 두 지속이 둘 다의 부분에 속한 다른 지속들을 가지고 있거나, 혹은 두 지속이 완전히 분리되어 있다면, 두 지속은 같은 족에 속합니다.

지금까지 정식화되지 않은, 자연의 연속성이 가진 추가적 특징들은 - 그것들이 지속에 관한 것인 한 - 하나의 지속 족과 관련하여 발생합니다. 그것은 다음과 같이 진술될 수 있습니다. 즉, 같은 족에 속한 임의의 두 지속을 자신의 부분으로 포함하는 지속들이 존재합니다. 예를 들어 한 주는 자신의 부분으로서 7일 사이의 임의적 2일을 포함합니다. 포함하는 지속이 포함되는 두 지속과 같은 족에 속하기 위한 조건을 충족한다는 것은 명백합니다.

우리는 이제 시간의 찰나에 관한 정의로 넘어갈 준비가 되었습니다. 같은 족에서 취한 하나의 지속 집합을 고려해 봅시다. 그 지속 집합은 다음과 같은 특성을 갖습니다. 즉 (i) 집합의 임의적인 두 구성원 중 하나는 다른 하나를 부분으로 포함하고, (ii) 집합의 모든 구성원의 공통부분이 되는 지속은 없습니다.

여기서 전체와 부분의 관계는 비대칭적입니다. 이를 통해 제가 의미하는 바는 만약 A가 B의 부분이라면, B는 A의 부분이 아니라는 것입니다. 또한, 우리는 이 관계가 추이적임을 이미 지적했습니다. 따라서 우리는 방금 열거한 특성을 가진 어떤 집합의 지속도, 계열의 아래로 내려가면 내려갈수록 점점 더 작은 시간적 연장을 가진 지속에 도달하게 되는 일차원 계열적 순서로 배열되어야 한다는 것을 쉽게 알 수 있습니다. 이 계열은 임의로 가정된 어떤 시간적 연장의 지속으로 시작할 수 있지만, 그 계열을 내려감에 따라 시간적 연장은 점진적으로 축소되고 연쇄적인 지속들은 중국 장난감 상자의 꾸러미처럼 하나의 지속이 다른 하나의 지속으로 포장됩니다. 그러나 집합은 다음과 같은 점에서 장난감과 다릅니다. 장난감에는 계열의 최종 상자를 구성하는 가장 작은 상자가 있습니다. 그러나 지속 집합은 가장 작은 지속을 가질 수 없으며, 그 극한으로서의 하나의 지속으로 수렴^{convergence}될 수 없습니다. 왜냐하면, 최종 지속 혹은 극한으로서의 부분은 그 집합의 모든 지속에 속한 부분이 되므로 집합에 대한 두 번째 조건을 위반하기 때문입니다.

저는 그러한 지속 집합을 지속들의 '추상 집합'이라고 부르겠습니다. 우리가 추상 집합을 따라 나아갈 때, 추상 집합은 시간적 연장이 없는 모든 자연이라는 이상, 즉 한 순간에서의 모든 자연이라는 이상으로 수렴된다는 것은 명백합니다. 그런데 이 이상은 사실 비-존재자nonentity의 이상입니다. 추상 집합이 실제로 수행하는 일은 우리가 지속의 시간적 연장을 점진적으로 축소함에 따라 자연적 관계가 점진적으로 단순한 것이 되도록 사고를 인도하는 것입니다. 이 절차의 요점은 추상 집합이 어떤 극한적 지속으로도 수렴되지 않지만, 이러한 자연적 특성의 양적 표현은 극한에 수렴된다는 것입니다. 이러한 양적 극한과 관계된 법칙은 '한 순간에서의' 자연의 법칙이지만, 실제로는 한 순간에서의 자연이란 없고 추상 집합만이 있을 뿐입니다. 그러므로 추상 집합은 우리가 시간적 연장 없는 시간의 순간을 고려할 때 실질적으로 의미하는 존재자입니다. 그것은 한 순간에서의 자연의 특성이라는 개념에 어떤 한정적 의미를 부여하는 데 필요한 모든 목적에 도움이 됩니다. 저는 이 개념이 물리학을 표현하는 데 근본적이라는 점에 완전히 동의합니다. 어려움은 감각-알아차림의 즉각적 전달이라는 측면에서 우리가 의미하고자 하는 바를 표현하는 것에 있습니다. 그리고 저는 이 문제에 대한 완전한 해결책으로서 위의 설명을 제공하는 바입니다.

이 설명에서 찰나는 근사치의 경로를 통해 도달하는 자연적 특성의 집합입니다. 추상 계열이 근사치의 한 경로입니다. 자연의 특성들에 대한 동일한 극한적 집합에 대해서 다양한 근사치의 경로가 존재합니다. 다른 말로 하자면, 같은 찰나에 대한 근사치의 경로로 간주하여야 하는 다양한 추상 집합이 존재합니다. 따라서 같은 수렴을 지닌 이러한 추상 집합들의 관계를 설명하고, 발생할 수 있는 예외적인 경우를 방지하는 데는 일정 정도의 기술적 세부 사항이 필요하게 됩니다. 그러한 세부 사항은 이 강의에서 설명하기에 적절하지 않으며, 저는 다른 곳[2]에서 이를 충분히 다루었습니다.

하나의 찰나를 같은 수렴을 가지는 모든 추상 지속 집합에 대한 모임^{class}으로 간주하는 것이 기술적 목적을 위해 더 편리합니다. 이 정의에 따르면 (근사를 통해 도달한 자연적 특성 집합에 관한 세부적 지식 없이 '같은 수렴'이 무엇을 의미하는지 우리가 성공적으로 설명할 수 있다고 할 때) 찰나는 서로에 대한 연장 관계가 어떤 고유한 특성들을 가진 지속 집합들

---

[2]. *An Enquiry concerning the Principles of Natural Knowledge*, Cambridge University Press, 1919 참조.

의 모임에 불과합니다. 그리고 이 지속들이 서로에 대해 맺는 연장 관계는 일정한 한정적 고유성을 가지고 있습니다. 우리는 구성요소 지속들 사이의 이러한 연결성을 찰나의 '외적'extrinsic 특성이라고 부를 수 있습니다. 반면에 찰나의 '내적'intrinsic 특성은 그 찰나의 추상 집합 중 하나를 따라가면서 극한에 도달했을 때 얻어지는 자연의 특성들입니다 이것은 '그 찰나에서의' 자연이 가진 특성, 혹은 '그 순간에서의' 자연이 가진 특성입니다.

하나의 찰나의 구성에 들어가는 지속들은 모두 한 족에 속합니다. 그러므로 한 족의 지속들에 상응하는 한 족의 찰나들이 있게 됩니다. 또한, 우리가 같은 족에 속한 두 찰나를 취한다면, 한 찰나의 구성에 들어가는 지속들 중에서 더 작은 지속은 다른 찰나의 구성에 들어가는 더 작은 지속들과 완전히 분리되어 있습니다. 그러므로 내적 특성에 있어서 두 찰나는 완전히 다른 자연 상태의 극한을 드러내야 합니다. 이런 의미에서 두 찰나는 완전히 분리되어 있습니다. 저는 같은 족의 두 찰나를 '평행'parallel이라고 부르겠습니다.

각 지속에 상응하여, 그 지속의 경계적 찰나들이 되는 두 개의 찰나가, 관련된 찰나 족에 존재합니다. 지속의 '경계적 찰나'는 이런 방식으로 정의될 수 있습니다. 주어진 지속과 같은 족에 속하면서 그것과 중첩되지만, 그 안에 포함되지는 않는 지속들이 존재합니다. 그러한 지속들의 한 추상 집합을 고려해 봅시다. 그러한 집합은 그 지속 내부에 있는 동시에 외부에 있는 한 찰나를 정의합니다. 그러한 찰나는 그 지속의 경계적 찰나입니다. 또한, 자연의 추이에 대한 우리의 감각-알아차림은 우리에게 그러한 경계적 찰나가 두 개 있다는 것, 즉 더 이전의 것과 더 나중의 것이 있음을 전합니다. 우리는 그것들을 최초 경계와 최종 경계라고 부르겠습니다.

또한, 같은 족에 속하는 찰나들 중에는 그 구성에 들어가는 더 작은 지속들이 주어진 지속과 완전히 분리되어 있는 경우도 있습니다. 이러한 찰나는 주어진 지속의 '외부'에 놓여 있다고 말할 수 있습니다. 게다가, 그 족의 다른 찰나들은 그 구성에 들어가는 더 작은 지속들이 주어진 지속의 부분입니다. 그러한 찰나는 주어진 지속의 '내부'에 놓여 있다고, 혹은 주어진 지속에 '내재'한다고 말할 수 있습니다. 평행 찰나들의 족 전체는 그와 연합된 지속 족의 어떤 주어진 지속을 참조하며 이러한 방식으로 설명됩니다. 즉, 주어진 지속의 외부에 놓여 있는 족의 찰나들이 있고, 주어진 지속의 경계적 찰나가 되는 두 개의 찰나가 있으며, 그리고 주어진 지속 내부에 놓여 있는 찰나들이 있습니다. 게다가, 동일한 족에 속한 두 찰나는 관련된 지속 족의 어떤 한 지속의 경계적 찰나입니다.

이제 한 족의 찰나들 사이의 시간적 질서의 계열적 관계를 정의하는 것이 가능해졌습니다. 찰나 족의 임의적인 두 찰나를 A와 C라고 할 때, 이 찰나들은 그와 연합된 지속 족에 속한 하나의 지속인 d의 경계적 찰나이며, 지속 d 내부에 놓여 있는 임의적 찰나 B는 찰나 A와 찰나 C 사이에 놓여 있다고 할 수 있기 때문입니다. 따라서 세 개의 찰나 A, B, C를 관계시키는 것으로서 '사이에-놓임'이라는 삼항 관계가 완전히 정의됩니다. 또한, 자연의 추이에 관한 우리의 지식은 이 관계가 족의 찰나들을 계열적 순서로 분배한다는 것을 보장합니다. 저는 이 결과를 보장하는 여러 한정적 특성을 열거하지는 않을 것인데, 제가 이미 언급한 저의 최근 저서[3]에서 그것들을 열거했기 때문입니다. 게다가, 자연의 추이는 계열을 따르는 한 방향이 미래로의 추이에 상응하고 다른 방향이 과거로의 역행에 상응한다는 것을 우리가 알 수 있게 합니다.

이러한 순서화된 찰나들의 계열이야말로 계열로 정의되는 시간을 통해 우리가 정확히 의미하는 바입니다. 계열을 구성하는 각각의 요소는 순간적인 자연 상태를 나타냅니다. 이러한 계열적 시간이 지적인 추상화 과정의 산물임은 분명합니다. 이제껏 제가 수행한 것은 추상화를 산출하는 절차에 대한 정확한 정의를 제공하는 것이었습니다. 이 절차는 제가 저의 저서

---

3. *An Enquiry concerning the Principles of Natural Knowledge* 참조.

에서 "연장 추상화의 방법"이라고 명명한 일반적인 방법의 특수한 사례일 뿐입니다. 이 계열적 시간이 자연의 추이 그 자체가 아니라는 점은 명백합니다. 계열적 시간은 자연의 추이 그 자체에서 흘러나오는 자연적 특성의 일부를 나타낼 뿐입니다. 명백하게 '한 찰나에서의' 자연 상태는 추이라는 궁극적인 성질을 상실했습니다. 또한, 찰나들의 시간적 계열은, 계열의 항들이 지니는 본질적 존재 방식의 산물로서가 아니라 존재자들의 외적 관계로서만 추이라는 성질을 유지할 뿐입니다.

시간의 측정에 관해서는 아직 아무것도 말하지 않았습니다. 이러한 측정은 단순히 시간의 계열적 특성에서 도출되는 것이 아닙니다. 측정은 뒤의 강의에서 고려될 합동congruence 이론을 요구합니다.

경험의 정식화로서의 시간적 계열에 관한 이러한 정의의 적합성을 평가하는 데 있어서, 감각-알아차림의 조잡한 전달과 우리의 지적 이론들을 구별하는 것이 필요합니다. 시간의 경과는 측정가능한 계열적 양입니다. 과학적 이론 전체가 이 가정에 의존하며, 그러한 측정가능한 계열을 제공하지 못하는 어떠한 시간 이론도 경험에서 가장 현저한 사실을 설명할 수 없는 것으로서 스스로 무너질 운명에 처할 것입니다. 우리의 난관은 측정되는 것이 무엇인지를 물을 때 비로소 시작됩니다. 그것은 경험에 매우 근본적인 어떤 것임이 명백하기에, 우리는 그것 자체의 규모를 보기 위해 그것으로부터 물러나 그 자체의 비율을 볼 수는 없습니다.

우리는 먼저 시간이 자연 속에서 발견되어야 하는지 아니면 자연이 시간 속에서 발견되어야 하는지를 결정해야 합니다. 후자의 대안 ― 즉 시간을 자연에 우선되는 것으로 만드는 것 ― 이 지니는 어려움은 시간이 형이상학적 수수께끼가 된다는 점입니다. 어떤 종류의 존재자가 시간의 순간들이나 주기들일까요? 시간을 사건으로부터 분리하는 것은, 시간을 지식에 대해 독립적인 종점으로 설정하려는 시도로서, 그림자 속에 숨어있는 실체를 찾으려는 노력과 같다는 것이 즉각적으로 드러납니다. 발생이 있기에 시간이 있는 것이고, 발생이 없으면 아무것도 없습니다.

그러나 그 사이에는 차이가 있습니다. 어떤 의미에서 시간은 자연을 넘어 연장됩니다. 어떤 하나의 무시간적 감각-알아차림과 어떤 하나의 무시간적 사고가 결합하여 하나의 시간적 자연을 관조한다는 것은 참이 아닙니다. 감각-알아차림과 사고는 자연 속 그것들의 종점과 마찬가지로 그 자체가 과정입니다. 다른 말로 하자면, 감각-알아차림의 추이와 사고의 추이가 존재합니다. 그러므로 추이라는 성질의 지배는 자연 너머로 연장됩니다. 그러나 이제 자연의 근본적인 특성인 추이와 자연의 특성 중 일부를 표상하는 논리적 추상화로서의 시간적 계열 사이에 구별이 생깁니다. 시간적 계열은 앞서 정의한 것처럼 지속 족의 일정한 특성을 표상할 뿐입니다. ― 실제로, 그 특성은 지속이 추이의 특징에 참여하고 있다는 이유로 소유하는 것일 뿐인데, 그러나 다른 한편으로, 지속만이 소유하는 특성이기도 합니다. 따라서 측정가능한 시간적 계열로서의 시간은 오직 자연만의 특징입니다. 그리고 그것은 사고와 감각-알아차림의 과정이 그 절차에 함축되어 있는 시간적 계열과 상관관계를 맺는 경우를 제외하고는 사고와 감각-알아차림의 과정으로 연장되지 않습니다.

지금까지 자연의 추이는 지속의 추이와 연결해서 고려되었습니다. 그리고 이러한 연결성에 있어서 그것은 시간적 계열과 고유하게 연합되어 있습니다. 그러나 우리는 추이라는 특징이 사건들의 연장과 고유하게 연합되어 있으며, 이러한 연장에서는 시간적 추이가 일어나는 만큼 공간적 추이 또한 일어난다는 점을 기억해야 합니다. 이 점에 관해서는 뒤의 강의에서 논할 것이지만, 여기서는 우리가 추이라는 개념의 자연 너머로의 적용에 관해 논의하고 있다는 점을 기억할 필요가 있습니다. 그렇지 않으면 우리는 추이의 본질이라는 관념을 지나치게 협소하게 만들어 버릴 것입니다.

이와 관련하여 감각-알아차림이라는 주제를 고찰해볼 필요가 있습니다. 비록 측정가능한 시간은 자연으로부터의 추상이며 자연은 정신에 대해 닫혀 있지만 말입니다.

감각-알아차림 - 그것의 종점인 자연이 아니라, 정신의 한 절차로서의 감각-알아차림 그 자체 - 을 고려해 봅시다. 감각-알아차림은 정신이 자연에 대해 가지는 관계입니다. 따라서 우리는 지금 정신을 감각-알아차림 속 관계항으로 고려하고 있습니다. 정신에 대해서는 즉각적 감각-알아차림과 기억이 존재합니다. 기억과 현재의 직접성 사이의 구별에는 이중적 함의가 있습니다. 한편으로 그 구별은 정신이 알아차림을 통해 관계된 모든 자연적 지속을 공평하게 알아차리고 있지 못하다는 것을 드러냅니다. 그 알아차림은 자연의 추이와 함께 있습니다. 우리는 알아차림을 사밀적 소유물로 간주하며 추이를 겪지 않는 존재자를 상상할 수 있지만, 그 존재자의 알아차림의 종점은 우리 자신의 덧없는 자연일 것입니다. 기억이 현재의 사실만큼 생생해질 수 없는 본질적인 이유는 없습니다. 그렇다면 정신의 측면에서 볼 때, 현재와 과거 사이의 차이는 무엇일까요? 그런데 이 가설을 가지고 우리는 생생한 회상과 현재 사실이, 각각 그것들의 시간적 계열 순서에 있는 것으로 알아차림 속에 상정되어 있다고 가정할 수도 있습니다. 따라서 우리는 감각-알아차림의 작용에서 정신이 추이의 어떤 특징으로부터도 자유로울 수 있다고 상상할 수는 있지만, 사실은 감각-알아차림의 경험이 우리의 정신을 이 특징에 참여하는 것으로 드러낸다는 점을 인정해야 합니다.

다른 한편으로, 기억이라는 단순한 사실은 덧없음으로부터의 도피입니다. 기억 속에서 과거는 현재입니다. 그것은 자연의 시간적 연쇄를 뛰어넘는 것으로서의 현재가 아니라, 정신에 대한 즉각적 사실로서의 현재입니다. 따라서 기억은 자연의 단순한 추이로부터 정신이 분리된 것이라 할 수 있는데, 자연에 대해 추이된 것이 정신에 대해서는 추이되지 않았기 때문입니다.

게다가, 기억과 즉각적 현재 사이의 구별은 통상적으로 편이를 위해 가정되는 것만큼 날카롭지 않습니다. 시간적 연장이 없는 현재 사실을 드러내는 칼날, 운동하는 칼날로서의 시간에 관한 지적 이론이 있습니다. 이 이론은 관찰의 이상적 정밀성에 관한 개념에서 떠오릅니다. 천문학적 관찰은 점차 정제되어 10분의 1초, 100분의 1초, 1,000분의 1초라는 정밀성에 도달했습니다. 그러나 최종적 정제는 평균화 체계를 통해 이루어지며, 이 경우에조차 어떤 시간적 폭이 오차 범위로서 우리에게 제공됩니다. 여기서 오차는 경험의 특징이 사고의 이상과 일치하지 않는다는 사실을 표현하기 위한 관습적 용어일 뿐입니다. 저는 이미 찰나의 개념이 관찰된 사실을 이 이상과 융화시키는 방식을 설명했습니다. 즉, 지속들의 특성에 대한 양적 표현을 제한하는 단순성이 존재하며, 이는 찰나 속에 포함된 추상 집합 중 임의의 하나를 고려함으로써 도달됩니다. 다른 말로 하자면, 지속들의 집합체로서의 찰나의 외적 특징들은 자연적 특성들을 제한하는 표현인, 찰나의 내적 특징들과 연합되어 있습니다.

그러므로 찰나의 특징과 그것이 간직하는 정밀성의 이상은 알아차림의 궁극적인 종점이 시간적 두께를 지닌 지속이라는 입장을 결코 약화시키지 않습니다. 이 즉각적 지속은 우리가 포착할 수 있도록 명료하게 표시되어 있지 않습니다. 그것의 초기 경계는 기억 속으로 사라짐으로써 흐려지고, 그것의 후기 경계는 예기anticipation로부터 출현함으로써 흐려집니다. 기억과 현재 즉각성 사이, 혹은 현재 즉각성과 예기 사이에 날카로운 구분은 없습니다. 현재란 기억과 예기의 두 극단 사이에서 주저하는 경계의 폭인 것입니다. 그러므로 연장된 현재를 가진 우리의 감각-알아차림은 추이로부터 자유롭고 모든 자연을 즉각적 사실로 관조하는 상상의 존재자의 감각-알아차림과 일부 유사한 특징을 가지고 있습니다. 우리 자신의 현재에는 그것에 선행하는 것과 후속하는 것이 있고, 상상적 존재자에게는 모든 자연이 선행하는 것과 후속하는 것을 가지고 있습니다. 그러므로 이러한 측면에서 우리와 상상적 존재자의 유일한 차이는 그 존재자에게는 모든 자연이 우리의 현재 지속의 즉각성을 공유한다는 것입니다.

이 논의의 결론은 감각-알아차림을 고려하는 한, 자연의 추이와 밀접하게 동맹을 맺고 있지만 자연의 추이와 구별될 수 있는 정신의 추이가 있다는 것입니다. 우리는 모든 존재자를 지배하는 추이의 어떤 궁극적 특징을 공유하는 것으로부터 정신의 추이와 자연의 추이가 맺는 이러한 동맹이 비롯된다고 사변할 수도 있을 것입니다. 그러나 이것은 우리의 현재 관심과는 연관이 없는 사변입니다. 지금 우리에게 충분한 즉각적 연역은 ― 감각-알아차림을 고려하는 한 ― 정신은 자연의 사건들이 시간 속에 있는 것과 같은 의미에서 시간이나 공간 속에 있지는 않지만, 정신의 추이가 자연의 추이와 맺는 고유한 동맹으로 인해 파생적인 의미에서 시간과 공간 속에 있다는 것입니다. 그러므로 정신은 그 자체에 고유한 의미에서 시간과 공간 속에 있습니다. 지금까지 우리는 매우 단순하고 명백한 결론에 도달하기 위해 장구한 논의를 해 왔습니다. 우리 모두 어떤 의미에서 우리의 정신이 지금, 이 방 안에 있다고 느낍니다. 그러나 그것은 자연의 사건으로서 우리 뇌의 현존이 공간적·시간적 위치를 갖는다는 것과 같은 의미에서가 아닙니다. 여기서 상기해야 하는 근본적인 구별은 감각-알아차림에 대한 즉각성은 자연에 대한 순간성과 같지 않다는 것입니다. 이 마지막 결론은 다음 논의와 관련이 있으며, 그 논의를 끝으로 이 강의를 마치겠습니다. 이 질문은 다음처럼 정식화될 수 있습니다. 즉, 자연 속에서 대안적인 시간적 계열을 발견할 수 있을까요?

몇 년 전만 해도 그런 제안은 몽상적으로 불가능한 것으로서 폐기되었을 것입니다. 그러한 제안은 당시의 과학과 아무런 관련도 없었을 것이며, 지금껏 철학의 꿈에 들어왔던 어떤 관념과도 유사하지 않았을 것입니다. 18세기와 19세기는 중세 철학만큼 엄격하고 한정적인 개념들의 어떤 집합을 자신들의 자연철학으로 받아들였습니다. 그리고 이 집합은 심지어 비판적 연구도 거의 거치지 않은 채로 수용되었습니다. 저는 이 자연철학을 '유물론'materialism이라고 부르겠습니다. 과학자들은 물론 모든 철학 학파의 계승자들도 하나같이 유물론자였습니다. 관념론자들은 단지 정신과의 관련 아래에서 자연의 배열을 문제로 삼았다는 점에서만 철학적 유물론자들과 결을 달리했을 뿐입니다. 그러나 자연철학 그 자체를 고려하면서 그것이 제가 유물론이라고 부르는 것의 한 유형임을 의심하는 사람은 아무도 없었습니다. 그것은 제가 선행하는 두 강의에서 이미 검토한 철학입니다. 그 철학은 자연이 물질의 집합체이며, 이 물질은 어떤 의미에서 시간의 연장 없는 순간들이 이루는 일차원적 계열의 연쇄적인 구성원으로서 존재한다는 믿음으로 요약될 수 있습니다. 게다가 물질적 존재자들의 매 순간의 상호관계는 이러한 존재자들이 경계 없는 공간 속에서 공간적 짜임configuration을 형성하게 합니다. 이 이론에 따르면 공간은 시간의 순간들처럼 순간적이며, 연쇄적인 순간적 공간들 사이의 관계에 관해서 설명이 필요한 것처럼 보입니다. 그러나 유물론적 이론은 이 점에 관해 침묵합니다. 그리고 순간적 공간들의 연쇄는 암묵적으로 하나의 존속적 공간으로 결합합니다. 이 이론은 운 좋게 과학적 사유의 여명기에 정식화된 것으로, 순전히 경험에 대한 지적 번역입니다. 이 이론은 과학이 알렉산드리아에서 번성한 이래로 과학의 언어와 상상력을 지배해 왔으며, 그 결과 이제는 그 즉각적 명백함을 가정하지 않고는 말하는 것이 거의 불가능하게 되었습니다.

그러나 제가 방금 진술했듯이 추상적인 용어로 명확하게 이론을 정식화해 보면, 이 이론은 명백한 것과는 아주 거리가 멉니다. 감각-알아차림의 종점인 사실을 구성하는 추이적 요인들의 복합체는 이 자연적 유물론의 삼위일체에 상응하는 어떤 것도 우리 앞에 제시하지 않습니다. 이 삼위일체는 (i) 연장 없는 순간들의 시간적 계열, (ii) 물질적 존재자들의 집합체, (iii) 물질의 여러 관계로 산출되는 공간으로 구성됩니다.

유물론의 지적 이론이 전제하는 것과 감각-알아차림이 즉각적으로 전달하는 것들 사이에는 아주 큰 간극이 있습니다. 저는 이 유물론적 삼위일체가 자연의 여러 중요한 특징을 체현한다는 점은 의심하지 않습니다. 그러나 이러한 특징들을 경험의 사실들의 관점에서 표현할 필요가 있습니다. 이것이 바로 시간과 관련해서 제가 이 강의를 통해 말하고자 했던 것입니다. 그리고 이제 우리는 다음의 질문과 직면해 있습니다. 즉, 단 하나의 시간적 계열만이 존재하는 것일까요? 유물론적 자연철학에서는 시간적 계열에 대해서 유일성이 전제됩니다. 그러나 그 철학은 중세 시대에 그토록 확고하게 믿어졌던 아리스토텔레스의 과학적 이론처럼 단지 하나의 이론일 뿐입니다. 만일 이 강의에서 제가 즉각적 사실을 통해 이론의 내막을 꿰뚫어 보는 데 어떤 식으로든 성공했다고 하더라도, 그에 대한 대답은 결코 확실하지 않습니다. 그 질문은 다음의 대안적인 형태로 변형될 수 있습니다. 즉, 단 하나의 지속 족만이 존재하는 것일까요? 이 질문에서 언급하는 '지속 족'의 의미는 이 강의의 앞부분에서 정의되었습니다. 이제 이 질문에 대한 대답은 전혀 명백하지 않습니다. 유물론적 이론에서는 순간적 현재가 자연의 창조적 활동성을 위한 유일한 장입니다. 과거는 지나갔고 미래는 아직 오지 않았습니다. 그러므로 (이 이론에서) 지각의 즉각성은 순간적 현재의 즉각성이며, 이 유일한 현재는 과거의 결과이자 미래에 대한 약속입니다. 그러나 우리는 즉각적으로 주어진 순간적 현재를 거부합니다. 자연 속에서 그런 것은 찾을 수 없습니다. 궁극적인 사실로서 그것은 비-존재자입니다. 감각-알아차림에 대해 즉각적인 것은 지속입니다. 이제 하나의 지속은 자신의 내부에 과거와 미래를 담지합니다. 그리고 감각-알아차림의 즉각적 지속이 가지는 시간적 폭은 매우 비결정적이고 개별 지각자에 의존합니다. 따라서 자연에는 모든 지각자에게 현저하게 필연적으로 현재라고 할 수 있는 유일한 요인이 없습니다. 자연의 추이는 과거와 미래 사이에 아무것도 남기지 않습니다. 우리가 현재로서 지각하는 것은 예기가 깃든 기억의 생생한 변두리입니다. 이 생생함은 지속 내에서 변별된 영역을 밝힙니다. 그러나 이를 통해 자연의 발생들이 대안적 족의 다른 지속들로 분류될 수 없다는 보장은 주어지지 않습니다. 우리는 한 개별 정신의 감각-알아차림에 의해 상정된 즉각적 지속들의 계열이 모두 필연적으로 같은 지속 족에 속하는지조차 알 수 없습니다. 그렇다고 믿을 만한 조금의 이유도 없습니다. 실제로 저의 자연 이론이 옳다면, 그것은 참이 아닐 것입니다.

유물론적 이론은 답이 천국 안에 있든 지옥 안에 있든 자연 안에 있든, 모든 것에 대한 완전한 답을 가지고 있었던 중세 사상에서 찾아볼 수 있는 완전성을 담지하고 있습니다. 그 이론에는 어딘가 정돈된 느낌이 있습니다. 그것의 순간적 현재, 사라진 과거, 현존하지 않는 미래, 불활성 물질의 개념을 가지고 모든 것을 이론 내에 정돈시키는 모습은 훌륭하게 중세적이며 적나라한 사실brute fact과 탁월하게 어긋납니다.

제가 역설하고 있는 이론은 더 위대한 궁극적인 신비와 더 심오한 무지를 인정합니다. 과거와 미래는 불분명한 현재 속에서 만나고 뒤섞입니다. 현존의 창조적 힘에 대한 또 다른 이름에 지나지 않는 자연의 추이는 그 안에서 작용하는 한정적인 순간적 현재라는 협소한 영역을 지니고 있지 않습니다. 바로 지금 자연을 앞으로 나아가게 하고 있는 그것의 조작적 현전 operative presence은 어떤 현재 지속의 가장 협소한 폭에서 가장 머나먼 과거까지, 전체에 걸쳐 추구되어야 합니다. 어쩌면 실현되지 않은 미래 속에서도 그 조작적 현전이 추구되어야 할 것입니다. 어쩌면 다가올 실제 미래뿐만 아니라 다가올 수도 있는 미래 속에서도 추구되어야 할 것입니다. 시간과 자연의 창조적 추이가 간직하는 신비를 관조하다 보면 인간 지성의 한계에 대해 걷잡을 수 없는 감정을 느끼지 않을 수가 없는 것입니다.

{ 4장 }

연장 추상화의 방법

오늘의 강의는 제한된 사건들에 대한 고찰로 시작해야 합니다. 그러면 우리는 공간에 관한 우리의 개념화로 표상되는 자연 속 여러 요인에 대한 조사에 착수할 수 있는 단계에 이르게 될 것입니다.

우리의 감각-알아차림에 대한 즉각적 드러남으로서의 지속은 부분들로 구별됩니다. 방 내부의 모든 자연의 삶이라고 할 수 있는 부분이 있고, 방 안에 놓인 탁자 내부의 모든 자연의 삶이라고 할 수 있는 부분이 있습니다. 이러한 부분들은 제한된 사건들입니다. 그것은 현재 지속의 존속성을 보유하고 있으며, 현재 지속의 부분들입니다. 그러나 지속이 제한되지 않은 전체이고 어떤 제한된 의미에서는 존재하는 모든 것인 반면, 하나의 제한된 사건은 규모의 한계가 철저하게 정의되어 있으며 시공간적 용어로 우리에게 표현됩니다.

우리는 사건을 어떤 멜로드라마적 성질과 연합시키는 데 익숙합니다. 어떤 사람이 차에 치였다면, 그것은 일정한 시공간적 제한 속에 포함된 사건입니다. 우리는 대피라미드가 어느 특정한 하루 동안 존속하는 것을 하나의 사건으로 간주하는 것에 익숙하지 않습니다. 그러나 대피라미드가 하루 동안 존속한다는 자연적 사실 즉 대피라미드 내부의 모든 자연은, 사람이 차에 치인 사건과 같은 특징을 가진 사건입니다. 여기서 사람이 차에 치인 사건이란, 사람과 차가 접촉하는 시기 동안의 사람과 차를 포함하는, 시공간적 한계를 지닌 모든 자연을 의미합니다.

우리는 이러한 사건을 시간, 공간, 물질이라는 세 가지 요인으로 분석하는 데 익숙합니다. 사실, 우리는 자연에 관한 유물론적 이론의 개념들을 즉각 사건에 적용합니다. 저는 몇몇 중요한 자연법칙을 표현하는 데는 이 분석이 유용성이 있다는 점을 부정하지 않습니다. 저는 이러한 요인 중 어느 하나라도 구체적인 독립성을 가지고 우리의 감각-알아차림에 대해 상정되어 있다는 점을 부정합니다. 우리는 자연 속에서 단 하나의 단위 요인을 지각합니다. 그리고 이 요인이란 그때-거기에서 무언가가 일어나고 있다는 것입니다. 예를 들어, 우리는 대피라미드 주변에서 일어나고 있는, 이집트에서의 사건들의 일어나고-있음$^{going\text{-}on}$과의 관계들 속에서, 대피라미드의 일어나고-있음을 지각합니다. 우리는 언어와 공식 교육과 그에 따른 편리함으로 인해 우리의 사고를 이러한 유물론적 분석으로 표현하는 데 너무 훈련되어 있어서, 감각-알아차림 속에 진정으로 나타난 요인의 참된 통합성[단위성]^{unity}을 지적으로 무시하는 경향이 있습니다. 그 자체 안에 자연의 추이를 담지한 이 단위^{unit} 요인이야말로 자연 속에서 변별되는 일차적인 구체적 요소입니다. 이러한 일차적 요인이야말로 제가 사건이라는 용어를 통해 의미하는 것입니다.

사건은 이항관계two-termed relation의 장인데, 이 이항관계는 지난 강의에서 살펴본 연장 관계입니다. 사건은 연장 관계를 통해 관계된 사물입니다. 만약 사건 A가 사건 B 너머로 연장되면, B는 A의 '부분'이고 A는 B를 부분으로 갖는 '전체'입니다. 이 강좌를 통틀어 전체와 부분은 이러한 한정적 의미로 사용됩니다. 이 관계와 관련하여 임의의 두 사건 A와 B는 서로에 대해 다음의 네 가지 관계 중 하나를 가질 수 있다는 점이 뒤따릅니다. 즉, (i) A가 B 너머로 연장될 수 있습니다. 또는 (ii) B가 A 너머로 연장될 수 있습니다. 또는 (iii) A와 B 둘 다 어떤 세 번째 사건 C 너머로 연장되면서도, A와 B 둘 다 서로 너머로는 연장되지 않을 수 있습니다. 또는 (iv) A와 B는 완전히 분리되어 있을 수 있습니다. 이러한 여러 대안은 논리학 교과서에 나오는 오일러 도표를 통해 명확하게 예증될 수 있습니다.

자연의 연속성은 사건들의 연속성입니다. 이 연속성은 연장 관계와 관련해서 사건들이 띠는 특성들의 다양성이 구성한 집합체에 대한 이름일 뿐입니다.

첫째로, 연장 관계는 추이적입니다. 둘째로, 모든 사건은 그 자신의 부분으로 다른 사건들을 포함합니다. 셋째로, 모든 사건은 다른 사건들의 부분입니다. 넷째로, 주어진 임의의 두 사건에 대해서 두 사건을 모두 부분으로 포함하는 사건들이 있습니다. 다섯째로, 제가 '접합'junction이라고 부르는, 사건들 사이의 특별한 관계가 있습니다.

주어진 두 개의 사건에 대해서, 그 두 사건을 부분으로 가지고 있으며, 그것의 어떤 부분도 주어진 두 사건 모두와 분리되지 않는 세 번째 사건이 있을 때, 두 사건은 접합 관계를 맺고 있는 것입니다. 그러므로 두 사건의 접합은 어떤 의미에서는 그것들의 합sum이라고 할 수 있는 하나의 사건을 정확히 성립시킵니다.

이 특성을 보유한 것은 특정한 사건 쌍들뿐입니다. 일반적으로 두 개의 사건을 포함하는 임의의 사건은 두 사건으로부터 분리된 다른 부분을 포함하고 있습니다.

두 사건의 접합에 관한 대안적 정의가 있습니다. 저는 저의 최근 저서[1]에서 이 정의를 채택했습니다. 두 사건에 대해서, (i) 두 사건 모두와 중첩되고, (ii) 주어진 두 사건 모두와 분리된 부분을 가지고 있지 않은 세 번째 사건이 있을 때, 두 사건은 접합 관계를 맺고 있는 것입니다. 이 두 개의 정의 중에서 하나가 접합의 정의로서 채택된다면, 나머지 하나의 정의는 우리가 자연 속에서 알고 있는 접합의 특징에 대한 하나의 공리로서 나타날 것입니다. 그러나 우리는 직접적 관찰의 결과들을 정식화하는 것은 물론이거니와 논리적인 정의를 염두에 두고 있지

---

1. *An Enquiry concerning the Principles of Natural Knowledge* 참조.

않습니다. 어떤 사건의 관찰된 통합성에는 어떤 특정한 연속성이 내재해 있습니다. 그리고 접합에 관한 이 두 정의는 실제로는 이 연속성의 특징에 대한 관찰에 기반을 두는 공리들입니다.

전체와 부분의 관계와 중첩의 관계는 사건들의 접합의 특수한 경우들입니다. 그런데 사건들이 서로 분리되어 있을 때도 접합이 있을 수 있습니다. 예를 들어, 대피라미드의 상부와 하부는 어떤 상상의 수평면에 의해 분리되어 있습니다.

자연이 사건들로부터 파생시키는 연속성은 제가 어쩔 수 없이 제공해온 예증으로 인해 모호한 것이 되었습니다. 예를 들어, 저는 하나의 예증으로 사용하는 데 어려움이 없는 통상적으로 잘 알려진 사실인 대피라미드의 현존을 언급했습니다. 대피라미드의 현존은 인식될 수 있는 어떤 객체의 상황으로서 우리에게 드러나는 그러한 유형의 사건입니다. 그리고 선택한 예시에서 그 객체는 이름을 수여받았을 정도로 광범위하게 인식되어 있습니다. 객체는 사건과는 다른 유형의 존재자입니다. 예를 들어, 어제와 오늘 대피라미드 내부의 자연의 삶이라는 사건은 어제의 대피라미드와 오늘의 대피라미드라는 두 부분으로 분할될 수 있습니다. 그러나 대피라미드라는 이름으로 불리는 인식 가능한 객체는 어제와 오늘 동일한 객체입니다. 저는 다른 강의에서 객체의 이론을 살펴볼 것입니다.

사건이 잘-알려진 객체의 상황인 경우에 우리가 사건을 객체와 구별할 어떠한 언어도 가지고 있지 않다는 사실로 인해서, 주제 전체가 오묘함의 불투명한 분위기에 휩싸입니다. 대피라미드의 사례에서 객체는 지각된 것으로서 일정한 기간 동안 자기-동일성을 유지하는, 지각된 단위 존재자입니다. 반면에 분자들의 휘황찬란한 춤 전체와 전자기장의 유동 놀이는 사건의 성분들입니다. 객체는 어떤 의미에서 시간 밖에 있습니다. 객체는 사건들과 제가 '상황'이라고 부르는 관계를 맺는 한에서만, 오직 그런 한에서만 파생적으로 시간 안에 있습니다. 이 상황 관계에 관해서는 이후의 강의에서 논의할 필요가 있습니다.

제가 지금 주장하려는 것은 잘-알려진 객체의 상황으로서 존재하는 것이 사건에 내재한 필연성이 아니라는 것입니다. 언제든 어디서든 무언가가 일어나고 있다면, 거기에 사건이 있습니다. 게다가 '언제든 어디서든'이라는 구절 그 자체가 사건을 전제하는데, 시간과 공간 자체가 사건으로부터의 추상화이기 때문입니다. 그러므로 소위 빈 공간이라고 하는 것을 포함해서 모든 곳에서 언제나 무언가가 일어나고 있다는 것이 이 학설에 뒤따르는 귀결입니다. 이러한 결론은 시공간 전반에 걸쳐 전자기장의 놀이를 전제하는 근대 물리학과 일치합니다. 이 과학적 학설은 편재하는 에테르라는 유물론적 형태 속으로 던져졌습니다. 그러나 분명 에테르는 단지 게으른 개념일 뿐입니다 — 베이컨이 목적인의 학설에 적용한 어법을 따르면, 그것은 불모의 개념입니다. 에테르로부터는 아무것도 연역되지 않습니다. 그리고 에테르라는 개념은 단지 유물론적 이론의 요구를 충족시킨다는 목적을 섬기고 있을 뿐입니다. 힘의 장이라는 유동하는 사실들에 관한 개념이 중요합니다. 이것은 사건들의 에테르에 관한 개념이며, 물질적 에테르 개념을 대체해야 합니다.

사건이 복잡한 사실이며 두 사건 사이의 관계가 거의 파훼가 불가능한 미로를 형성한다는 것을 보증하기 위해서는 예시를 들 필요가 없습니다. 인류의 상식이 발견한 열쇠, 과학에서 체계적으로 활용되고 있는 그 열쇠는 제가 다른 곳[2]에서 규모 축소를 통한 단순성으로의 수렴 법칙law of convergence to simplicity by diminution of extent이라고 불렀던 것입니다.

만약 A와 B가 두 개의 사건이고, A'가 A의 부분이며 B'가 B의 부분이라면, 부분들인 A'와 B'의 관계는 많은 측면에서 A와 B의 관계보다 단순할 것입니다. 이것은 정밀한 관찰을 위한 모든 시도를 관장하는 원리입니다.

이 법칙을 체계적으로 사용하며 산출된 첫 번째 결과는 시간과 공간이라는 추상적 개념의 정식화였습니다. 이전 강의에

---

2. *Organisation of Thought*, pp. 146과 그 이하 참조. Williams and Norgate, 1917.

서 저는 시간-계열을 얻기 위해 어떻게 이 원리가 적용되는지를 간략하게 제시했습니다. 이제 같은 방법으로 어떻게 공간적 존재자가 얻어지는지를 고려할 것입니다. 체계적 절차는 두 경우 모두에서 원리적으로 동일하며, 저는 이 절차의 일반적 유형을 '연장 추상화의 방법'이라고 불렀습니다.

지난 강의에서 제가 지속들의 추상 집합이라는 개념을 정의했음을 기억하실 것입니다. 이 정의는 지속과 제한된 사건을 포함해서 어떤 사건에도 적용될 수 있습니다. 여기서 필요한 유일한 변화는 '지속'이라는 단어를 '사건'이라는 단어로 대체하는 것입니다. 따라서 사건들의 추상 집합은 다음의 두 특성을 가지는 사건들의 임의적 집합입니다. 즉 (i) 집합의 임의의 두 구성원 중 한 구성원이 다른 구성원을 부분으로 포함하고, (ii) 집합의 모든 구성원에 속한 공통부분이 되는 사건이 없는 경우입니다. 기억하시겠지만, 그러한 집합은 하나의 상자가 다른 상자에 포함된 중국 장난감 상자 꾸러미가 가지는 특성을 지니고 있습니다. 그러한 집합과 장난감 사이의 차이는 장난감에는 가장 작은 상자가 있는 반면, 추상 모임에는 가장 작은 사건이 없다는 것, 그리고 추상 모임은 그 자체로는 집합의 구성원이 아닌 어떤 극한적 사건으로 수렴되지도 않는다는 것입니다.

그러므로 사건들의 추상 집합을 고려하는 한, 추상 집합은 무엇으로도 수렴되지 않습니다converge to nothing. 사고가 계열의 극소한 끝을 향해 나아감에 따라 구성원의 규모가 무한정 작아져 가는 집합이 있습니다. 그러나 최종적으로 도달하는 종류의 절대적 최솟값은 없습니다. 사실, 집합은 단지 집합 그 자체일 뿐이며, 그 자신을 제외하고는 사건들에 대해서 그 무엇도 나타내지 않습니다. 그러나 각각의 사건은 객체의 상황이 되고 객체의 상황이 되는 부분을 가지는 방식에서, 그리고 – 좀 더 일반적으로 진술하자면 – 자연의 삶에 대한 장이 되는 방식에서 내적 특징을 갖습니다. 이 특징은 사건에 내적인 다양한 양 사이의 관계, 혹은 그러한 양들과 다른 사건에 내적인 다른 양들 사이의 관계를 표현하는 양적 표현을 통해 정의될 수 있습니다. 상당한 시공간적 연장을 가진 사건의 경우, 이 양적 표현의 집합은 극도로 복잡합니다. e가 사건이고, $q(e)$는 나머지 자연과의 연결성을 포함해서 그 사건의 특징을 정의하는 양적 표현의 집합을 나타내는 것이라고 해 봅시다. e_1, e_2, e_3 등을 추상 집합이라고 하고, e_n과 같은 각 구성원이 'e_{n+1},' 'e_{n+2}' 등과 같은 모든 후속하는 구성원 너머 연장되는 식으로 배열되어 있다고 가정해 봅시다. 그렇다면 계열

$$e_1, e_2, e_3, \cdots, e_n, e_{n+1}, \cdots,$$

과 상응해서 계열

$$q(e_1), q(e_2), q(e_3), \cdots, q(e_n), q(e_{n+1}), \cdots$$

이 존재합니다.

사건들의 계열을 s로, 양적 표현들의 계열을 $q(s)$라고 부릅시다. 계열 s에는 마지막 항이 없고 계열의 모든 구성원에 포함된 사건은 없습니다. 따라서 사건들의 계열은 무엇으로도 수렴되지 않습니다. 그것은 그저 그것 자체일 뿐입니다. 계열 $q(s)$에도 마지막 항이 없습니다. 그러나 계열의 다양한 항 전체를 관통하는 상동적 양의 집합은 한정적 극한들로 수렴됩니다. 예를 들어, 만일 Q_1이 $q(e_1)$에서 발견되는 양적 측정치이고, Q_1과 상동하는 Q_2가 $q(e_2)$에서 발견되고, 더 나아가 Q_1 및 Q_2와 상동인 Q_3가 $q(e_3)$에서 발견되는 양적 측정치라고 한다면, 계열

$$Q_1, Q_2, Q_3, \cdots, Q_n, Q_{n+1}, \cdots,$$

은 비록 마지막 항을 가지고 있지는 않지만, 일반적으로 하나의 한정적인 극한으로 수렴됩니다. 따라서 극한의 모임 $l(s)$가 존재하며, 그 $l(s)$는 n이 무한정 증가해도 계열 $q(s)$의 전체에

걸쳐 상동성을 지니는 $q(e_n)$의 구성원들에 대한 극한의 모임입니다. 우리는 '수렴됨'을 의미하는 화살표(→)를 이용해서 이 진술을 도식적으로 나타낼 수 있습니다. 그렇다면,

$$e_1, e_2, e_3, \cdots, e_n, e_{n+1}, \cdots \longrightarrow 무^{\text{nothing}},$$

그리고 다음과 같습니다.

$$q(e_1), q(e_2), q(e_3), \cdots, q(e_n), q(e_{n+1}), \cdots \longrightarrow l(s).$$

집합 $l(s)$ 속의 극한들 사이의 상호관계, 그리고 그 극한들과 다른 추상 집합 s', s'' 등에서 유래하는 다른 집합 $l(s')$, $l(s'')$ … 속의 극한들 사이의 상호관계는 어떤 고유한 단순성을 가집니다.

그러므로 집합 s는 자연적 관계의 이상적 단순성을 지시하지만, 이러한 단순성은 s 속의 어떤 현실적 사건이 지닌 특징도 아닙니다. 우리는 계열의 극소한 끝을 향해 충분히 멀리까지 내려간 사건을 고려함으로써, 그러한 단순성에 대해 우리가 원하는 만큼 가까운, 수적으로 가늠된 것으로서의 근사치를 만들 수 있습니다. 극소한 끝을 향해 끝없이 연쇄적으로 뻗어나가는 무한 계열이라는 점이 중요합니다. 계열이 시작되는 임의

의 큰 사건은 전혀 중요하지 않습니다. 우리는 추상 집합의 극대한 끝에 있는 어떤 사건 집합도 임의로 배제할 수 있는데, 이때 그렇게 수정된 집합은 어떠한 중요한 특성도 소실하지 않습니다.

저는 하나의 추상 집합에 의해 지시된 자연적 관계들의 극한적 특징을 집합의 '내적 특징'이라고 부릅니다. 또한, 특성들은, 그 집합의 구성원들과 관련된 전체와 부분의 관계들과 연결되어 함께 추상 집합을 정의하며, 제가 '외적 특징'이라고 부르는 것을 형성합니다. 추상 집합의 외적 특징이 어떤 한정적인 내적 특징을 결정한다는 사실은 공간과 시간에 관한 정확한 개념이 중요한 이유입니다. 추상 집합에서 하나의 한정적인 내적 특징이 나타나는 것은 수렴 법칙의 정확한 의미입니다.

예를 들어, 기차가 접근하는 것을 1분 동안 본다고 해 봅시다. 그 1분 동안의 그 기차 내부의 자연의 삶으로서의 사건은 매우 복잡합니다. 그리고 그 사건이 포함하는 관계와 그 사건의 특징을 구성하는 성분들에 대한 표현은 우리를 당혹스럽게 합니다. 만일 우리가 그 1분 속의 1초를 취한다면, 그렇게 얻어지는 더 제한된 사건은 그것의 성분 면에서 더 단순해집니다. 그리고 우리가 10분의 1초, 100분의 1초, 또는 1,000분의 1초처럼 사건을 축소해 가면 – 우리가 축소하는 사건들이 가지는 한정적 연쇄성을 설명할 수 있는 한정적 규칙을 가지고 있는 한 - 어떤 한정적 순간에서의 기차의 특징에 대한 이상적 단순성으로 사건의 성분적 특징들을 수렴시킬 수 있습니다. 게다가 이러한 단순성으로의 수렴에는 다양한 유형이 있습니다. 예를 들어, 위의 경우처럼 특정 순간에 기차 전체 부피 내부의 자연을 표현하는 극한적 특징으로 수렴할 수 있으며, 혹은 그 전체 부피의 어떤 부분 내부의 - 예를 들어 엔진의 보일러 내부 - 한 순간에서의 자연, 혹은 어떤 표면 영역의 한 순간에서의 자연, 혹은 그 기차 내부의 어떤 선 위의 한 순간에서의 자연, 혹은 기차의 어떤 점에서의 한 순간에서의 자연으로 수렴할 수 있습니다. 마지막 경우에 도달하게 되는 단순한 한정적 특징들은 밀도들, 비중들 specific gravities, 물질의 유형들로 표현될 것입니다. 게다가 우리는 반드시 한 순간에서의 자연을 포함하는 추상화로 수렴할 필요가 없습니다. 우리는 1분 동안의 어느 특정한 점 궤적 point track이 갖는 물리적 성분들로 수렴할 수도 있습니다. 따라서 극한들로서의 내적 특징의 다양한 유형에 접근하는 것으로 이어지는, 수렴의 외적 특징에는 여러 유형이 있습니다.

이제 저는 여러 추상 집합 사이의 가능적 연결성에 관한 연구로 넘어가겠습니다. 하나의 집합이 또 다른 집합을 '망라하고' 있을 수 있습니다. 저는 '망라'covering를 다음과 같이 정의합니다. 즉, 추상 집합 p의 모든 구성원이 자신의 부분으로서 추상 집합 q의 몇몇 구성원을 포함하고 있을 때, 추상 집합 p는 추상 집합 q를 망라하고 있습니다. 만일 임의의 사건 e가 집합 q의 한 임의적 구성원을 자신의 부분으로 포함한다면, 연장의 추이적 특성으로 인해, q의 극소한 끝을 향하는 연쇄 속의 모든 구성원이 e의 부분이 된다는 것은 명백합니다. 그 경우에 저는 추상 집합 q가 사건 e에 '내재한다'라고 말할 것입니다. 그러므로 추상 집합 p가 추상 집합 q를 망라할 때, 추상 집합 q는 p의 모든 구성원에 내재합니다.

두 개의 추상 집합이 서로를 망라할 수 있습니다. 이 경우, 저는 두 집합의 '추상적 힘이 동등하다'equal in abstractive force라고 말할 것입니다. 오해의 소지가 없는 경우에 저는 그저 두 개의 추상 집합이 '동등하다'라고 말함으로써 이 구절을 단순화하겠습니다. 추상 집합들이 가질 수 있는 이러한 동등성의 가능성은 두 집합 p와 q가 모두 극소한 끝을 향하는 무한 계열이라는 사실에서 떠오릅니다. 그러므로 동등성이란 p에 속하는 임의의 사건 x가 주어졌을 때, 우리는 q의 극소한 끝을 향해 충분히 멀리 나아감으로써 언제나 x의 부분인 사건 y를 찾을 수 있고, 그런 다음 p의 극소한 끝을 향해 충분히 멀리 나아감으로써 y의 부분인 사건 z를 찾을 수 있으며, 이러한 방식으로 계속 나아갈 수 있음을 의미합니다.

추상 집합 사이의 동등성이 가진 중요성은 그 두 집합의 내적 특징이 동일하다는 가정에서 비롯됩니다. 만약 그러한 가정이 용인되지 않는다면, 정밀한 관찰이란 있을 수 없습니다.

세 번째 추상 집합과 동등한 두 개의 추상 집합이 서로 동등하다는 것은 명백합니다. '추상 요소^{element}'는 서로 동등한 추상 집합들의 군 전체입니다. 그러므로 같은 추상 요소에 속하는 모든 추상 집합은 동등하며, 같은 내적 특징으로 수렴됩니다. 따라서 추상 요소란, 자연적 사실들 사이의 극한으로서 발견되는 이상적 단순성이라는 한정적인 내적 특징을 향한 여러 근사치의 경로가 형성하는 군입니다.

만약 추상 집합 p가 추상 집합 q를 망라한다면, p가 구성원으로 있는 추상 요소에 속하는 추상 집합은 q가 구성원으로 있는 추상 요소에 속하는 추상 집합을 망라합니다. 따라서 '망라'라는 용어의 의미를 확장해서 하나의 추상 요소가 다른 추상 요소를 '망라하고 있다'라고 말하는 것은 유용할 것입니다. 만일 같은 방식으로, '추상적 힘이 동등함'이라는 의미로 '동등성'이라는 용어를 확장하고자 한다면, 추상 요소는 오직 그 자신과만 동등할 수 있음이 명백합니다. 그러므로 하나의 추상 요소는 유일한 추상적 힘을 가지며, 하나의 한정적인 내적 특징을 나타내는 사건들로 구성된 것입니다. 이 내적 특징은 규모 축소를 통한 단순성으로의 수렴 원리를 사용함으로써 도달한 극한입니다.

추상 요소 A가 추상 요소 B를 망라할 때, 어떤 의미에서 A의 내적 특징은 B의 내적 특징을 포함합니다. 결과적으로 B의 내적 특징에 관한 진술은 A의 내적 특징에 관한 진술이 됩니다. 그러나 A의 내적 특징은 B의 내적 특징보다 더 복잡합니다.

추상 요소는 공간과 시간의 근본적 요소들을 형성하며, 이제 우리는 그러한 요소들의 특별한 모임이 형성되는 과정에 포함된 특성들을 고려해야 합니다. 지난 강의에서 저는 이미 추상 요소들의 한 모임, 즉 찰나들에 관해 조사했습니다. 각각의 찰나는 추상 집합의 군이며, 이러한 집합의 구성원이 되는 사건은 모두 하나의 지속 족에 속한 구성원입니다. 한 족에 속한 찰나들은 하나의 시간적 계열을 형성합니다. 그리고 다양한 찰나 족의 현존을 허용하면, 자연 속에 대안적인 시간적 계열이 존재하게 될 것입니다. 그러므로 연장 추상화의 방법은 경험의 즉각적 사실들의 관점에서 시간적 계열의 기원을 설명함과 동시에, 근대의 전자기적 상대성 이론이 요구하는 대안적인 시간적 계열의 현존을 허용합니다.

이제 우리는 공간에 관해 주목해야 합니다. 가장 먼저, 어떤 의미에서는 공간의 점들인 추상 요소의 모임을 파악해야 합니다. 그러한 추상 요소는 어떤 의미에서 내적 특징의 절대 최솟값으로 수렴하는 성질을 보여야 합니다. 유클리드는 언제나, 점이라는 일반적 관념을 부분을 가지지 않고 크기가 없는 것으로 표현해 왔습니다. 점을 구성하는 추상 집합들의 외적 특징이라는 관점에서 우리가 도달하고 또 표현하고자 하는 것은 바로 이 절대 최솟값이라는 특징입니다. 게다가 이렇게 도달한 점들은 어떤 연장도 가지지 않는 사건의 이상을 표상합니다. 실제로 이러한 이상적 사건 같은 존재자는 없지만 말입니다. 이 점들은 어떤 외적인 무시간적 공간의 점들이 아니라 순간적 공간들의 점들이 될 것입니다. 우리는 궁극적으로 물리학의 무시간적 공간, 그리고 오늘날 과학의 개념들로 물든 일반적 사고의 무시간적 공간에 도달하고자 합니다. 이 공간에 도착할 때까지 '점'이라는 용어를 아껴두는 편이 용이할 것 같습니다. 그러므로 저는 사건에 대한 이상적인 최솟값 극한을 의미하기 위해 '사건-입자'라는 이름을 사용할 것입니다. 따라서 사건-입자는 추상 요소이며, 그 자체로는 추상 집합의 모임입니다. 그리고 점 — 즉 무시간적 공간의 점 — 은 사건-입자의 모임일 것입니다.

 게다가 각기 분리된 시간적 계열, 즉 분리된 지속 족에 상응하는 분리된 무시간적 공간이 있습니다. 나중에 우리는 무시간적 공간 속의 점들에 관한 논의로 다시 돌아올 것입니다. 여기서는 우리의 조사 단계를 이해할 수 있는 정도만 언급하면 충분합니다. 사건-입자들의 총체성은 4차원적 다양체를 형성할 것이며, 추가적 차원들 extra dimensions은 시간으로부터 – 다른 말로 하자면 – 각각 사건-입자의 모임이라 할 수 있는 무시간적 공간의 점들로부터 비롯됩니다.

사건-입자들을 형성하는 추상 집합들에 요구되는 특징이란, 그것들이 망라하는 어느 추상 집합에 의해 망라되는 특징을 가진 것이라고 할 수 있을 것입니다. 왜냐하면 그 경우, 사건-입자의 추상 집합이 망라하는 어떤 다른 추상 집합도 그것과 동등할 것이고, 그러므로 같은 사건-입자의 구성원이 될 것이기 때문입니다. 따라서 한 사건-입자는 다른 어떤 추상 요소도 망라할 수 없습니다. 이것은 제가 1914년 파리에서 열린 학회에서 처음 제창했던 정의입니다.[3] 그러나 몇몇 추가 사항을 첨부함이 없이 이 정의를 채택하면 어려움이 뒤따릅니다. 그리고 저는 방금 언급한 참고문헌에서 제가 어려움을 극복하고자 시도한 방식에 만족하지 않습니다.

그 어려움은 이렇습니다. 일단 사건-입자들이 정의되면 사건의 경계를 형성하는 사건-입자들의 집합체를 정의하기가 쉬워집니다. 그리고 그로써 한 사건이 다른 사건의 부분으로 있

---

3. 'La Théorie Relationniste de l'Espace,' *Rev. de Métaphysique et de Morale*, vol. XXIII, 1916를 참조.

는 한 쌍의 사건들 사이의 경계들에서 일어날 수 있는 점-접촉point-contact을 정의하기도 쉬워집니다. 그러면 우리는 접점tangency이 가진 모든 복잡성을 구상할 수 있게 됩니다. 특히 우리는 모든 구성원이 같은 사건-입자에서 점-접촉을 하는 추상 집합을 구상할 수 있습니다. 그렇다면 자신이 망라하는 모든 추상 집합에 의해 망라되는 특성을 가진 추상 집합이란 없다는 것을 증명하기란 쉬울 것입니다. 제가 이 어려움에 관해 어느 정도 상세히 진술한 것은 이 어려움의 존재가 우리 논증이 따르는 노선의 전개를 인도하기 때문입니다. 우리는 자신이 망라하는 추상 집합에 의해 망라된다는 근본적인 특성에 몇 가지 조건을 달아야 합니다. 우리가 적절한 조건에 관한 이 문제를 살펴보면, 우리는 사건-입자들뿐만 아니라 관련된 다른 모든 공간적 그리고 시공간적 추상 요소도 그 조건을 적절히 변경함으로써 같은 방식으로 정의될 수 있음을 발견합니다. 따라서 우리는 사건-입자를 넘어선 다른 영역에서도 사용할 수 있는 일반적인 방식으로 논의를 진행할 것입니다.

몇몇 추상 집합이 충족하는 임의적 조건의 이름을 σ[시그마]라고 해 봅시다. 저는 추상 집합이 다음의 두 가지 특성을 가질 때 그 추상 집합을 'σ-프라임'σ-prime이라고 말할 것인데, 즉 (i) 그 추상 집합이 조건 σ를 충족하고, (ii) 그 추상 집합에 의해 망라되면서 조건 σ를 충족하는 모든 추상 집합에 의해 그것이 망라되고 있는 경우입니다.

다른 말로 하자면, σ-프라임보다 더 단순한 내적 특징을 드러내면서 조건 σ를 충족하는 어떤 추상 집합도 얻을 수 없습니다.

제가 σ-안티프라임σ-antiprime 집합이라고 부르는 것과 상관되는 추상 집합도 있습니다. 저는 추상 집합이 다음의 두 가지 특성을 가질 때 그 추상 집합을 σ-안티프라임이라고 말할 것인데, 즉 (i) 그 추상 집합이 조건 σ를 충족하고, (ii) 그 추상 집합을 망라하고 조건 σ를 충족하는 모든 추상 집합을 그것이 망라하고 있는 경우입니다. 다른 말로 하자면, σ-안티프라임보다 더 복잡한 내적 특징을 드러내면서 조건 σ를 만족하는 어떤 추상 집합도 얻을 수 없습니다.

σ-프라임의 내적 특징은 σ 조건을 만족하는 추상 집합들 중에서 일정한 최소 충만도를 가집니다. 반면, σ-안티프라임의 내적 특징은 그에 상응하는 최댓값의 충만도를 가지며, 환경이 허락하는 모든 것을 포함합니다.[4]

먼저, 이 안티프라임이라는 개념이 지난 강의에서 제공한

---

4. * σ-프라임과 σ-안티프라임은 동일한 조건을 만족하지만, 포함하는 요소에서 차이를 보인다는 점에 유의해야 한다. σ-프라임이 조건 (ii)에 따라 그 집합을 포함하면서 조건 σ를 만족하는 모든 추상 집합에 의해 "포함되는" 반면, σ-안티프라임은 조건 (ii)에 따라 그 집합을 포함하면서 조건 σ를 만족하는 모든 추상 집합을 "포함한다." 이것이 최소 충만도와 최대 충만도가 의미하는 바다.

찰나의 정의에 어떤 도움을 줄 수 있는지 고려해 봅시다. 조건 σ를, 그 구성원이 모두 지속인 모임으로 있음이라는 특성이라고 해 봅시다. 이 조건을 충족하는 추상 집합은 그러므로 전적으로 지속들로만 구성된 추상 집합입니다. 그렇다면, 조건 σ가 이러한 특별한 의미를 지닐 때, 찰나를 어떤 σ-안티프라임과 동등한 추상 집합의 군으로 정의하는 것이 편리할 것입니다. 이는 (i) 찰나를 형성하는 각 추상 집합은 σ-안티프라임이며, 여기서 σ는 이러한 특별한 의미를 갖는다는 점과 (ii) 최초 경계든 최종 경계든 하나의 공통 경계를 갖는 추상 지속 집합을 찰나들의 구성원 자격에서 제외했다는 점을 고려하면 알 수 있습니다. 그러므로 우리는 일반적인 추론을 혼란스럽게 하기 쉬운 특별한 경우들을 배제합니다. 찰나에 대한 이전의 정의를 대체하는 새로운 정의는 (안티프라임이라는 개념의 도움을 받아) 더 정확할 것이며, 더 유용할 것입니다.

찰나의 정의에서 'σ'가 나타내는 특수한 조건은, 연장이라는 벌거벗은 개념에서 파생될 수 있는 것 이외에 추가적인 어떤 것을 포함하고 있습니다. 지속은 사고를 위한 총체성을 나타냅니다. 총체성의 개념은 연장의 개념을 넘어서는 무언가이지만, 두 개념은 지속의 개념 속에서 서로 얽혀 있습니다.

마찬가지로 사건-입자의 정의에 요구되는 특수한 조건 'σ'는 연장이라는 단순한 개념을 넘어서 추구되어야 합니다. 같은 요지가 다른 공간적 요소에 대해 요구되는 여러 특수한 조건에도 해당합니다. 이 첨가적인 개념은 '위치'position라는 개념을, 사건들의 추상 집합을 통해 드러난 것으로서의 이상적인 제로 연장으로의 수렴이라는 개념과 구별함으로써 얻어집니다.

이 구별을 이해하기 위해서 거의 순간적인 일견을 통해 우리에게 나타나는 것으로서 구상된 순간적 공간의 점을 고려해 봅시다. 이 점은 사건-입자입니다. 그것은 두 가지 양상을 가집니다. 한 양상에서 점은 점이 있는 곳에 있습니다. 이것이 점의 공간 속 위치입니다. 다른 양상에서, 점은 주위의 공간을 무시함으로써, 그리고 점에 근사해지는 점점 더 작은 사건 집합에 주의를 집중함으로써 얻어집니다. 이것이 점의 외적 특징입니다. 그러므로 점은 세 가지 특징, 즉 순간적 공간 전체 속에서의 그것의 위치, 그것의 외적 특징, 그것의 내적 특징을 가집니다. 같은 것이 다른 공간적 요소에도 해당합니다. 예를 들어, 순간적 공간 속의 순간적 부피는 세 가지 특징, 즉 그것의 위치, 추상 집합의 군으로서의 그것의 외적 특징, 이러한 추상 집합 중 하나에 의해 지시된 자연적 특성의 극한으로서의 그것의 내적 특징을 가집니다.

순간적 공간 속의 위치에 관해 논하기 전에, 우리는 순간적 공간 자체가 의미하는 바를 명료하게 만들어야 합니다. 순간적 공간은 찰나가 가진 특징으로서 찾아져야 합니다. 찰나가 한 순간에서의 모든 자연이기 때문입니다. 순간적 공간은 찰나의 내적 특징일 수 없습니다. 내적 특징이라면 우리에게 그 순간에서의 공간 속 자연의 극한적 특징을 알려줄 것이기 때문입니다. 순간적 공간은 여러 추상 요소 사이의 상호관계라는 측면에서 고려된 추상 요소의 회집체^{assemblage}여야 합니다. 그러므로 순간적 공간은 어떤 한 찰나에 의해 망라된 추상적 요소의 회집체이며, 그러면서 그 찰나의 순간적 공간입니다.

이제 우리는 순간적 공간의 요소들에 서로 다른 위치 성질을 부여할 수 있게 해주는 어떤 특징을 자연 속에서 발견했는지 물어야 합니다. 이 질문은 이 강의에서 아직 고려되지 않은 주제인 찰나들의 교차^{intersection}로 우리를 이끕니다.

두 찰나가 교차하는 장소는 두 찰나에 의해 망라되는 추상 요소의 회집체입니다. 그런데 같은 시간적 계열에 속한 두 찰나는 교차할 수 없습니다. 서로 다른 족의 두 찰나는 필연적으로 교차합니다. 따라서 우리는 한 찰나의 순간적 공간 속 근본적 특성들은 다른 족에 속한 찰나와의 교차를 통해 명시되는 것으로 예상해야 합니다. 만약 M이 주어진 찰나라면, M과 다른 찰나 A의 교차는 M의 순간적 공간 속의 순간적 평면입니다. 그리고 만약 B가 M과 A 양쪽과 모두 교차하는 세 번째 찰나라면, M과 B의 교차는 공간 M 속의 다른 평면입니다. 또한, A, B, M에 공통적인 교차는 공간 M 속 두 평면의 교차, 즉 공간 M 속의 직선입니다. 만약 B와 M이 A와 M과 같은 평면에서 교차한다면 예외적인 경우가 발생합니다. 게다가 만약 C가 네 번째 찰나라면, 고려할 필요가 없는 특별한 경우들을 제외하고, 직선 (A, B, M)이 회합하는 평면 속에서 C와 M은 교차합니다. 그러므로 일반적으로, 서로 다른 족에 속한 네 개의 찰나에 공통의 교차가 존재합니다. 이 공통의 교차는 각자 네 개의 모든 찰나에 의해 망라된(또는 '속에 놓인'lie in) 추상 요소의 회집체입니다. 순간적 공간의 3차원적 특성은 다음으로 귀결됩니다. 즉, (네 개의 찰나 사이의 특별한 관계들을 제외하고) 다섯 번째 찰나는 그것들의 공통 교차 전체를 포함하거나 전혀 포함하지 않습니다. 공통의 교차를 그 이상 세분하는 것은 찰나의 성질을 고려하는 한 불가능합니다. 여기서는 '전부 아니면 전무'all or none의 원리가 성립됩니다. 이것은 선험적 진리가 아니라 자연의 경험적 사실입니다.

통상적인 공간적 용어 '평면'plane, '직선'straight line, '점'point은 시간-체계의 무시간적 공간에 속한 요소로서 남겨두는 것이 편리할 것입니다. 따라서 한 찰나의 순간적 공간 속의 순간적 평면을 '순간-평면'level, 순간적 직선을 '순간-직선'rect, 순간적 점을 '순간-점'punct이라고 부르겠습니다. 그러므로 순간-점이란, 서로에 대해 특별한 관계를 맺지 않는 서로 다른 족의 네 찰나 속에 각각 놓인 추상 요소의 회집체입니다. 또한, 만약 P

가 임의의 찰나라면, 주어진 순간-점에 속하는 모든 추상 요소는 P 속에 놓여 있거나 순간-점의 어떤 추상 요소도 P 속에 놓여 있지 않습니다.

위치는 찰나들 속에 놓인 추상 요소가 그 찰나들로 인해 소유하게 되는 성질입니다. 주어진 찰나 M의 순간적 공간 속에 놓인 추상 요소들은 M과 교차하는 다른 다양한 찰나들에 의해 서로로부터 분화되며, 이때 이러한 추상 요소들의 다양한 선택을 포함하게 됩니다. 그것들의 위치의 분화를 구성하는 것은 추상 요소들의 이러한 분화입니다. 순간-점에 속하는 추상 요소는 M 속에서 가장 단순한 유형의 위치를 가지며, 순간-직선에 속하지만 순간-점에는 속하지 않는 추상 요소는 더 복잡한 성질의 위치를 가지며, 순간-평면에 속하지만 순간-직선에는 속하지 않는 추상 요소는 그보다 더 복잡한 성질의 위치를 가집니다. 그리고 마지막으로 가장 복잡한 성질의 위치는 순간-평면이 아니라 부피에 속해 있는 추상 요소에 속합니다. 그러나 부피는 아직 정의되지 않았습니다. 부피에 관한 정의는 다음 강의에서 제공할 것입니다.

순간-평면, 순간-직선, 순간-점은 무한 집합체의 역량을 가진 것으로서, 명백하게 감각-알아차림의 종점이 될 수 없으며, 감각-알아차림 속에서 근사되는 극한이 될 수도 없습니다. 순간-평면에 속한 모든 구성원은 특정 찰나 집합에도 속해 있다는 특징에서 비롯되는 특정한 성질을 갖지만, 전체로서의 순간-평면은 감각-알아차림 속에 상정된 존재자를 따르는 어떠한 근사치의 경로도 거치지 않는 단순한 논리적 개념입니다.

다른 한편으로, 사건-입자는 감각-알아차림 속에 상정된 존재자들에 의해 표시된 근사치의 경로로서 이 특징을 나타내도록 정의됩니다. 한정적 사건-입자는 다음과 같은 방식으로 하나의 한정적 순간-점과 관련하여 정의됩니다. 조건 σ가 그 순간-점의 구성원인 추상 요소를 모두 망라하는 특성을 의미한다고 해 봅시다. 따라서 조건 σ를 충족하는 추상 집합은 그 순간-점에 속하는 모든 추상 요소를 망라하는 추상 집합입니다. 그렇다면 그 순간-점과 연합된 사건-입자의 정의는, 그것이 모든 σ-프라임의 군이며, 여기서 σ는 이 특수한 의미를 가진다는 것입니다.

σ가 이러한 의미를 가지고 있다면, σ-프라임과 동등한 모든 추상 집합은 그 자체로 σ-프라임임이 명백합니다. 따라서 그렇게 정의된 사건-입자는 추상 요소, 즉 어떤 주어진 추상 집합과 각기 동등한 여러 추상 집합들의 군입니다. 만약 우리가 어떤 주어진 순간-점을 π라고 부르고, 그것과 연합된 사건-입자의 정의를 정리해 보면 이렇습니다. 즉, π와 연합된 사건-입자는 두 가지 특성을 갖는 추상 모임의 군인데, 여기서 각각의 추상 모임이 가진 두 가지 특성이란 (i) 그것이 π 속의

모든 추상 집합을 망라하고, (ii) 마찬가지로 π에 대한 전자의 조건을 충족하면서 그 추상 모임이 망라하는 모든 추상 집합 또한 그 추상 모임을 망라한다는 것입니다.

사건-입자는 순간-점과의 연합으로 인해 위치를 가지며, 반대로 순간-점은 사건-입자와의 연합으로부터 근사치의 경로로서의 자신의 파생적 특징을 얻습니다. 점이 가진 이러한 두 특징은, 자연에 대해 관찰된 사실로부터 어떻게 점을 도출해도 언제나 되풀이되지만, 일반적으로 그 특징들 사이의 구별에 대한 명료한 인식은 없습니다.

순간적 점의 고유한 단순성에는 이중적인 기원이 있는데, 하나는 위치 즉 순간-점으로서의 그것의 특징과 연결되어 있고, 다른 하나는 사건-입자로서의 그것의 특징과 연결되어 있습니다. 순간-점의 단순성은 찰나로 인한 그것의 불가분성에서 비롯됩니다.

사건-입자의 단순성은 그것의 내적 특징이 가진 불가분성에서 비롯됩니다. 사건-입자의 내적 특징은 그것이 망라하는 모든 추상 집합이 같은 내적 특징을 드러낸다는 의미에서 분할될 수 없습니다. 그러므로 사건-입자들이 망라하는 추상 요소들은 다양하지만, 그것들을 고려하는 것으로부터 얻을 수 있는 이점이 없습니다. 왜냐하면 그것들을 고려함으로써 우리가 자연적 특성들을 표현하는 데서 추가적인 단순성을 얻을 수 없기 때문입니다.

사건-입자와 순간-점 각각에 의해 향유되는 단순성의 이러한 두 특징은 유클리드의 '부분을 가지지 않고 크기가 없는 것'이라는 구절의 의미를 정의합니다.

사건-입자들에 의해 망라되면서 그 자체로는 그것들의 구성원이 아닌, 소재지를 알 수 없는 이러한 모든 추상 집합을 우리의 사고에서 치워버리는 것은 분명히 편리합니다. 그것들은 내적 특징의 측면에서 우리에게 새로운 것을 제공하지 않습니다. 따라서 우리는 순간-직선과 순간-평면을 단지 사건-입자들의 장소로 생각할 수 있습니다. 그렇게 함으로써 우리는 그 자체로는 사건-입자가 아니면서 사건-입자 집합들을 망라하는 추상 요소들도 잘라내고 있습니다. 이러한 추상 요소들의 모임들이 존재하며, 그것들은 상당히 중요합니다. 저는 이후에 이 강의와 다른 강의에서 그것에 관해 검토할 것이지만, 여기서는 당분간 무시할 것입니다. 또한, 저는 언제나 '순간-점'보다는 '사건-입자'에 관해 말할 것인데, 순간-점은 인공적 단어일 뿐이며 저는 그 단어에 그다지 애착을 가지고 있지 않습니다.

이제 순간-직선과 순간-평면 사이의 평행성parallelism에 관해 설명할 수 있습니다.

찰나 A에 속하는 순간적 공간을 고려해 봅시다. A가 제가

α라고 부를 찰나들의 시간적 계열에 속한다고 해 봅시다. 그다음 제가 β라고 부를 다른 찰나들의 시간적 계열을 고려해 봅시다. β의 찰나들은 서로 교차하지 않지만, 순간-평면들의 족 속에서 찰나 A와 교차합니다. 이 순간-평면 중 어느 것도 서로 교차할 수 없으며, 그것들은 찰나 A의 순간적 공간 속에서, 평행한 순간적 평면들의 족을 형성합니다. 그러므로 시간적 계열 속에서 찰나들의 평행성은 순간적 공간 속에서 순간-평면들의 평행성을 산출합니다. 그리하여 – 쉽게 예상할 수 있듯이 – 순간-직선들의 평행성이 산출됩니다. 따라서 공간에 대한 유클리드적 특성은 시간의 포물선 특성parabolic property에서 발생합니다. 시간의 쌍곡선적 이론hyperbolic theory과 그에 상응하는 공간의 쌍곡선적 이론을 채택할 이유가 있을 수 있습니다. 그러나 그러한 이론은 완성되지 않았으며, 그래서 그러한 이론을 지지하기 위해 제시될 수 있는 증거의 특징을 판단하기란 불가능합니다.

순간적 공간 속의 순서 이론은 시간-순서에서 즉각적으로 파생됩니다. 예를 들어 찰나 M의 공간을 고려해 봅시다. M이 속하지 않는 시간-체계의 이름을 α라고 합시다. 그리고 A_1, A_2, A_3 등을 그것들이 발생하는 순서대로 α에 속한 찰나라고 합시다. 그러면 A_1, A_2, A_3 등은 평행한 순간-평면 l_1, l_2, l_3 등 속에서 M과 교차합니다. 그렇다면 M의 공간 속에서 평행한 순간-평면들의 상대적 순서는 시간-체계 α 속에서 그에 상응하는 찰나들의 상대적 순서와 같습니다. 그리하여 자신의 순간-점 집합을 통해 이러한 모든 순간-평면과 교차하는 M 속의 모든 순간-직선은, 그 순간-점에 대해서 그 위치 순서를 부여받습니다. 그러므로 공간적 순서는 시간적 순서에서 파생되는 것입니다. 게다가 대안적인 시간-체계들은 존재하지만, 각각의 순간적 공간 속에는 단 하나의 한정적 공간-순서만이 존재합니다. 따라서 다양한 시간-체계들로부터 공간적 순서를 파생시키는 다양한 양태는 각각의 순간적 공간 속의 하나의 공간적 순서와 조화를 이루어야 합니다. 이러한 방식을 통해 다양한 시간-순서도 비교할 수 있게 됩니다.

우리의 공간 이론을 완벽하게 정돈하기까지는 아직 해결해야 할 두 개의 커다란 문제가 남아 있습니다. 그중 하나는 공간 내부에서의 측정 방법을 결정하는 문제, 다른 말로 하자면 공간에 관한 합동 이론의 문제입니다. 공간의 측정은 시간의 측정과 밀접하게 연결되어 있음을 알게 될 것인데, 이 시간의 측정에 관해서는 아직 어떠한 원리도 결정되지 않았습니다. 그러므로 우리의 합동 이론은 공간과 시간 모두를 위한 이론이 될 것입니다. 두 번째 문제는 연쇄적인 찰나들을 갖춘 무한한 순간적 공간 집합을 가진 특수한 시간-체계에 상응하는 무시간적 공간을 결정하는 것입니다. 이것이 물리학의 공간 – 혹은 오히려 공간들 – 입니다. 이 공간이 개념적인 것이라고 말함으로써 이 공간을 일축하는 것이 매우 일반적입니다. 저는 그런 구절들이 가지는 미덕을 이해하지 못하겠습니다. 아마도 그런 구절들은 공간이 자연 속에 존재하는 어떤 것의 개념화임을 의미하고 있다고 생각합니다. 따라서 만일 물리학의 공간이 개념적이라면, 저는 묻고 싶습니다. 그 공간은 자연 속의 무엇에 대한 개념화란 말인가요? 예를 들어, 우리가 물리학의 무시간적 공간 속의 하나의 점에 관해 말할 때, 우리는 자연 속에 있는 무언가에 관해 말하고 있다고 볼 수 있을 것입니다. 그것이 아니라면, 우리의 과학자들은 순수한 환상의 영역에서 자신의 기지를 발휘하고 있는 것에 불과할 것이며, 이는 분명 사실이 아닙니다. 이처럼 자연에서 관련 존재자를 생산하기 위해 어떤 한정된 인신보호법Habeas Corpus Act을 요구하는 것은 공간이 상대적이든 절대적이든 적용됩니다. 상대적 공간 이론에서는, 아마도 물리학을 위한 무시간적 공간이라는 것은 없으며 순간적 공간들의 찰나적 계열만이 존재한다는 주장이 성립될 것입니다.

이제 어떤 사람이 어떤 한정된 시간 동안 4마일을 걸었다는 매우 일상적인 진술이 가지는 의미에 관한 설명을 요구해야 할 것입니다. 한 공간에서 다른 공간까지의 거리는 어떻게 측정될 수 있나요? 실측 지도 한 장을 앞에 놓고 걷는 것은 이해하겠습니다. 그러나 오늘 아침 10시 케임브리지라는 그 순간에 해당하는 순간적 공간으로부터 오늘 아침 11시 런던이라는 그 순간에 해당하는 순간적 공간까지의 거리가 52마일이라고 말하는 것은 전혀 이해되지 않습니다. 저는 이 진술에 대한 의미가 산출될 때쯤에는 여러분이 실질적으로 무시간적 공간을 구성했음을 알아채게 될 것으로 생각합니다. 실제로 그러한 구성을 만들지 않고 그 의미에 대한 설명을 만드는 방법은 제게 이해할 수 없는 것입니다. 또한, 저는 현재의 공간 이론들에서 이용 가능한 어떤 방법을 가지고도 순간적 공간들이 어떻게 하나의 공간과 상관되는지 알 수 없다는 점도 덧붙일 수 있겠습니다.

대안적인 여러 시간-체계를 가정함으로써 우리가 공간의 특징에 관한 설명에 도달하고 있음을 알아차리셨을 것입니다. 자연과학에서 '설명하기'란 단지 '상호연결성들'interconnexions을 발견함을 의미할 뿐입니다. 예를 들어, 어떤 의미에서 여러분이 보는 붉은색에 관해서는 전혀 설명할 방도가 없습니다. 그것은 붉은색이고 단지 그뿐입니다. 그 외에는 딱히 그에 관해서 할 말이 없습니다. 그것은 감각-알아차림 속에서 여러분 앞에 상정되어 있거나, 혹은 여러분은 존재자 붉은색을 알아차리고 있지 않습니다. 그런데 과학은 붉은색을 설명했습니다. 즉, 과학은 자연 속의 한 요인으로서의 붉은색과 자연 속의 다른 요인, 예를 들어 전자기 교란의 파동으로서의 빛의 파동 사이에 성립하는 상호연결성을 발견한 것입니다. 또한 빛의 파동이라는 발생이 없이도 붉은색을 보게 하는 신체의 다양한 병리학적 상태가 있습니다. 그러므로 감각-알아차림 속에 상정된 것으로의 붉은색과 자연 속의 다양한 다른 요인 사이의 연결성이 발견되었습니다. 이러한 연결성의 발견이 색깔에 대한 우리의 시각을 과학적으로 설명합니다. 마찬가지로 공간의 특징이 시간의 특징에 의존한다는 것은 과학이 설명하고자 하는 의미에서 하나의 설명을 구성합니다. 자고로 체계화하는 지성은 벌거벗은 사실이라는 것을 경멸하는 법입니다. 공간의 특징은 여태껏 궁극적이고 단절된 벌거벗은 사실들의 다발로 제시되어 왔습니다. 제가 역설하고 있는 이론은 공간의 사실들에 대한 이러한 단절성을 일소하는 것입니다.

{ 5장 }

공간과 운동

이번 강의에서는 공간들의 구성을 자연의 사실들로부터의 추상으로 설명하는 과제를 계속 진행해 보겠습니다. 이전 강의를 끝마치며 저는 합동의 문제가 고려되지 않았다는 점, 그리고 주어진 시간-체계의 연쇄적인 찰나적 공간들과 상관관계를 맺어야 하는 무시간적 공간의 구성이 고려되지 않았다는 점을 지적했습니다. 더 나아가 지금까지의 강의를 통해 정의되지 않은 여러 공간적 추상 요소가 존재한다는 점 또한 지적했습니다. 우리는 먼저 이러한 추상 요소 중 일부, 즉 입체solid, 면적area, 그리고 경로route의 정의를 고려할 것입니다. 여기서 '경로'란 직선인지 곡선인지의 여부와 상관없이 하나의 선형 구간을 의미합니다. 저는 이러한 정의들과 필요한 예비 설명들을 제시하는 것이, 자연의 분석에서 사건-입자가 맡는 기능에 관한 일반적인 설명으로서 기여하기를 바랍니다.

우리는 사건-입자들이 서로에 대해 '위치'를 가지고 있음을 지적했습니다. 지난 강의에서 저는 '위치'라는 것은 공간적 요소가 그것을 망라하는 여러 교차하는 찰나로 인해 얻게 되는 성질이라고 설명했습니다. 그러므로 각각의 사건-입자는 이런 의미에서의 위치를 가집니다. 사건-입자의 자연 속 위치를 표현하는 가장 단순한 양태는 먼저 어떤 한정적인 시간-체계에 사건-입자를 고정하는 것입니다. 그 시간-체계를 α라 부릅시다. 주어진 사건-입자를 망라하는 α의 시간적 계열 속 한 찰나가 존재할 것입니다. 그러므로 시간적 계열 α에서 사건-입자의 위치는 이 찰나에 의해 정의되며, 저는 이 찰나를 M이라고 부르겠습니다. 그렇다면 M의 공간 속 사건-입자의 위치는 오직 그 공간 속에서만 교차하는 세 개의 순간-평면에 의해 통상적인 방식으로 고정됩니다. 사건-입자의 위치를 고정하는 이런 절차는 사건-입자들의 집합체가 4차원 다양체를 형성한다는 것을 보여줍니다. 하나의 유한 사건은 제가 이제부터 설명할 방식으로 이 4차원 다양체의 제한된 부분을 점유합니다.

e를 임의의 주어진 사건이라고 합시다. 사건-입자들의 4차원 다양체는 e와 관련해서 세 개의 집합으로 나누어집니다. 각각의 사건-입자는 동등한 추상 집합의 군이며, 자신의 극소한-끝을 향하는 각각의 추상 집합은 더욱 작은 유한 사건들로 구성됩니다. 주어진 사건-입자의 구성에 들어가는 유한 사건 중에서 우리가 충분히 작은 사건을 선택할 때, 다음의 세 경우 중 하나가 발생해야 합니다. 즉, (i) 이러한 모든 작은 사건이 주어진 사건 e와 완전히 분리되어 있거나, 혹은 (ii) 이러한 모든 작은 사건이 사건 e의 부분이거나, 혹은 (iii) 이러한 모든 작은 사건이 사건 e와 중첩되지만, 그것의 부분은 아니어야 합니다. 첫 번째 경우에 사건-입자는 사건 e의 '외부에 놓여있다'lie outside라고 말해질 것이고, 두 번째 경우에 사건-입자는 사건 e의 '내부에 놓여있다'lie inside라고 말해질 것이며, 세 번째

경우에 사건-입자는 사건 e의 '경계-입자'라고 말해질 것입니다. 그러므로 세 개의 사건-입자 집합이 존재하게 되는데, 즉 사건 e 외부에 놓인 입자의 집합, 사건 e 내부에 놓인 입자의 집합, 그리고 사건 e의 경계-입자 집합인 사건 e의 경계입니다. 사건은 4차원적이므로 사건의 경계는 3차원적 다양체입니다. 유한 사건에 대해서는 경계의 연속성이 존재합니다. 지속의 경계는 두 경계적 찰나 중 하나에 의해 망라된 사건-입자들로 구성됩니다. 그러므로 지속의 경계는 두 개의 찰나적인 3차원 공간으로 구성됩니다. 사건은 자신의 내부에 놓인 사건-입자들의 집합체를 '점유'한다고 말해질 것입니다.

지난 강의에서 기술된 '접합'의 의미에서의 '접합'의 관계를 맺고 있는 두 사건이, 그럼에도 서로 중첩되거나 다른 사건의 부분이 됨이 없이 분리되어 있다면, 두 사건은 '인접해 있다'라고 말해집니다.

이러한 인접adjunction의 관계는 두 사건의 경계들 간의 고유한 관계에서 비롯됩니다. 두 사건의 경계들은 공통부분을 가지고 있어야 하는데, 이는 사실상 4차원 다양체 속 사건-입자들의 연속적인 3차원 장소입니다.

인접한 두 사건의 경계들의 공통부분이 되는 사건-입자들의 3차원 공간을 '입체'라고 부릅니다. 입체는 하나의 찰나 속에 완전히 놓여 있을 수도 있고 그렇지 않을 수도 있습니다. 하나의 찰나 속에 놓여 있지 않은 입체를 '유랑'vagrant이라고 부릅니다. 하나의 찰나 속에 놓인 입체를 부피라고 부릅니다. 부피란, 사건과 찰나가 교차한다고 전제할 때, 그 둘이 교차하는 사건-입자들의 장소로 정의될 수 있습니다. 찰나와 사건의 교차는 명백하게 그 찰나에 의해 망라되고 그 사건 속에 놓인 사건-입자들로 구성되어 있을 것입니다. 부피에 대한 두 가지 정의가 가진 동일성은 교차하는 순간이 사건을 두 개의 인접한 사건으로 분할한다는 점을 상기하면 명백해집니다.

이렇게 정의된 입체는 그것이 유랑이든 부피든, 일정한 위치 성질을 예증하는 사건-입자의 집합체에 불과합니다. 우리는 입체를 추상 요소로도 정의할 수 있습니다. 그렇게 하기 위해 우리는 이전 강의에서 설명한 프라임primes의 이론으로 되돌아가야 합니다. σ라고 명명된 조건은 그것을 충족하는 어떤 임의적인 추상 집합의 사건 각각이 그 속에 놓인 어떤 특수한 입체의 모든 사건-입자들을 가지고 있다는 사실을 나타낸다고 해 봅시다. 그렇다면 모든 σ-프라임의 군은 주어진 입체와 연합된 추상 요소입니다. 저는 이 추상 요소를 추상 요소로서의 입체라고 부르고, 사건-입자들의 집합체를 장소로서의 입체라고 부를 것입니다. 감각-지각의 이상이라고 할 수 있는 순간적 공간 속의 순간적 부피는 추상 요소로서의 부피입니다. 정밀성을 추구하며 전력을 기울인 끝에 우리가 실제로 지각하는 것은 어떤 추상 집합에서 충분히 아래에 있는 작은 사건들입니다. 그리고 이러한 사건들은 어떤 부피에 속하는 하나의 추상 요소로서 존재합니다.

우리가 유랑 입체에 대한 어떤 지각에 얼마나 근사했는지를 알기는 어렵습니다. 우리는 분명히, 우리가 그러한 근사치를 얻는다고는 생각하지 않습니다. 그러나 우리가 하는 생각들은 — 그런 주제에 관해 생각을 하기라도 하는 사람들의 경우에는 — 자연에 관한 유물론적 이론의 지배를 너무 많이 받고 있기 때문에 증거로 간주하기가 힘듭니다. 아인슈타인의 중력 이론에 어떤 진리라도 있다면, 유랑 입체는 과학에서 막대한 중요성을 가질 것입니다. 유한 사건의 전체 경계는 장소로서의 유랑 입체의 특수한 예시로 간주될 수 있습니다. 닫혀 있음이라는 그것의 특수한 특성은 그것을 추상 요소로 정의할 수 없게 만듭니다.

찰나가 사건과 교차할 때, 찰나는 그 사건의 경계와도 교차합니다. 이 경계의 일부로 찰나에 포함된 장소^{locus}는 그 찰나에 포함된 사건에 상응하는 부피를 경계 짓는 표면$^{bounding\ surface}$입니다. 그것은 2차원 장소인 것입니다.

모든 부피에는 경계 짓는 표면이 있다는 사실이 공간에 관한 데데킨트주의적 연속성의 기원입니다.

또 다른 사건이 같은 찰나에 다른 부피에서 잘려 나갈 수 있으며, 이 부피 또한 자신의 경계를 가지게 될 것입니다. 하나의 찰나의 순간적 공간 속의 이러한 두 개의 부피는 제가 자세히 기술할 필요가 없을 정도로 친숙한 방식으로 서로 중첩되며, 그러므로 서로의 표면에서 일부를 절단합니다. 표면의 이러한 일부는 '찰나적 면적들'momental areas입니다.

이 단계에서 유랑 면적의 정의가 지닌 복잡성을 논의할 필요는 없습니다. 사건-입자들의 4차원 다양체가 가진 여러 특성에 관한 탐구가 더 충실하게 이루어질 때, 그 정의는 충분히 단순해질 것입니다.

찰나적 면적은 입체에 적용되는 방법과 정확히 같은 방법을 통해 추상 요소로 정의될 수 있음이 분명합니다. 우리는 이미 주어진 정의에서 '입체'를 '면적'으로 대체하기만 하면 됩니다. 또한, 입체라는 유사한 경우와 마찬가지로, 우리가 이상적 면적에 대한 근사치로 지각하는 것은 추상 요소로서의 면적에 속하는 여러 동등한 추상 집합 중 하나에서 극소한 끝을 향해 충분히 멀리까지 내려간 작은 사건입니다.

같은 찰나 속에 놓여 있는 두 찰나적 면적은 반드시 직선적rectilinear일 필요는 없는 찰나적 선형 구간을 통해서 서로를 절단할 수 있습니다. 그러한 선형 구간 또한 추상 요소로 정의될 수 있습니다. 이때 그것을 '찰나적 경로'momental route라고 부릅니다. 우리는 이러한 찰나적 경로에 관한 일반적인 고찰에

긴 시간을 쏟지 않을 것이며, 유랑 경로 일반에 관한 더 광범위한 탐구로 나아가는 것도 우리에게 중요하지 않습니다. 그러나 핵심적으로 중요한 두 개의 단순한 경로 집합이 있습니다. 하나는 찰나적 경로의 집합이고 다른 하나는 유랑 경로의 집합입니다. 두 집합 모두 곧은 경로straight route로 분류될 수 있습니다. 우리는 부피와 표면의 정의에 관한 참조 없이 이 두 집합의 정의로 넘어갈 것입니다.

두 가지 유형의 곧은 경로를 각각 직선적 경로rectilinear route와 정류station라고 부를 것입니다. 직선적 경로는 찰나적 경로이며 정류는 유랑 경로입니다. 직선적 경로는 어떤 의미에서는 순간-직선 속에 놓인 경로입니다. 순간-직선 위의 임의의 두 사건-입자는 그 두 사건-입자 사이에 놓인 사건-입자 집합을 정의합니다. 어떤 추상 집합이 조건 σ를 충족함은 순간-직선 위에 있는 두 개의 주어진 사건-입자와 그 사이에 있는 사건-입자들이 모두 그 추상 집합에 속하는 모든 사건 속에 놓여 있음을 의미한다고 해 봅시다. σ가 이러한 의미를 가질 때, σ-프라임의 군은 하나의 추상 요소를 형성합니다. 그러한 추상 요소가 직선적 경로입니다. 그것은 정밀한 지각의 이상이라 할 수 있는 순간적 직선의 선분입니다. 우리의 현실적 지각은 아무리 정밀하더라도 추상 요소의 추상 집합 중 하나의 충분히 머나먼 아래에 있는 작은 사건에 대한 지각이 될 것입니다.

정류는 유랑 경로이며 어떤 찰나도 하나를 넘어서는 사건-입자 속에서 정류와 교차할 수 없습니다. 그러므로 정류는 그것에 의해 망라된 사건-입자들의 각각의 찰나에 상응하는 여러 위치에 대한 비교를 수반합니다. 순간-직선은 찰나들의 교차에서 비롯됩니다. 그러나 그와 유사한 유랑 장소를 찾아낼 수 있는 사건들의 어떠한 특성도 아직까지는 언급되지 않았습니다.

우리 연구의 일반적인 문제는 하나의 순간적 공간의 위치와 다른 순간적 공간의 위치를 비교하는 방법을 결정하는 것입니다. 우리는 하나의 시간-체계의 평행한 찰나들의 공간들로 우리 자신을 제한하겠습니다. 이러한 다양한 공간 속의 여러 위치는 어떻게 비교되어야 할까요? 다른 말로 하자면, 운동이란 무엇을 의미할까요? 그것은 상대적 공간을 말하는 모든 이론이 직면해야 하는 근본적인 질문이며, 다른 많은 근본적 질문과 마찬가지로 답변되지 않은 채로 남겨지기 쉽습니다. 우리 모두가 운동이 의미하는 바를 알고 있다고 답하는 것은 답이 되지 못합니다. 물론, 감각-알아차림을 고려하는 한에서는 우리가 알고 있다고 말할 수 있습니다. 그러나 저는 여러분의 공간 이론이, 관찰되어야 하는 무언가를 자연에 제공해야 한다고 요구하고 있습니다. 관찰될 것이 아무것도 존재하지 않는 이론을 제시해 놓고, 그럼에도 불구하고 우리가 이 존재하지 않는 사실을 관찰한다는 발언을 되풀이하는 것은 문제를 해결하지 못합니다. 운동이 자연 속의 사실로서의 무언가가 아닌 한, 운동 에너지와 운동량, 그리고 이러한 물리적 개념에 의존하는 모든 것은 물리적 실재에 관한 우리의 목록에서 사라지게 될 것입니다. 이 혁명적인 시대에조차, 제 보수성은 운동량과 헛소리moonshine를 동일시하는 것에 단호하게 반대합니다.

따라서 저는 운동이 물리적 사실이라는 것을 하나의 공리로 가정합니다. 그것은 우리가 자연 속에서 지각하는 무언가입니다. 운동은 정지를 전제합니다. 이론이 즉각적 직관을 무효화하기 전까지, 즉 이론이 감각-알아차림으로부터 즉각적으로 떠오르는 무비판적 판단을 무효화할 때까지, 운동을 통해서 정지 상태를 떠난다는 점을 그 누구도 의심하지 않았습니다. 아브라함은 정처 없이 떠돌아다니며 언제나 존재해 왔던 자신의 출생지를 떠났습니다. 운동 이론과 정지 이론은 서로 다른 양상에서 보며 서로 다른 곳에 강조를 두는 같은 것입니다.

어떤 의미에서는 절대 위치 이론을 인정하지 않고는 정지 이론을 말할 수 없다는 점에 주목하십시오. 통상적으로 상대적 공간은 절대 위치가 존재할 수 없다는 것을 함의한다고 가정되고는 합니다. 제 신조에 따르면 이것은 오류입니다. 이 가정은 또 다른 구별을 해내지 못하는 데서 비롯됩니다. 즉, 절대 위치에 관한 대안적 정의가 있을 수도 있다는 점입니다. 이 가능성은 대안적 시간-체계를 인정하면서 함께 등장하게 됩니다. 그러므로 하나의 시간적 계열의 평행한 찰나들 속의 공간들의 계열은 절대 위치에 관한 자신의 정의를 가질 수 있으며, 이는 이러한 연쇄적 공간들 속의 사건-입자들이 이루는 여러 집합들을 서로 상관시킵니다. 그래서 각 사건-입자 집합은 각 공간에서 하나씩, 공간들의 계열에서 동일한 절대 위치를 점하는 사건-입자들로 구성됩니다. 그러한 사건-입자들의 집합은 그 시간-체계의 무시간적 공간 속에서 하나의 점을 형성할 것입니다. 그러므로 실제로 점이란, 주어진 하나의 시간-체계의 무시간적 공간 속의 절대 위치입니다.

그러나 여러 대안적인 시간-체계가 존재하며, 각각의 시간-체계에는 자신에게 고유한 점의 군이 있습니다 — 즉, 절대 위치에 관한 자신의 고유한 정의가 있습니다. 이것이 바로 제가 자세히 설명할 이론입니다.

절대 위치의 증거를 찾기 위해 자연을 살펴볼 때, 사건-입자들의 4차원 다양체로 되돌아가는 것은 의미가 없습니다. 이 다양체는 관찰의 즉각성을 넘어서는 사유의 연장을 통해서 얻은 것입니다. 우리는 4차원 다양체 안에서, 자연에 대한 우리의 직접적인 감각-알아차림에서 비롯된 여러 관념을 표현하기 위해 우리가 스스로 투입한 것들 외에는 아무것도 찾을 수 없을 것입니다. 사건-입자들의 다양체에서 발견되어야 하는 여러 특성에 대한 증거를 찾기 위해서는, 우리는 언제나 사건들 사이의 관계에 대한 관찰로 돌아가야 합니다. 우리의 문제는 무시간적 공간 속의 절대 위치라는 특성을 발생시키는 사건들 사이의 관계를 결정하는 것입니다. 이것은 사실 물리학의 무시간적 공간이 가진 의미 자체를 결정하는 것에 관한 문제입니다.

감각-알아차림 속에 즉각적으로 드러난 자연의 여러 요인을 검토할 때, 우리는 '여기 있음'being here이라는 지각 대상percept의 근본적 특징에 주목해야 합니다. 우리는 사건을 단지 하나의 결정적 복합체 속의 하나의 요인으로 식별하며, 이 결정적 복합체에서 각각의 요인은 고유한 역할을 합니다.

언제나 이런 복합체 속의 성분이 되는 두 가지 요인이 있습니다. 하나는 지금 현재하는 모든 자연의 개념을 통해 사유 속에 표상되는 지속이고, 다른 하나는 감각-알아차림에 포함된 정신에 고유한 장소표시locus standi입니다. 이러한 자연 속 장소표시는 '여기'의 개념, 즉 '여기의 사건'이라는 개념에 의해 사고 속에 표상되는 것입니다.

이것이 자연에서의 하나의 한정적 요인에 대한 개념입니다. 이 요인은 자연 속에서 하나의 사건이며, 그 사건은 알아차림 행위의 초점이 됩니다. 그리고 다른 사건들은 그 사건을 가리키는 것으로 지각됩니다. 저는 이것을 '지각하는 사건'percipient event이라고 부릅니다. 이 사건은 정신, 즉 지각자percipient가 아닙니다. 그것은 정신의 지각에 대한 기반이 되는 자연 속 무언가입니다. 자연에서 정신이 발 디딜 곳은 한 쌍의 사건, 즉 알아차림의 '언제'when를 표시하는 현재 지속과 알아차림의 '어디서'where와 알아차림의 '어떻게'how를 표시하는 지각하는 사건을 통해 표현됩니다. 이 지각하는 사건은 투박하게 말해서 정신의 화신이 가지는 신체적 삶입니다. 그러나 이러한 식별은 어디까지나 투박한 것입니다. 신체의 여러 기능은 자연 속 다른 여러 사건의 여러 기능으로 바뀌어 가기 때문입니다. 그래서 어떤 목적을 위해서는 지각하는 사건을 단순히 신체적 삶의 부분을 이루는 것으로서 간주하여야 하고, 다른 목적을 위해서는 지각하는 사건을 신체적 삶을 넘어서는 것으로서 간주할 수도 있습니다. 많은 측면에서 그 경계선은 순전히 자의적인 것이며, 이는 변화하는 기준에서 어디에 선을 그을 것인지에 따라 달라집니다.

시간에 관해 논한 이전 강의에서 저는 이미 정신과 자연의 연합을 논했습니다. 그 논의의 어려움은 여러 항상적 요인constant factor이 간과되기 쉽다는 경향에 놓여 있습니다. 우리는 그러한 항상적 요인을 결코 그 요인이 결핍된 상태와 대비하여 인식하지 않습니다. 그러한 요인에 대한 논의의 목적은 명백한 것들을 낯설게 보이게 만드는 것이라고 할 수 있을지도 모릅니다. 우리가 낯섦에서 기인하는 어떤 신선함을 그러한 요인들에 덧씌우지 않는 한, 그러한 요인들을 마음속에 그리기란 불가능한 것입니다.

우리가 자연 속의 특수한 요인에 대한 감각-알아차림을 정신과 요인 사이의 이항관계로 생각하는 오류에 끊임없이 빠지는 이유는 항상적 요인을 의식으로부터 사라지게 만드는 습관으로 인한 것입니다. 예를 들어, 저는 녹색 잎을 지각합니다. 이 진술에서 언어는 지각하는 정신과 녹색 잎, 그리고 감각-알아차림의 관계를 제외하고는 어떤 다른 요인에 대한 참조도 모두 억제합니다. 그것은 지각에 본질적인 요소들, 즉 명백하게 불가피한 요인들을 폐기합니다. 저는 여기 있고, 잎은 저기 있습니다. 그리고 여기의 사건과 저기 잎의 삶으로서의 사건은 모두 지금이라는 자연의 총체성 안에 내포되어 있으며, 이 총체성 내부에는 언급하기에는 무관한 다른 식별된 요인들이 존재합니다. 그러므로 언어는 습관적으로, 감각-알아차림의 사실이 가진 무한정적 복잡성에 대한 잘못된 추상을 정신 앞에 제시합니다.

제가 지금 논하고자 하는 것은 '여기'라는 지각하는 사건이 '지금'이라는 지속과 맺는 특별한 관계입니다. 이 관계는 자연 속의 사실입니다. 즉, 정신은 이 두 개의 요인이 이러한 관계를 맺고 있는 것으로서 자연을 알아차립니다.

짧은 현재 지속 내부에서 지각하는 사건의 '여기'는 어떤 종류의 한정적 의미를 갖습니다. '여기'의 의미는 지각하는 사건이 그것과 연합된 지속과 맺는 특별한 관계가 지니는 내용입니다. 저는 이 관계를 '공액'cogredience이라고 부르겠습니다. 따라서 여기서 저는 공액 관계의 특징에 관해 기술해야 합니다. 공액의 '여기'가 그 단일한 결정적 의미를 상실할 때, 현재는 과거와 현재로 쪼개집니다. 과거 지속 내부의 지각된 '여기'에서 현재 지속 내부의 다른 지각된 '여기'로 가는 자연의 추이가 있었습니다. 그러나 인근 지속들 내부의 감각-알아차림의 두 '여기'는 구별될 수 없을지도 모릅니다. 이 경우, 과거에서 현재로의 추이가 있었지만, 좀 더 파지적인retentive 지각력이 있었다면 추이하는 자연을 과거로 흘려보내지 않고 하나의 완전한 현재로 유지할 수도 있었을 것입니다. 즉, 정지의 감각은 지속들을 하나의 확장된 현재로 통합하는 데 도움을 주며, 운동의 감각은 자연을 단축된 지속들의 연쇄로 분화합니다. 급행열차의 객실에서 창문을 통해 밖을 내다보면, 우리의 반성이 그 광경을 포착하기도 전에 현재는 과거가 됩니다. 우리는 생각하기에는 너무 빠른 단편들 속에서 사는 것입니다. 다른 한편으로, 자연이 자신의 끊어지지 않은 정지의 양상을 우리에게 제시함에 따라 즉각적 현재는 확장됩니다. 자연 속의 어떤 변화도 지속들의 분화를 위한 근거를 제공하며, 이 분화는 현재를 단축하기에 충분합니다. 그러나 자연 속의 자기-변화self-change와 외적 자연 속의 변화 사이에는 거대한 차이가 있습니다. 자연 속의 자기-변화는 지각하는 사건이 가진 입각점standpoint의 질적 변화입니다. 불가피하게 현재 지속의 해체로 이끄는 것은 '여기'의 해체입니다. 외적 자연 속의 변화는 주어진 입각점에 뿌리를 두는 관조적 현재의 확장과 양립될 수 있습니다. 제가 언급하고자 하는 것은, 어떤 지속과 맺는 고유한 관계를 보존하는 것이 감각-알아차림에 대한 현재 지속으로서 그 지속이 기능하기 위한 필요조건이라는 점입니다. 이 고유한 관계는 지각하는 사건과 지속 사이의 공액 관계입니다. 공액은 지속 내부의 입각점이 가진 확고한 성질을 보존하는 것입니다. 자연 전체 내부에서 정류의 동일성이 계속되는 것이 감각-알아차림의 종점입니다. 지속은 그 자체의 내부에 변화를 성취할 수 있지만, 그러나 ─ 그것이 하나의 현재 지속인 한 ─ 그것이 그 안에 내포한 지각하는 사건과 맺은 그것의 고유한 관계의 질적 변화는 성취할 수 없습니다.

다른 말로 하자면, 지각은 언제나 '여기'입니다. 그리고 지속은 그것이 지각하는 사건과 맺은 관계 속에서 하나의 끊김이 없는 '여기'의 의미를 제공한다는 조건하에서만 감각-알아차림을 위한 현재로 상정될 수 있습니다. 여러분이 현재의 '여기'와 구별되는 입각점을 가지고 '저기'에 있을 수 있었던 것은 오로지 과거로 인해서입니다.

저기의 사건과 여기의 사건은 자연의 사실이며, '저기' 있음과 '여기' 있음의 성질은 단순히 자연과 정신 사이의 관계로서의 알아차림이 가지는 성질이 아닙니다. 하나의 결정적 의미에서 '여기'인 사건에 속하는, 지속 속에서의 결정적 정류의 성질은, 하나의 결정적 의미에서 '저기'인 사건에 속하는 정류의 성질과 종류가 같습니다. 그러므로 공액은 공액을 통해 지속과 관계된 사건의 어떤 생물학적 특징과도 관련이 없습니다. 이 생물학적 특징은 지각하는 사건과 정신의 지각력 사이에 성립하는 고유한 연결성에 대한 추가적 조건임이 명백합니다. 그러나 그것은 지각하는 사건과, 지각력이 드러낸 것으로서 자리하는 현재의 자연 전체인 지속 사이의 관계와는 아무런 관련이 없습니다.

필요한 생물학적 특징이 주어졌다고 할 때, 지각하는 사건이라는 특징을 지닌 사건은, 관찰의 정밀성이 가지는 극한 내에서 그 사건을 조작하는 과거와 실질적으로 공액 관계에 있는 지속을 선택합니다. 즉, 자연이 제공하는 대안적 시간-체계 중에는 지각하는 사건의 모든 종속적 부분에 대해서 가장 평균적인 공액을 제공하는 지속을 가진 시간-체계가 존재할 것입니다. 이 지속은 감각-알아차림에 의해 상정되는 종점인 자연 전체일 것입니다. 그러므로 지각하는 사건의 특징은 자연 속에서 즉각적으로 명백한 시간-체계를 결정합니다. 지각하는 사건의 특징이 자연의 추이와 함께 변화함에 따라 ─ 혹은 다른 말로 하자면, 추이하는 지각하는 정신이, 지각하는 사건에서 다른 지각하는 사건으로 넘어가는 추이와 스스로 상관관계를 맺음에 따라 ─ 그 정신의 지각력과 상관관계를 맺은 시간-체계는 변화할 수도 있습니다. 지각된 사건 대부분이 지각하는 사건의 지속 이외의 지속과 공액인cogredient 경우, 그 지각력은 공액에 대한 이중 의식, 즉 기차 안에 있는 관찰자가 '여기'가 되는 전체에 대한 의식, 그리고 나무와 다리와 전봇대가 한정적으로 '저기'가 되는 전체에 대한 의식을 포함할 수 있습니다. 그러므로 일정한 환경 아래에서 지각 속의 식별된 사건들은 그것들 자신의 공액 관계를 확고히 합니다. 이러한 공액에 대한 주장은 지각된 사건과 공액인 지속이 현재의 자연 전체인 지속과 같을 때 ─ 다른 말로 하자면, 사건과 지각하는 사건이 모두 같은 지속과 공액일 때 ─ 특히 명백합니다.

이제 우리는 지속 속의 정류가 가지는 의미를 고찰할 준비가 되었습니다. 여기서 정류는 그것과 연합된 무시간적 공간 속에서 절대 위치를 정의하는 고유한 종류의 경로들입니다.

그러나 그 전에 약간의 예비적 설명을 제공하겠습니다. 유한 사건은 그것이 지속의 부분이고 그 지속 속에 놓여 있는 임의의 찰나와 교차할 때, 지속 전체에 걸쳐 연장된다고 말해질 것입니다. 그러한 사건은 지속과 함께 시작하여 지속과 함께 끝납니다. 게다가 지속과 함께 시작하여 지속과 함께 끝나는 모든 사건은 그 지속 전체에 걸쳐 연장됩니다. 이것은 사건들의 연속성에 기반한 하나의 공리입니다. 지속과 함께 시작하고 지속과 함께 끝난다는 것은 (i) 그 사건이 지속의 부분이고, (ii) 지속의 최초 경계의 찰나들과 최종 경계의 찰나들이 그 사건의 경계를 이루는 일부 사건-입자들을 망라한다는 것을 의미합니다.

지속과 공액인 모든 사건은 그 지속 전체에 걸쳐 연장됩니다.

지속과 공액인 사건의 모든 부분이 마찬가지로 그 지속과 공액이라고 말하는 것은 참이 아닙니다. 공액 관계는 둘 중 어느 방식으로도 성립하지 않을 수 있습니다. 실패에 대한 한 가지 이유는 부분이 지속 전체에 걸쳐 연장되지 않기 때문일 수 있습니다. 이 경우, 부분은 주어진 지속 자체와 공액은 아니지만 주어진 지속의 부분이 되는 다른 지속과는 공액일 수 있습니다. 그러한 부분은 그 시간-체계 속에서 그것의 현존이 충분히 확장되었다면 공액일 것입니다. 실패에 대한 또 다른 이유는 사건들이 4차원적으로 연장되어 선형 계열 속의 사건들의 추이에 결정적인 경로가 존재하지 않게 되기 때문입니다. 예를 들어, 지하철의 터널은 하나의 특정한 시간-체계 속에서 정지 상태에 놓인 사건, 즉 하나의 특정한 지속과 공액인 사건입니다. 기차가 그 터널 안을 달리고 있다면 그 기차는 그 터널의 일부이지만, 기차 자체는 정지되어 있지 않습니다.

만약 사건 e가 지속 d와 공액이고, d'가 d의 부분인 임의의 지속이라고 해 봅시다. 그렇다면 d'는 d와 같은 시간-체계에 속합니다. 또한, e의 부분이자 d'와 공액인 사건을 e'라고 한다면, d'는 사건 e' 속에서 e와 교차합니다.

P를 주어진 지속 d 속에 놓인 임의의 사건-입자라고 해 봅시다. P가 그 속에 놓여 있으며 d와 공액인 사건들의 집합체를 고려해 봅시다. 이 집합체에 속한 각각의 사건은 자신의 사건-입자 집합체를 점유합니다. 이러한 집합체들은 공통부분, 즉 모든 집합체 속에 놓여 있는 사건-입자의 모임을 가질 것입니다. 이 사건-입자의 모임은 제가 지속 d 속 사건-입자 P의 '정류'라고 부르는 것입니다. 이것은 장소라는 특징을 지닌 정류입니다. 추상 요소라는 특징을 지닌 정류도 정의될 수 있습니다. 특성 σ를 추상 집합이 다음의 두 가지 조건을 충족할 때 소유하는 특성의 이름이라고 해 봅시다. 즉, (i) 집합의 각 사건이 지속 d와 공액이고, (ii) 사건-입자 P가 집합의 각 사건 속에 놓여 있을 때, 추상 집합은 특성 σ를 소유합니다. σ가 이러한 의미를 가지는 σ-프라임의 군은 추상 요소이며, 그것은 추상 요소로서의 d 속 P의 정류입니다. 추상 요소로서의 d 속 P의 정류에 의해 망라되는 사건-입자들의 장소는 장소로서의

d 속 P의 정류입니다. 따라서 정류는 통상적으로 세 개의 특징, 즉 그것의 위치의 특징, 추상 요소로서 그것의 외적 특징, 그것의 내적 특징을 갖습니다.

같은 지속에 속하는 두 개의 정류가 교차할 수 없다는 것은 정지의 고유한 특성에 뒤따르는 것입니다. 따라서 지속의 한 정류에 있는 모든 사건-입자는 그 지속에서 해당 정류를 자신의 정류로 갖습니다. 또한, 주어진 지속의 부분을 형성하는 모든 지속은, 그것들 각각의 정류들로서의 장소들 속에서 주어진 지속의 정류들과 교차합니다. 이러한 여러 특성을 통해, 우리는 하나의 족 ─ 즉, 하나의 시간-체계 ─ 에 속한 지속들의 중첩을 활용하여 정류의 앞뒤를 무한정 확장할 수 있습니다. 그렇게 확장된 정류를 점-궤적이라고 부를 것입니다. 점-궤적은 사건-입자들의 장소입니다. 점-궤적은 하나의 특수한 시간-체계, 예를 들어 α를 참조하여 정의됩니다. 다른 임의의 시간-체계에 상응해서는 다른 점-궤적 군이 있을 것입니다. 모든 사건-입자는 임의의 한 시간-체계에 속하는 점-궤적 군의 단일한 점-궤적 위에 놓일 것입니다. 시간-체계 α에 속하는 점-궤적의 군은 α의 무시간적 공간의 점들의 군입니다. 그러한 각각의 점은 α와 연합된 족의 지속들과 관련해서 절대 위치의 특정 성질을 나타내며, 그러므로 α의 연쇄적인 찰나들 속에 놓여 있는 연쇄적인 순간적 공간과 관련해서도 이러한 특정 성질을 나타냅니다. α의 각 찰나는 오직 단일한 사건-입자 속에서만 점-궤적과 교차할 것입니다.

하나의 찰나와 하나의 점-궤적의 유일한 교차가 띠는 이 특성은 찰나와 점 궤적이 동일한 시간-체계에 속하는 경우에만 나타나는 특성인 것이 아닙니다. 하나의 점-궤적 위에 있는 임의의 두 개의 사건-입자는 순차적이며, 그러므로 같은 찰나 속에 놓일 수 없습니다. 따라서 어떤 찰나도 점-궤적과 한 번 이상 교차할 수 없으며, 모든 찰나는 하나의 사건-입자 속에서 점-궤적과 교차합니다.

α의 연쇄적 찰나마다 해당 찰나들이 α의 특정 점과 교차하는 사건-입자에 존재하는 사람은 시간-체계 α의 무시간적 공간에서 정지 상태에 있게 될 것입니다. 그러나 다른 시간-체계에 속한 다른 임의의 무시간적 공간에서, 그 사람은 그 시간-체계의 연쇄적인 찰나마다 다른 점에 있을 것입니다. 다른 말로 하자면, 그 사람은 운동하고 있습니다. 그 사람은 등속도uniform velocity를 가지고 직선으로 운동하고 있을 것입니다. 우리는 이것을 직선의 정의로 받아들일 수도 있습니다. 즉, 시간-체계 β의 공간 속에 있는 하나의 직선은 다른 어떤 시간-체계의 공간 속에서는 하나의 점인 어떤 하나의 점-궤적과 교차하는 β의 모든 점들의 장소입니다. 그러므로 시간-체계 α의 공간 속에 있는 각각의 점은 다른 시간-체계 β의 공간에

있는 한 개의 직선과만 연관됩니다. 게다가 공간 α 속의 점들과 연합된 공간 β 속 직선 집합은 공간 β 속에서 하나의 완전한 평행 직선 족을 형성합니다. 그러므로 공간 α 속에 있는 점들, 그리고 공간 β 속에 있는 하나의 특정한 한정적 평행 직선 족에 속한 직선들 사이에는 일대일 상관관계가 있습니다. 역으로, 공간 β 속에 있는 점들과 공간 α 속에 있는 특정한 평행 직선 족에 속한 직선들 사이에는 유비적인 일대일 상관관계가 있습니다. 이 족들은 각각 α와 연관된 공간 β의 평행 직선 족, 그리고 β와 연관된 공간 α의 평행 직선 족이라고 불릴 것입니다. β 속에 있는 평행들의 족이 나타내는 β의 공간 속 방향을 공간 β 속의 α 방향이라고 부를 것입니다. 그리고 α 속에 있는 평행들의 족이 나타내는 α의 공간 속 방향을 공간 α 속의 β 방향이라고 부릅시다. 그러므로 공간 α의 한 점에 정지해 있는 존재자는, 공간 β 속의 α 방향으로 나아가는 공간 β 속 선을 따라 등속 운동할 것입니다. 공간 β의 한 점에 정지해 있는 존재자는, 공간 α 속의 β 방향으로 나아가는 공간 α 속 선을 따라 등속 운동할 것입니다.

저는 시간-체계와 연합된 무시간적 공간에 관해 이야기해 왔습니다. 이것은 물리학의 공간이자 영원하고 불변하는 것으로서의 공간의 개념입니다. 그러나 우리가 현실적으로 지각하는 것은, 우리의 알아차림과 연합된 시간-체계의 어떤 찰나 내부에 놓인 사건-입자들에 의해 나타나는, 순간적 공간에 대한 근사치입니다. 그러한 순간적 공간의 점은 사건-입자이고 직선은 순간-직선입니다. 시간-체계를 α라고 명명하고, 자연에 대한 우리의 신속한 지각이 근사하는 시간-체계 α의 찰나를 M이라고 부릅시다. 공간 α 속에 있는 임의의 직선 r은 점들의 장소이고, 각각의 점은 사건-입자들의 장소인 점-궤적입니다. 그러므로 모든 사건-입자의 4차원 기하학에는 직선 r에 놓인 점들에 놓여 있는 모든 사건-입자의 장소가 되는 2차원 장소가 있습니다. 저는 이 사건-입자들의 장소를 직선 r의 행렬matrix이라고 부를 것입니다. 행렬은 순간-직선 속에서 임의의 찰나와 교차합니다. 그러므로 r의 행렬은 순간-직선 ρ 속에서 찰나 M과 교차합니다. 따라서 ρ는 순간적으로 M에 속에 나타나는 순간-직선이며, 그 찰나 M에서 α의 공간 속 직선 r을 점유합니다. 그러므로 어떤 사람이 운동하는 존재자와 그 앞에 있는 그것의 경로를 순간적으로 볼 때, 그 사람이 실제로 보는 것은 순간-직선 ρ 속에 놓여 있는 어떤 사건-입자 A에 있는 존재자이며, 거기서 순간-직선은 등속 운동을 한다는 가정하에 나타나는 외양적 경로입니다. 그러나 사건 입자들의 장소인 현실적 순간-직선 ρ는 결코 그 존재자에 의해 횡단되지 않습니다. 이 사건-입자들은 순간적 찰나와 함께 추이하는 순간적 사실들입니다. 실제로 횡단되는 것은 순간-직선 ρ

의 사건-입자들이 점유하는 공간 α의 점들과 동일한 점들을 점유하는 연쇄적 순간들에 있는 다른 사건-입자들입니다. 예를 들어, 우리는 길게 뻗은 도로와 그 도로를 따라 이동하는 트럭을 봅니다. 순간적으로 보이는 도로는 순간-직선 ρ의 일부입니다 — 물론 이는 어디까지나 근사치일 뿐입니다. 트럭은 운동하는 객체입니다. 그러나 보인 것으로서의 도로는 결코 횡단되지 않았습니다. 도로가 횡단되고 있다고 생각되는 것은 이후의 사건들이 가지는 내적 특징이 일반적으로 순간적 도로의 특징과 너무 유사하여 우리가 그것들을 굳이 구별하지 않기 때문입니다. 그러나 트럭이 도로를 달리기 전에 도로 밑의 지뢰가 폭발했다고 가정해 봅시다. 그렇다면 트럭이 우리가 처음에 본 것을 횡단하지 않는다는 것이 상당히 명백해집니다. 트럭이 공간 β 속에서 정지 상태에 있다고 가정해 봅시다. 그렇다면 공간 α의 직선 r은 공간 α 속 β의 방향에 있고, 순간-직선 ρ는 공간 α의 직선 r의 찰나 M 속에서 표상되는 것입니다. 찰나 M의 순간적 공간 속의 ρ 방향은 M 속의 β 방향이며, 여기서 M은 시간-체계 α의 찰나입니다. 게다가, 공간 α에서 직선 r의 행렬은 공간 β 속의 α 방향에 있을 공간 β의 어떤 직선 s의 행렬이기도 할 것입니다. 그러므로 만약 트럭이 직선 r 위에 놓여 있는 공간 α의 어떤 점 P에서 정차하면, 트럭은 이제 공간 β의 직선 s를 따라 운동하고 있습니다. 이것이 상대적 운동 이론입니다. 공통 행렬은 공간 α 속 β의 운동과 공간 β 속 α의 운동을 연결하는 접합제입니다.

운동은 본질적으로 자연의 어떤 한 객체와 어떤 한 시간-체계의 하나의 무시간적 공간 사이에 성립하는 관계입니다. 순간적 공간은 정적이며, 한 순간에서의 정적인 자연과 관계되어 있습니다. 우리가 지각을 통해 사물이 힌 순간적 공간에 접근하며 운동하는 것을 볼 때, 즉각적으로 지각된 것으로서의 운동의 미래선들future lines은 결코 횡단되지 않는 순간-직선들입니다. 이러한 근사적 순간-직선들은 극소한 사건들, 즉 운동하는 객체가 거기에 도달하기 이전에 이미 지나가 버린 근사적 경로들과 사건-입자들로 구성됩니다. 직선적 운동에 대한 우리의 예측이 정확하다고 가정하면, 이러한 순간-직선들은 횡단되는 것으로서의 무시간적 공간 속의 직선을 점유합니다. 그러므로 순간-직선들은 미래에 대한 즉각적 감각-알아차림 속의 상징들이며, 오직 무시간적 공간의 관점에서만 표현될 수 있습니다.

이제 우리는 수직성perpendicularity이 가지는 근본적 특징을 탐구할 수 있는 입장에 있습니다. 두 개의 시간-체계 α와 β를 고려해 봅시다. 이 시간-체계들은 각기 자신의 무시간적 공간을, 그리고 자체의 순간적 공간들을 수반하는 순간적 찰나들의 족을 갖고 있습니다. M과 N을 각각 α의 찰나와 β의 찰나라고 합시다. M 속에는 β의 방향이 있고, N 속에는 α의 방향이 있습니다. 그러나 M과 N은 서로 다른 시간-체계에 속한 찰나들로서, 하나의 순간-평면 속에서 교차합니다. 이 순간-평면을 λ라고 부릅시다. 그렇다면 λ는 M의 순간적 공간과 N의 순간적 공간 양쪽 모두에 속한 순간적 평면입니다. 그것은 M과 N 모두에 속한 모든 사건-입자의 장소입니다.

M의 순간적 공간 속에서 순간-평면 λ는 M 속의 β 방향에 대해 수직이고, N의 순간적 공간 속에서 순간-평면 λ는 N 속의 α 방향에 대해 수직입니다. 이것이 수직성의 정의를 형성하는 근본적 특성입니다. 수직성의 대칭은 두 시간-체계 사이의 상호관계가 가지는 대칭성의 특수한 사례입니다. 다음 강의에서 저는 바로 이 대칭성을 통해서 합동 이론이 연역될 수 있음을 보여드릴 것입니다.

임의의 시간-체계 α의 무시간적 공간 속의 수직성에 관한 이론은 각각의 시간-체계의 순간적 공간 속의 수직성에 관한 이론으로부터 즉시 도출됩니다. α의 찰나 M 속의 임의의 순간-직선을 ρ라고 하고, ρ에 대해 수직인 M 속의 순간-평면을 λ라고 합시다. ρ의 사건-입자들 속에서 M과 교차하는 α 공간의 점들이 위치한 장소는 공간 α의 직선 r이며, λ 위의 사건 입자들 속에서 M과 교차하는 α 공간의 점들이 위치한 장소는 공간 α의 평면 l입니다. 그렇다면 평면 l은 직선 r에 수직입니다.

이런 방식으로 우리는 수직성에 상응하는 자연 속의 유일하고 한정적인 특성을 지적했습니다. 우리는 수직성을 정의하는 이러한 한정적이고 유일한 특성의 발견이 다음 강의의 주제인 합동 이론에서 핵심적으로 중요하다는 것을 알게 될 것입니다.

이 강의에서는 4차원 기하학에 관해서 이렇게 많은 내용을 다룰 필요가 있었다는 점을 유감스럽게 생각합니다. 그러나 저는 양해를 구하지 않을 것입니다. 자연의 가장 근본적인 양상이 4차원적이라는 사실은 저로 인한 것이 아닙니다. 사물은 스스로 그러한 것입니다. 그리고 우리의 지성이 '사물이란 무엇임'을 추구하기란 종종 지극히 어렵다는 사실을 숨기는 것은 무익합니다. 그러한 장애물을 회피하는 것은 궁극적 문제를 회피하는 것에 불과합니다.

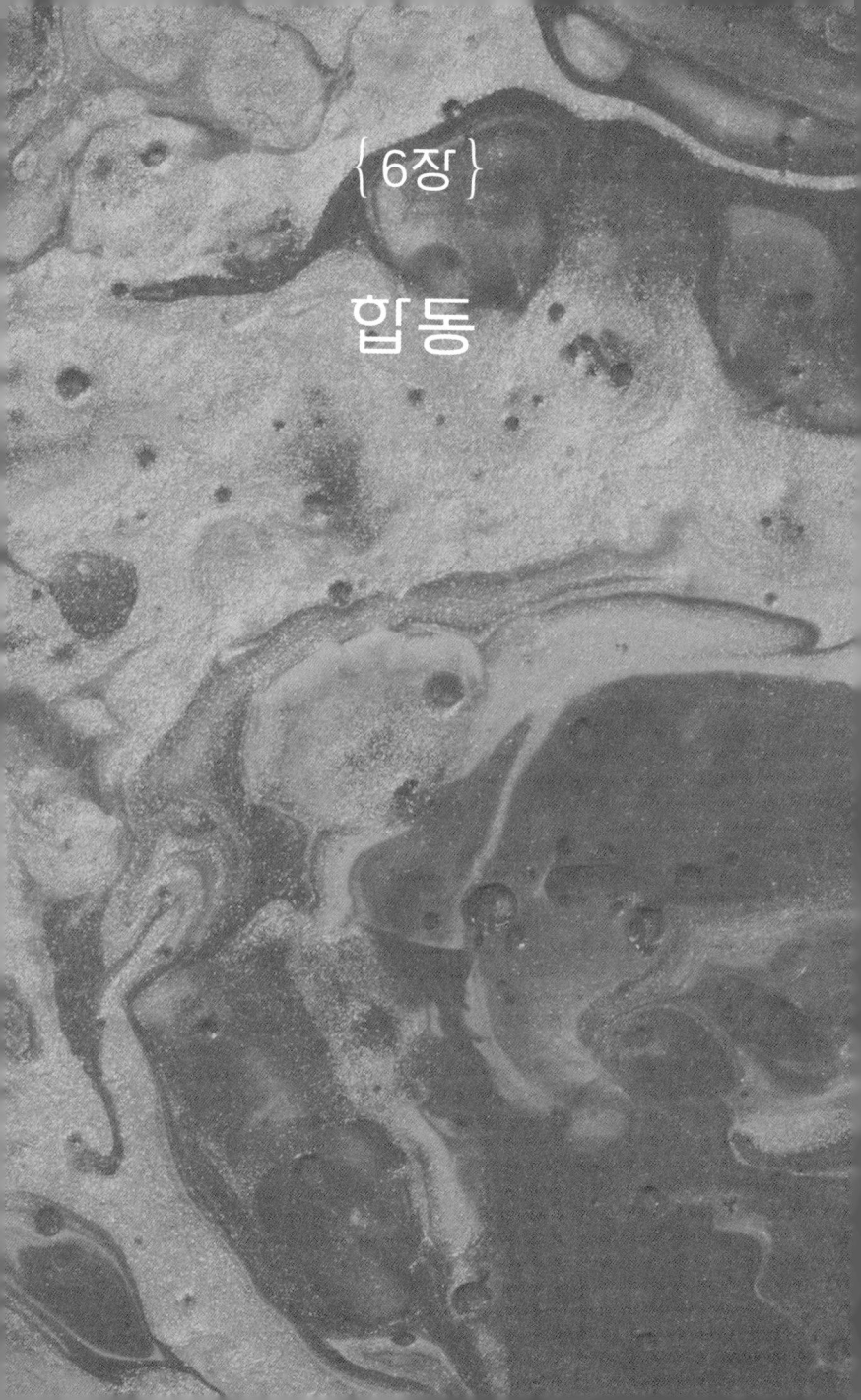

{6장}

합동

이 강의의 목표는 합동congruence 이론을 확립하는 것입니다. 합동은 논쟁의 여지가 있는 문제라는 것을 즉시 이해하셔야 합니다. 그것은 시간과 공간의 측정에 관한 이론입니다. 문제는 단순한 것처럼 보입니다. 사실, 이는 의회에서 제정법에 의해 표준 절차로 확립될 만큼 충분히 단순합니다. 그리고 여러 형이상학적 오묘함에 대한 집착은 아마도 어느 영국 의회에서도 단 한 번도 비난받은 적이 없는 거의 유일한 범죄일 것입니다. 그러나 절차와 그 의미는 별개의 문제입니다.

먼저, 순전히 수학적인 문제에 주의를 한정해 보겠습니다. 두 점 A와 B 사이의 선분이 두 점 C와 D 사이의 선분과 합동일 때, 두 선분에 대한 정량적 측정은 동등합니다. 수적 척도가 동등한 것과 두 선분이 합동인 것이 언제나 명료하게 식별되는 것은 아니며, 동등성이라는 용어 아래에 함께 묶입니다. 그러나 측정의 절차는 합동을 전제합니다. 예를 들어, 야드 자 yard measure는 방바닥 위의 두 쌍의 점 사이의 두 개의 거리를 측정하기 위해 잇따라서 적용됩니다. 한 위치에서 다른 위치로 이동할 때 야드 자가 변경되지 않은 상태로 유지된다는 것이 측정 절차가 가지는 본질입니다. 예를 들어, 고무 실과 같은 일부 객체는 운동하면서 눈에 띄게 변경될 수 있습니다. 그러나 적절한 재료로 만들어진 야드 자는 변경되지 않습니다. 이것이 야드 자의 연쇄적 위치의 연속에 합동이 적용된다는 판단이 아니라면 무엇일까요? 우리는 그것이 변하지 않는다는 것을 알고 있습니다. 왜냐하면 우리가 그것을 다양한 위치에서 자기 자신과 합동이라고 판단하기 때문입니다. 고무 실의 사례에서 우리는 그것이 자기-합동을 손실했음을 관찰할 수 있습니다. 그러므로 측정은 합동에 대한 즉각적 판단을 전제하며, 측정 과정은 이러한 즉각적 판단을 사용할 수 없는 사례들에 합동에 대한 인식을 연장하는 하나의 절차일 뿐입니다. 그러므로 우리는 측정을 통해 합동을 정의할 수 없습니다.

기하학의 공리에 관한 근대적 설명에는 선분들 사이의 합동 관계가 충족해야 하는 일정한 조건들이 규정되어 있습니다. 우리는 우리가 점, 직선, 평면, 평면에 있는 점들의 순서에 관한 완전한 이론 – 사실상 비-계량 기하학에 관한 완전한 이론 – 을 가지고 있다고 가정하곤 합니다. 그리고 나서 우리는 합동에 관해 탐구하고 이 관계가 충족하는 여러 조건의 집합 – 혹은 이른바 여러 공리의 집합 – 을 규정합니다. 그렇게 함으로써, 이러한 조건을 동등하게 충족하는 여러 대안적 관계가 있으며, 이러한 관계들 속에서 우리가 어느 하나를 다른 합동 관계보다 선호하며 채택하는 데는 공간 이론 속에서 그 본질적 근거를 찾을 수 없음이 증명되었습니다. 다른 말로 하자면, 공간에 관한 본질적인 이론과 관련되는 한, 모두가 동등한 권리로 존재하는 여러 대안적 계량 기하학들이 존재합니다.

프랑스의 위대한 수학자 푸앵카레는 이러한 여러 기하학 중에서 우리가 실제로 선택하는 기하학은 순전히 규약^{convention}에 의해 인도된 것일 뿐이며, 다른 기하학을 선택한다고 해도 그 결과는 단순히 자연의 물리법칙에 대한 우리의 표현을 바꾸는 것일 뿐이라고 주장했습니다. 저는 푸앵카레가 '규약'이라는 단어로써 다음을 의미했다고 이해하고 있습니다. 즉 자연 그 자체에는 이러한 합동 관계 중 하나에 고유한 역할^{rôle}을 부여하는 어떤 것이 내재되어 있지 않으며, 어느 하나의 특수한 관계를 선택할 때 그 선택은 감각-알아차림의 다른 쪽 끝에 있는 정신의 의지에 의해 인도된다는 것입니다. 인도의 원리는 지적인 편의이지 자연적 사실이 아닙니다.

이 입장은 많은 푸앵카레 주석자에 의해 잘못 이해되어 왔습니다. 그들은 관찰의 부정밀성으로 인해 척도들을 비교하는 것에 있어서 정밀한 진술은 불가능하다는 또 다른 문제로 그 점을 혼란스럽게 만들었습니다. 따라서 관찰된 합동에 관한 진술이 그 오차 범위를 통해 적절하게 규정된다고 할 때, 밀접한 동맹을 맺은 합동 관계들의 어떤 특정한 부분집합에 속한 각각의 구성원은 그 진술에 동등하게 합치하는 것으로 여겨질 수 있다는 점이 뒤따릅니다.

이것은 완전히 다른 문제이며 푸앵카레의 입장에 대한 거부를 전제합니다. 모든 합동 관계에 대한 자연의 절대적 비결정성은 이러한 관계들의 작은 부분군에 대한 관찰의 비결정성으로 대체됩니다.

푸앵카레의 입장은 강력합니다. 사실상 푸앵카레는, 인류가 실제로 채택한 합동 관계에 어떤 탁월한preeminent 지위를 부여하는 자연 속의 어떤 임의적 요인을 지적하는 누구에게나 도전을 하고 있습니다. 그러나 그 입장이 매우 역설적이라는 것은 부인할 수 없습니다. 버트런드 러셀은 이 문제를 두고 푸앵카레와 논쟁을 벌였으며, 푸앵카레의 원리에 따르면 지구가 어떤 지정된 당구공보다 더 큰지 혹은 더 작은지를 결정하는 어떤 것도 자연 속에서 찾을 수 없다고 지적했습니다. 푸앵카레는 공간 속에서 하나의 한정적 합동 관계를 선택하는 것에 대한 이유를 자연 속에서 찾으려는 시도는 선원들의 수를 세고 선장의 동공 색깔을 관찰함으로써 대양 위의 함선의 위치를 결정하려는 것과 같다고 응수했습니다.

제가 생각하기에는, 논의가 기반하는 각각의 근거를 가정해 볼 때는 둘 다 옳습니다. 사실상 러셀은, 사소한 부정밀성을 제외한다면 우리의 감각-알아차림이 우리에 대해 상정하는 자연 속의 요인들 사이에는 하나의 결정적 합동 관계가 있다고 지적했습니다. 푸앵카레는 감각-알아차림 속에 상정된 요인들 중에서, 어느 특수한 합동 관계가 탁월한 역할rôle을 하도록 이끄는 자연 속의 요인이 무엇인지에 대한 정보를 요청합니다. 여러분이 자연에 관한 유물론적 이론을 받아들인다면, 저는 이 논쟁의 어느 쪽에 대해서도 답을 찾을 수 없습니다. 자연에 관한 유물론적 이론에 따르면 공간 속 한 순간에서의 자연은 하나의 독립적 사실입니다. 그러므로 우리는 순간적 공간 속의 자연에서 우리의 탁월한 합동 관계를 찾아야 합니다. 그리고 이 가설에서 자연은 우리가 그런 합동 관계를 찾는 데 도움이 되지 않는다는 푸앵카레의 말은 의심의 여지 없이 옳습니다.

반면에 러셀이 다음과 같이 말할 때 그는 마찬가지로 강력한 입장에 서있습니다. 러셀은 우리가 실제로 그런 합동 관계를 발견하고 더 나아가 동일한 합동 관계를 발견하는 데서 일치한다고 주장하며, 이는 관찰된 하나의 사실이라고 주장합니다. 이에 기반해서 볼 때, 모든 인류가 어떤 할당 가능한 이유도 없이, 수적으로 무한정적이고 구별도 불가능한 경쟁하는 합동 관계 중에서 어느 하나의 합동 관계에 주의를 고정하는 것에서 합치를 이루고 있다는 것은 인간 경험에 관한 가장 경이로운 사실 중 하나입니다. 여러분은 이러한 근본적인 선택에 대한 의견 불일치가 국가를 분열시키고 가정을 파탄 냈을 것이라 예상할 수도 있습니다. 그러나 이 어려움은 19세기 말에 이르러서야 소수의 수학적 철학자들과 철학적 수학자들에 의해 비로소 발견되었습니다. 이 문제는 공간의 3차원과 같은 자연의 어떤 근본적 사실에 대한 우리의 합치와 같지 않습니다. 만약 공간이 오직 3차원을 가진다면 모든 인류가 그 사실을 알아차리고 있을 것인데, 실제로 그렇습니다. 그러나 합동의 경우에는, 자연 속에 인류를 인도하는 것이 아무것도 없음에도 감각-알아차림에 대한 자의적 해석에서 인류는 합치하는 것입니다.

저의 생각은 이렇습니다. 제가 여러분에게 설명하는 자연 이론은 무수히 많은 합동 관계 무리에서 하나의 합동 관계에 탁월한 역할을 부여하게 만드는 자연의 요인를 지적함으로써 이 어려움에 대한 해결책을 제시하는 것을 조금도 권장하지 않습니다.

이런 결론을 내리는 이유는 자연이 더 이상 한 순간에서의 공간에 국한되지 않기 때문입니다. 이제 공간과 시간은 상호연결되었습니다. 그리고 우리의 감각-알아차림의 전달들 사이에서 매우 즉각적으로 구별되는 시간이라는 이 고유한 요인은 공간 속의 하나의 특수한 합동 관계와 관계합니다.

합동은 인식이라는 근본적 사실의 특수한 예시입니다. 지각 속에서 우리는 인식합니다. 이러한 인식은 단지 기억이 설정한 자연의 요인과 즉각적 감각-알아차림에 의해 상정된 요인의 비교 작용에 관한 것만은 아닙니다. 인식은 어떠한 순수한 기억의 개입도 없이 현재의 내부에서 발생합니다. 왜냐하면 현재의 사실은 그 자신의 부분을 이루는 것으로서 선행하는 지속과 후속하는 지속을 가지는 하나의 지속이기 때문입니다. 유한 사건과 그것이 가진 추이의 성질에 대한 감각-알아차림 속의 변별은 사건의 추이에 참여하지 않는 자연의 다른 요인들에 대한 변별 또한 수반합니다. 추이하는 것은 무엇이든 사건입니다. 그러나 우리는 자연 속에서 추이하지 않는 존재자를 발견합니다. 즉, 우리는 자연 속에서 같음sameness을 인식합니다. 인식은 일차적으로 비교하는 지적 행위가 아닙니다. 인식은 그 본질상, 추이하지 않는 자연 속의 여러 요인을 우리 앞에 상정하는 능력을 갖춘 감각-알아차림에 불과합니다. 예를 들어, 녹색은 현재 지속 내부의 어떤 특정한 유한 사건 속에 상황화된 것으로 지각됩니다. 이 녹색은 시종일관 자기-동일성을 유지하는 반면, 사건은 추이함에 따라 여러 부분으로 분해되는 특성을 획득합니다. 녹색 조각patch은 부분들을 가지고 있습니다. 그러나 녹색 조각에 관해 이야기할 때, 우리는 녹색의 상황으로 있음을 자신의 유일한 능력으로서 우리에게 드러내는 사건에 관해 이야기하고 있습니다. 녹색 그 자체는 부분이 없는 수적으로 하나인 자기-동일적 존재자인데, 녹색이 추이하지 않기 때문입니다.

    추이하지 않는 자연 속의 요인들은 객체라고 불릴 것입니다. 서로 극단적으로 다른 다양한 종류의 객체가 있는데, 이에 관해서는 다음 강의에서 다룰 것입니다.

인식은 비교 작용으로서 지성에 반영됩니다. 한 사건에 대해 인식된 객체는 다른 사건에 대해 인식된 객체와 비교됩니다. 비교 작용은 현재 속의 두 사건 사이에 대한 것일 수도 있고, 하나는 기억-알아차림에 의해 설정되고 다른 하나는 즉각적 감각-알아차림에 의해 설정되는 두 사건 사이에 대한 것일 수도 있습니다. 그러나 비교되는 것은 사건들이 아닙니다. 각각의 사건은 본질적으로 유일하고 비교될 수 없는 것이기 때문입니다. 비교되는 것은 사건들 속에 상황화된 객체들과 객체들 사이의 관계들입니다. 객체들 사이의 하나의 관계로 간주되는 사건은 그 자신의 추이를 상실했고, 그런 측면에서 그 자체로 하나의 객체입니다. 이 객체는 사건이 아니며 하나의 지적 추상화일 뿐입니다. 같은 객체가 많은 사건 속에 상황화될 수 있습니다. 그리고 이런 의미에서 하나의 객체로 간주되는 전체 사건조차도 되풀이될 수 있습니다. 그러나 그 자신의 추이와 다른 사건과 맺은 그 자신의 관계를 가진 사건 그 자체는 되풀이될 수 없습니다.

감각-알아차림에 의해 설정되지 않은 객체가 지성에게 알려질 수도 있습니다. 예를 들어, 객체들 사이의 관계와 관계들 사이의 관계는 감각-알아차림 속에 드러나지 않지만 논리적 추론을 통해 필연적으로 존재하는 것으로 알려진 자연 속의 요인들일 수 있습니다. 그러므로 우리의 지식에 대한 객체는 단순히 논리적 추상화일 수도 있습니다. 예를 들어, 하나의 완전한 사건은 결코 감각-알아차림 속에 드러나지 않으며, 따라서 사건 내에 상황화된, 상호-관계된 객체들의 총합인 객체는 단지 추상적 개념에 불과합니다. 게다가, 직각은 많은 사건 속에 상황화될 수 있는 하나의 지각된 객체입니다. 물론 직각성 rectangularity이라는 객체는 감각-알아차림에 의해 설정되지만, 대부분의 기하학적 관계는 감각-알아차림에 의해 설정되지 않습니다. 또한 직각성이 지각에 대해 존재했음을 증명할 수 있을 때도, 사실은 종종 지각되지 않는다는 점을 유의해야 합니다. 그러므로 객체는 자연 속에 존재하기는 하지만 종종 감각-알아차림 속에 직접적으로 상정되지는 않은 하나의 추상적 관계로 알려집니다.

일반적으로 합동 선분들 사이의 질적 동일성은 이러한 특징을 가지고 있습니다. 어떤 특별한 사례에서 이런 질적 동일성은 직접적으로 지각될 수 있습니다. 그러나 일반적으로 질적 동일성은 선택된 사례에 대한 우리의 직접적 감각-알아차림에 의존하는 측정의 과정과 합동의 추이적 특징으로부터 유래하는 논리적 추론을 통해 도출됩니다.

합동은 운동에 의존하며, 그렇게 공간적 합동과 시간적 합동 사이의 연결성이 생성됩니다. 직선을 따라 움직이는 운동은 그 직선을 중심으로 대칭을 이룹니다. 이 대칭성은 직선에 수직인 평면들의 족에 대한 직선의 대칭 기하학적 관계를 통해 표현됩니다.

또한, 운동 이론의 또 다른 대칭은 β의 점들 속에서 정지 상태에 있는 것이, α의 공간 안에 있는 하나의 한정적 평행 직선 족을 따라 등속 운동을 하는 것과 상응한다는 사실에서 비롯됩니다. 우리는 세 가지 특징을 유의해야 합니다. 즉, (i) β의 어느 점과 상응하는, α 안에 있는 직선을 따르는 운동은 등속 운동이라는 것, (ii) β의 다양한 점에서의 정지와 상응하는 α의 다양한 직선을 따르는 속도들의 크기가 동등하다는 것, (iii) 이 족의 선들이 평행성을 띤다는 것입니다.

우리는 이제 평행 이론, 수직 이론, 운동 이론을 가지고 있으며, 이 이론들로부터 합동 이론을 구성할 수 있습니다. 어떤 임의의 찰나 속에 있는 평행한 순간-평면들의 족은 그 찰나가 그 속에서 어떤 다른 시간-체계의 찰나 족과 교차하게 되는 순간-평면 족이라는 점을 상기해야 합니다. 또한 평행한 찰나들의 족은 어떤 하나의 시간-체계에 속한 찰나 족입니다. 그러므로 우리는 한 시간-체계의 다른 찰나들 속에 있는 순간-평면들을 포함하게끔 평행 순간-평면들의 족에 관한 개념을 확장할 수 있습니다. 이 확장된 개념을 통해 우리는 시간-체계 α 속 평행 순간-평면의 완성된 족이, α의 찰나들이 β의 찰나들과 교차하게 되는 순간-평면의 완성된 족이라고 말합니다.

이 평행 순간-평면의 완성된 족은 명백하게 시간-체계 β의 찰나들 속에 놓인 족이기도 합니다. 세 번째 시간-체계 γ를 도입함으로써 평행 순간-직선들이 얻어집니다. 또한 임의의 한 시간-체계의 모든 점은 평행한 점-궤적의 족을 형성합니다. 그러므로 사건-입자들의 4차원 다양체 속에는 세 가지 유형의 평행사변형이 존재합니다.

첫 번째 유형의 평행사변형에서 두 쌍의 평행 변은 각각 한 쌍의 순간-직선입니다. 두 번째 유형의 평행사변형에서 한 쌍의 평행 변은 한 쌍의 순간-직선이고, 다른 쌍의 평행 변은 한 쌍의 점-궤적입니다. 세 번째 유형의 평행사변형에서 두 쌍의 평행 변은 각각 한 쌍의 점-궤적입니다.

합동에 관한 첫 번째 공리는 임의의 평행사변형의 대변들이 합동이라는 것입니다. 이 공리를 통해 우리는 각각의 평행 순간-직선들 또는 같은 순간-직선에 있는 두 임의의 선분의 길이를 비교할 수 있게 됩니다. 또한 이 공리를 통해 우리는 각각의 평행 점-궤적 또는 같은 점-궤적에 있는 두 임의의 선분의 길이를 비교할 수 있게 됩니다. 이 공리로부터 시간-체계 β의 임의의 두 점 속에서 정지해 있는 두 객체는 평행 선들을 따라 움직이는 다른 시간-체계 α와 동등한 속도로 운동한다는 것이 도출됩니다. 그러므로 우리는 β 속의 어떤 특수한 점을 특정함이 없이도 시간-체계 β에 기반한 α 속의 속도에 관해 말할 수 있습니다. 또한 이 공리는 우리가 어떤 시간-체계 속의 시간도 측정할 수 있게 해줍니다. 그러나 이 공리로써 각각 다른 시간-체계에 속한 시간들을 비교할 수는 없습니다.

합동에 관한 두 번째 공리는 서로 합동인 밑변을 갖추고 있고 같은 평행선들 사이에 있는 평행사변형에 관한 것으로, 이 평행사변형에서는 다른 두 쌍의 변도 평행합니다. 이 공리는 대각선들이 만나는 두 사건-입자를 연결하는 순간-직선이, 밑변이 놓여 있는 순간-직선과 평행하다고 주장합니다. 이 공리의 도움으로 평행사변형의 대각선들이 서로를 이등분한다는 것을 쉽게 알 수 있습니다.

합동은 수직성에 의존하는 두 공리에 의해 평행 순간-직선에서 모든 순간-직선으로 확장됩니다. 합동에 관한 세 번째 공리가 되는 이러한 공리 중 첫 번째는 다음과 같습니다. 만약 ABC가 어떤 임의의 찰나 속의 순간-직선들로 형성되는 삼각형이고 D가 밑변 BC의 중간에 있는 사건-입자인 경우, BC에 수직인 D를 지나가는 순간-평면은 AB가 AC와 합동일 때, 오직 그럴 때만 A를 포함합니다. 이 공리는 명백하게 수직성이 가진 대칭성을 표현하며, 그것이 공리로 표현되는 유명한 "당나귀의 다리"pons asinorum가 가진 본질입니다.

수직성에 의존하는 두 번째 공리이자 합동에 관한 네 번째 공리는 다음과 같습니다. 만약 r과 A가 같은 찰나 속에 있는 순간-직선과 사건-입자이고 *AB*와 *AC*가 *B*와 *C* 속에서 *r*과 교차하는 한 쌍의 직각 순간-직선이며, *AD*와 *AE*는 *D*와 *E* 속에서 *r*과 교차하는 또 다른 한 쌍의 직각 순간-직선이라면, *D* 또는 *E* 중 하나는 선분 *BC* 안에 놓여 있고 둘 중 다른 하나는 이 선분 안에 놓여 있지 않습니다. 또한 이 공리의 특수한 하나의 사례로서, 만약 *AB*가 *r*에 수직이고 그 귀결로 *AC*가 *r*에 평행하다면, *D*와 *E*는 각각 *B*의 대변에 놓여 있습니다. 이 두 공리를 통해 합동 이론은 임의의 두 순간-직선의 선분들의 길이를 비교할 수 있게끔 연장될 수 있습니다. 따라서 공간의 유클리드 계량 기하학이 완전히 확립되었으며, 서로 다른 시간-체계의 공간들 속 길이들은 정확히 그 특수한 비교 방법을 지시하는 자연의 여러 한정적 특성의 결과로서 비교 가능한 것이 됩니다.

다양한 시간-체계 속의 여러 시간-측정을 비교하려면 두 가지 다른 공리가 필요합니다. 합동에 관한 다섯 번째 공리를 형성하는 이러한 공리 중 첫 번째 공리는 '운동 대칭'kinetic symmetry의 공리라고 불릴 것입니다. 이 공리는 두 시간-체계 속의 시간과 길이를 합동 단위를 통해 측정할 때 두 시간-체계 사이의 양적 관계가 가진 대칭성을 표현합니다.

이 공리는 다음과 같이 설명될 수 있습니다. α와 β를 두 시간-체계의 이름이라고 가정합시다. β의 한 점에서의 정지로 인한 α의 공간 속의 운동의 방향은 'α 속의 β-방향'이라 불리고, α의 한 점에서의 정지로 인한 β의 공간 속의 운동 방향은 'β 속의 α-방향'이라고 불립니다. α 속의 β-방향의 일정한 속도와 그것에 직각인 방향을 취하는 일정한 속도로 구성된 α 공간 속의 운동을 고려해 봅시다. 이 운동은 다른 시간-체계 – 이를 π라고 합시다 – 의 공간 속에서 정지해 있는 것을 표상합니다. π 속에서 정지해 있는 것은 β 속의 α-방향을 취하는 일정 속도와 이 α-방향에 직각인 방향을 취하는 일정 속도로 인해 β의 공간 속에서도 표상됩니다. 그러므로 α의 공간 속의 일정한 운동과 β의 공간 속의 일정한 운동은, 양자 모두 π 속에서는 정지해 있는 것으로 표상될 수 있는 같은 사실을 표상하는 것으로서 상관관계를 맺고 있습니다. 그리고 제가 σ라고 명명할 또 다른 시간-체계를 찾을 수 있습니다. 이 시간-체계는 그 공간 속에서 정지해 있는 것이, π 속에서 정지해 있는 것을 표상하는 β-방향과 그것에 직각인 방향으로 움직이는 α 속의 속도, 그리고 β 속의 α-방향과 그것에 직각인 방향으로 움직이는 속도가 같은 규모를 가지고 있다는 것을 통해 표상되는 시간-체계입니다. 운동 대칭에 필요한 공리는 다음과 같습니다. 즉, σ 속에서의 정지는 α에서 β-방향을 따라 그리고 β-방향에 직각인 속도로 표현되며, 이는 π 속에서의 정지를 나타내는 속도가 β에서 α-방향과 그에 직각인 방향으로 표현되는 방식과 같다는 것입니다.

이 공리의 특수한 하나의 사례는 상대적 속도들이 동등하고 서로에 대해 반대 방향을 취한다는 것입니다. 즉, α 속에서의 정지는, β 속에서의 정지를 표현하는 α 속의 β-방향을 따라 움직이는 속도와 동등한 α-방향을 따라 움직이는 속도를 통해 β 속에 표현됩니다.

마지막으로 합동에 관한 여섯 번째 공리는 합동의 관계가 추이적이라는 것입니다. 이 공리가 공간에 적용되는 한, 그것은 불필요합니다. 왜냐하면 공간의 특성은 앞에서 진술한 공리들로부터 도출되기 때문입니다. 그러나 운동 대칭의 공리를 보완하기 위해서는 시간이 필요합니다. 이 공리가 의미하는 바는 만약 체계 α의 시간-단위가 체계 β의 시간-단위와 합동이고, 체계 β의 시간-단위가 체계 γ의 시간-단위와 합동이라면, α와 γ의 시간-단위도 합동이라는 것입니다.

이러한 공리를 통해 같은 자연의 사실에 대해 한 시간-체계에서 성립된 측정을 다른 시간-체계에서 성립된 측정으로 변환하기 위한 정식이 연역될 수 있습니다. 이 정식은 제가 k라고 부를 하나의 자의적인 상수를 포함함을 알게 될 것입니다.

그것은 속도의 제곱의 차원에 속하는 것입니다. 따라서 네 가지 경우가 떠오릅니다. 첫 번째 경우에서 k는 영zero입니다. 이 경우는 경험의 기초적 전달과 상충하는 난센스한 결과를 산출합니다. 따라서 이 경우를 제외하겠습니다.

두 번째 경우에서 k는 무한입니다. 이 경우는 상대 운동에서의 변환에 대한 통상적 정식, 즉 역학에 관한 모든 입문서에서 찾아볼 수 있는 정식을 산출합니다.

세 번째 경우에서 k는 음수입니다. 이를 $-c^2$라고 부르겠습니다. 여기서 c는 속도의 크기가 됩니다. 이 경우는 맥스웰의 전자기장 방정식을 변환하기 위해 라모가 발견한 변환 정식을 산출합니다. 이 정식은 H. A. 로렌츠에 의해 확장되었으며, 아인슈타인과 민코프스키에 의해 새로운 상대성 이론의 기초로 사용되었습니다. 저는 아인슈타인이 만유인력 법칙에 대한 자신의 수정을 연역하게 되는 더욱 최근의 일반 상대성 이론에 관해서는 지금 다루지 않을 것입니다. 만약 이것이 자연에 적용되는 진실이라면, c는 진공 속in vacuo 빛의 속도에 가까운 근사치여야 합니다. 어쩌면 그것이 실제 속도일 수도 있습니다. 이 연결성에서 '진공 속'은 사건의 부재, 즉 모든 곳에 만연한 사건들의 에테르가 부재하다는 것을 의미해서는 안 됩니다. 오히려 그것은 일정한 유형의 객체가 부재하다는 것을 의미해야 합니다.

네 번째 경우에서 k는 양수입니다. 이를 h^2라고 부르겠습니다. 여기서 h는 속도의 크기가 됩니다. 이것은 완벽하게 가능한 유형의 변환 정식을 제공하지만, 경험의 어떤 사실도 설명하지 못합니다. 거기에는 또 다른 단점도 있습니다. 이 네 번째 경우를 가정하면, 공간과 시간의 구별이 지나치게 흐려집니다. 이 강의의 전체 목적은 공간과 시간이 공통의 뿌리에서 비롯되며, 경험의 궁극적 사실은 시공간적 사실이라는 학설을 강화하는 것이었습니다. 그러나 결국 인류는 공간과 시간을 매우 날카롭게 구별하고, 이러한 구별의 날카로움으로 인해 이 강의의 학설은 다소 역설적인 것이 됩니다. 그런데 세 번째 가정에서는 이러한 구별의 날카로움이 적합하게 보존됩니다. 점-궤적과 순간-직선의 계량적 특성 사이에는 근본적인 구별이 있습니다. 그러나 네 번째 가정에서는 이 근본적인 구별이 사라집니다.

우리가 세 번째 가정의 속도 c와 네 번째 가정의 속도 h가 일상적인 경험의 속도에 비해 극도로 거대하다고 가정하지 않는 한, 세 번째 가정과 네 번째 가정 모두 경험과 합치할 수 없습니다. 이 경우, 이 두 가정의 정식은 역학 교과서에 실려 있는 통상적인 정식인 두 번째 가정의 정식에 가까운 근사치로 환원된다는 것은 분명합니다. 명칭을 제공하자면, 저는 이 교과서 정식을 '정통' 정식이라고 부를 것입니다.

정통 정식이 가지는 일반적인 근사적 정확성에 관해서는 의심의 여지가 없습니다. 이 점에 대해 의문을 제기하는 것은 그저 어리석을 뿐입니다. 그러나 이 점을 인정한다고 해서 이러한 정식의 지위가 결정되지는 않습니다. 정통 정식을 산출해

낸 정통 사유는 시간과 공간의 독립성을 무비판적으로 전제했습니다. 이 전제와 함께 하나의 절대 공간의 절대 점들이 주어지면 정통 정식이 즉시 연역됩니다. 따라서 이러한 정식은 결코 흔들릴 수 없는 사실로서 우리의 상상력에 제시되었으며, 시간과 공간은 스스로 그러한 것이 되었습니다. 그렇게 정통 정식은 과학에서 의문을 제기할 수 없는 필연성의 지위를 달성했습니다. 이러한 정식을 다른 정식으로 대체하려는 모든 시도는 물리학적 설명으로서의 역할rôle을 포기하고 단순한 수학적 정식에 호소하는 것이었습니다.

그러나 물리학에서조차도 정통 정식을 둘러싼 어려움이 축적되었습니다. 첫째로, 맥스웰의 전자기장 방정식은 정통 변환 정식 아래에서 불변성을 유지하지 않습니다. 반면, 만약 속도 c가 유명한 전자기 상수량electromagnetic constant quantity과 동일하다면, 위에서 언급한 네 가지 경우 중 세 번째 경우에서 도출된 변환 정식 아래에서 맥스웰의 전자기장 방정식은 불변성을 유지합니다.

게다가, 지구가 에테르를 통해 자신의 궤도를 따라 운동하며 겪는 변화를 탐지하고자 행하는 정교한 실험이 무효한 결과를 산출하는 것은 세 번째 경우의 정식을 통해서 즉시 설명됩니다. 그러나 만약 우리가 정통 정식을 가정한다면, 운동 중인 물질의 수축에 대해 특별하고 자의적인 가정을 세워야 합니다. 저는 피츠제랄드-로렌츠 가정을 의미하는 것입니다.

마지막으로 운동하는 매개체 속에서 빛의 속도가 겪는 변화를 표상하는 프레넬의 항력 계수$^{coefficient\ of\ drag}$는 세 번째 경우의 정식을 통해 설명되며, 그것은 만약 정통 정식을 사용하자면 또 다른 자의적인 가정을 요구합니다.

따라서 단순히 물리학적 설명의 관점에 기초해서 보지면, 세 번째 경우의 정식은 정통 정식에 비해 여러 이점을 가진 것처럼 보입니다. 그러나 그 노선은 후자의 정식이 필연성의 특징을 가지고 있다는 뿌리 깊은 믿음에 의해 가로막혔습니다. 그러므로 물리학과 철학에는 이러한 추정된 필연성의 토대를 비판적으로 검토하는 것이 시급하게 요구됩니다. 유일하게 만족스러운 조사 방법은 자연에 관한 지식의 첫 번째 원리로 회귀하는 것입니다. 이것이 바로 제가 이 강의들에서 하고자 하는 것입니다. 저는 자연에 대한 우리의 감각-지각 속에서 우리가 알아차리고 있는 것이 무엇인지를 묻고 있습니다. 그런 다음 저는 공간을 점유하고 시간을 가로질러 존속하는 것으로서 자연을 구상하게 만드는 자연 속의 여러 요인들을 검토하고 있습니다. 이러한 절차는 우리를 공간과 시간의 특징에 관한 조사로 이끌었습니다. 이러한 일련의 조사 결과, 세 번째 경우의 정식과 정통 정식은 자연에 관한 우리의 지식이 가진 기본적 특징으로부터 도출될 수 있는 정식으로서 같은 수준에 있음을 알 수 있습니다. 그러므로 정통 정식은 그 계열적 군에서 누렸던 필연성의 지위가 지닌 모든 이점을 상실했습니다. 따라서 앞으로는 두 개의 군 중에서 관찰과 가장 잘 합치하는 군을 채택할 수 있는 길이 열리게 되었습니다.

여기서 저는 논증을 잠시 멈추고 저의 학설이 과학의 몇몇 친숙한 개념에 귀속시키는 일반적 특징들에 대해 반성해 보겠습니다. 저는 여러분 중 일부는 이 특징이 어떤 측면에서 매우 역설적이라고 느끼셨을 것이라고 확신합니다.

부분적으로 이러한 역설의 맥락은 교양 있는 언어가, 널리 보급된 전통 이론에 순응하도록 만들어졌다는 사실에서 기인합니다. 그러므로 우리는 대안적인 학설을 설명할 때 낯선 용어를 사용하거나 낯익은 단어를 낯선 의미로 사용하게 됩니다. 언어에 대한 전통 이론의 이러한 승리는 매우 자연스러운 것입니다. 사건은 그 안에 상황화된 현저한 객체의 이름을 따서 명명되었으며, 그러므로 언어와 사고 모두에서 사건은 객체 뒤로 가라앉고 객체들 사이의 관계가 펼치는 단순한 놀이가 됩니다. 그런 다음 공간에 관한 이론은 사건들 사이의 관계에 관한 이론이 아닌 객체들 사이의 관계에 관한 이론으로 전환되었습니다. 그러나 객체는 사건의 추이를 가지고 있지 않습니다. 따라서 객체들 사이의 관계로서의 공간은 시간과의 어떤 연결성도 결여합니다. 그것은 한 순간에서의 공간으로, 연쇄적인 순간들 속에서 그 공간들 사이에는 어떤 결정적인 관계도 있을 수 없습니다. 그것은 하나의 무시간적 공간일 수 없는데, 객체들 사이의 관계가 변하기 때문입니다.

앞에서 상대 운동에 대한 전통 정식의 연역에 관해 말하면서 저는 절대 공간에 있는 절대 점을 가정하는 것으로부터의 즉각적인 연역으로 그것이 도출된다고 말했습니다. 절대공간에 대한 이러한 참조는 실수가 아니었습니다. 저는 공간의 상대성에 관한 학설이 현재 과학과 철학의 분야 모두를 장악하고 있음을 알고 있습니다. 그러나 저는 그에 따른 불가피한 귀결들이 이해되었다고는 생각하지 않습니다. 우리가 진정으로 그 귀결들과 마주할 때, 제가 지금까지 상술한 공간이 가진 특징의 표현에 대한 역설은 크게 완화됩니다. 만약 절대 위치가 없다면, 점은 더 이상 단순한 존재자가 아니어야 합니다. 열기구에 올라타 어떤 기구에 눈을 고정하고 있는 한 명의 사람이 볼 때 하나의 점인 것은 지상에서 망원경으로 그 열기구를 지켜보고 있는 한 명의 관찰자가 볼 때는 점들의 궤적입니다. 그리고 태양 속에 설치된 어떤 기구를 통해 열기구를 지켜보고 있는 태양 속의 관찰자가 볼 때 그것은 또 다른 점들의 궤적입니다. 따라서 사건-입자들이 이루는 모임으로서의 점에 관한 저의 이론과 추상 집합들이 이루는 군으로서의 사건-입자에 관한 저의 이론이 역설적이라며 비난을 받는다면, 저는 비평가에게 점이 정확히 무엇을 의미하는지 설명해 달라고 요청할 것입니다. 어떤 것이 의미하는 바를 설명할 때는, 설명하는 것이 아무리 단순하더라도 언제나 오묘하고 정교한 기교처럼 보이는 경향이 있습니다. 저는 최소한 제가 점을 통해 정확히 의미하는바, 점이 포함하는 관계들과, 관계항들이 되는 존재자들이 무엇인지를 설명했습니다. 만일 여러분이 공간의 상대성을 인정한다면, 점이 복잡한 존재자라는 것, 즉 다른 여러 존재자와 그것들 사이의 여러 관계를 포함하는 논리적 구성물이라는 것도 인정해야 합니다. 자신의 이론을 만드셔야 합니다. 무한정한 의미를 가진 몇몇 모호한 구절을 통해서가 아니라, 할당된 관계들과 할당된 관계항들을 가리키는 한정적 용어들을 가지고 차근차근 단계적으로 설명하는 것입니다. 또한, 점 이론이 공간 이론의 문제로 귀결됨을 보여주어야 합니다. 게다가 열기구의 사람·지상의 관찰자·태양 속 관찰자의 예시는 상대 정지에 대한 모든 가정이 다른 가정에서 도출된 점들과 극단적으로 다른 점으로 이루어진 무시간적 공간을 요구한다는 것을 보여준다는 점에 유의해야 합니다. 공간의 상대성 이론은 하나의 무시간적 공간의 하나의 유일한 점 집합을 말하는 어떤 학설과도 모순됩니다.

사실, 공간의 본성에 관한 저의 이론에는 공간의 상대성 이론에 본질적으로 내재하지 않는 역설은 없습니다. 그러나 이 학설은 사람들이 뭐라고 말하든 과학에서 진정으로 수용된 적이 없습니다. 우리가 아는 역학의 논문들에 나타나는 것은 절대공간 속의 미분 운동differential motion 학설에 기반한 뉴턴의 상대 운동 학설입니다. 일단 정지에 대한 서로 다른 가정에 따라 점들이 근본적으로 다른 존재자가 된다는 것을 인정하면, 전통 정식은 그것의 모든 명백함을 상실합니다. 전통 정식이 명백했던 것은 그저 여러분이 지금까지 실제로는 다른 어떤 것을 생각하고 있었기 때문입니다. 의미 없는 안락한 방주 속으로 들어가 비판의 홍수를 피하는 것 외에는 이 주제를 논하면서 역설을 피할 방법이란 없습니다.

새로운 이론은 시간 주기들에 대한 합동의 정의를 제공합니다. 널리 보급되어 있는 관점은 그러한 정의를 제공하지 않습니다. 그 관점이란, 우리가 특정한 시간-측정 방식을 취하여 우리가 등속이라고 느끼는 몇몇 익숙한 속도들을 실제로 등속으로 만든다면, 운동 법칙이 성립한다는 것입니다. 그런데 첫째로, 시간-주기들에 대한 합동을 어떻게든 한정적으로 결정하는 것을 포함하지 않고는 어떤 변화도 균등하거나 불균등하게 나타날 수 없습니다. 따라서 익숙한 현상에 호소할 때 그것은 자연 속에 우리가 지적으로 구성할 수 있는 합동 이론으로서의 어떤 요인이 존재함을 인정하는 것입니다. 그러나 그 입장은 운동 법칙이 참이라는 점을 제외하고는 그 요인에 관해 아무엇도 말하지 않습니다. 우리가 몇몇 해설자와 함께 지구의 자전 속도와 같은 익숙한 속도에 대한 참조를 배제한다고 가정해 봅시다. 그러면 우리는 특정한 가정이 운동 법칙을 성립시킨다는 점을 제외하고는 시간적 합동에 아무런 의미가 없다는 것을 인정할 수밖에 없게 됩니다. 그러한 진술은 역사적으로 거짓입니다. 알프레드 대왕은 운동의 법칙에 대해 무지했지만, 시간 측정이 무엇을 의미하는지는 잘 알고 있었으며, 촛불을 태우는 것으로 시간을 측정했습니다. 또한, 과거의 그 누구도, 단순히 몇 세기 후에 흥미로운 운동의 법칙이 발견되어서 모래시계 속 모래가 동등한 시간 간격으로 비워진다는 진술에 의미를 제공할 것이라고 말함으로써, 모래를 모래시계로 사용하는 것을 정당화하지는 못했습니다. 변화 속의 균등성은 직접적으로 지각되며, 따라서 인류는 자연 속에서 시간적 합동 이론을 형성할 수 있게 해주는 요인들을 지각하게 됩니다. 널리 보급되어 있는 이론은 그러한 요인을 생산하는 데 완전히 실패합니다.

운동의 법칙에 관한 언급은, 널리 보급되어 있는 이론은 전혀 설명하지 못하지만 새로운 이론이라면 완전한 설명을 제공할 수 있는 또 다른 요점을 제시합니다. 임의의 강체剛體를 고정시킬 수 있는 어떤 참조축reference axis에 대해서도 운동의 법칙이 유효한 것은 아니라는 점은 잘 알려져 있습니다. 여러분은

6장 합동 199

회전하지 않고 가속도를 가지지 않는 강체를 선택해야만 합니다. 예를 들어 운동의 법칙은 지구에 고정된 축에는 실제로 적용되지 않습니다. 이는 지구가 매일 회전하기 때문입니다. 잘못된 축을 정지한 것으로 가정할 때 거짓이 되는 법칙은 작용과 반작용이 동등하면서 서로 반대 방향을 취한다는 운동의 제3법칙입니다. 잘못된 축에서 나타나는 부보정 원심력과 무보정 복합 원심력은 회전에서 기인하는 것입니다. 이러한 힘의 영향은 지표면에 관한 많은 사실, 즉 푸코의 진자·지구의 형태·저기압과 고기압의 고정된 회전 방향을 통해 입증될 수 있습니다. 지구상에서 일어나는 이러한 내부 현상들이 항성들의 영향에 의한 것이라는 주장을 진지하게 받아들이기는 어렵습니다. 저는 1861년 파리 박람회에서 반짝이는 작은 별 하나가 푸코의 진자를 회전시켰다는 것을 납득할 수 없습니다. 물론, 예를 들어 태양 흑점이 끼치는 영향처럼 한정적인 물리적 연결성이 입증되는 경우라면 어떤 것이든 믿을 수 있습니다. 그러나 여기서 모든 입증은 어떠한 정합적 이론의 형태도 결여하고 있습니다. 이 일련의 강의를 통해 전개된 이론에 따르면, 운동이 참조되어야 하는 축은 어떤 시간-체계의 공간 속에서 정지해 있는 축입니다. 예를 들어, 시간-체계 α의 공간을 고려해 봅시다. 거기에는 α의 공간 속에 정지해 있는 축들의 집합이 있습니다. 이것들은 적절한 역학적 축들입니다. 또한, 이 공간 속에서 회전하지 않고 등속으로 운동하는 축 집합은 또 다른 적절한 집합입니다. 이러한 운동하는 축에 고정된 모든 운동하는 점은 하나의 등속도를 가지고 평행선을 그리며 운동하고 있습니다. 다른 말로 하자면, 그것들은 어떤 다른 시간-체계 β의 공간에서 고정된 한 집합의 축이 α의 공간 속에 반영된 것입니다. 따라서 뉴턴의 운동 법칙이 필요로 하는 역학적 축들의 군은, 물리적 특성들에 관한 정합적 설명을 획득하기 위해 어떤 하나의 시간-체계의 공간 안에 정지해있는 물체에 운동을 부여해야 한다는 필요성에 따른 결과입니다. 만약 우리가 그렇게 하지 않는다면, 물리적 짜임의 한 부분에서 운동이 가지는 의미와 동일한 짜임의 다른 부분에서 운동이 가지는 의미가 다르게 됩니다. 그러므로 운동의 의미가 처음부터 그랬듯이, 어떤 객체 체계의 운동을 기술할 때 용어들의 의미를 유지하면서 기술하려면 반드시 이러한 축 집합 중 하나를 참조 축으로 삼아야 합니다. 물론, 여러분은 채택하고자 하는 시간-체계의 공간에 맞추어 이를 변환시킬 수는 있습니다. 그리하여 축들의 역학적 군이 가지는 고유한 특성에 대해 하나의 한정적인 물리적 근거가 주어집니다.

정통 이론에서는 운동방정식에 관한 입장이 가장 모호합니다. 운동방정식들이 참조하는 공간은 완전히 불확정이며, 시간의 경과에 대한 측정도 마찬가지입니다. 과학은 그저 자신의 정식들을 충족시킬 공간의 측정이라고 부를 수 있는 절차와 시간의 측정이라고 부를 수 있는 절차, 그리고 힘의 체계라고 부를 수 있는 무언가, 그리고 질량이라고 부를 수 있는 무언가를 발견할 수 있는지 없는지 알아보기 위해 근본 없는 조사에 나선 것일 뿐입니다. 이 이론에서 누군가가 이러한 정식을 충족시켜야 하는 유일한 이유는 갈릴레오, 뉴턴, 오일러, 라그랑주에 대한 감상적 존중입니다. 그 이론은 과학을 건전한 관찰적 토대에 기초하여 세우는 것과는 거리가 멀며, 단순한 수학적 선호에 따라 어떤 단순한 정식에 모든 것을 맞추도록 강요합니다.

저는 이것이 운동 법칙의 실제 지위를 올바르게 설명한 것이라고 전혀 생각하지 않습니다. 운동방정식들은 새롭게 대두된 상대성 정식을 위해서 약간의 조정을 필요로 합니다. 그러나 일상적인 사용에는 반영될 수 없는 이러한 조정으로 인해, 그 법칙은 우리가 잘 알고 있고 상관관계를 만들고 싶어 하는 근본적인 물리량을 다루게 됩니다.

시간 측정은 그것에 관한 법칙이 고안되기 훨씬 전부터 모든 문명화된 국가에서 알려져 있었습니다. 법칙들과 관련이 있는 것은 바로 그러한 시간, 그와 같이 측정된 시간입니다. 그 법칙은 우리의 일상생활의 공간을 다루기도 합니다. 우리가 관찰의 정확도를 능가하여 측정의 정확도에 접근할 때, 어떤 조정이 허용됩니다. 그러나 관찰의 한계들 내에서 우리는 공간의 측정과 시간의 측정, 변화의 균등성을 말할 때 우리가 의미하는 바가 무엇인지를 압니다. 감각-알아차림에 그토록 명백한 것에 대해서 지적인 설명을 제공하는 것이 과학의 임무입니다. 운동의 법칙이라고 불리는 수학적 정식들을 만족시키려는 무의식적 욕망에 인류가 실제로 좌우되어 왔다는 것, 바로 그 점이 더 깊이 설명될 수 없는 궁극적 사실이라는 점은 저는 믿을 수 없을 만큼 놀라운 일이라고 생각합니다. 이러한 수학적 정식들은 우리 우주시대의 17세기까지 전혀 알려지지 않았던 것들입니다.

자연에 관한 대안적인 설명을 통해 도출된, 감각-경험의 사실들 사이의 상관관계는 운동의 물리적 특성과 합동의 특성 너머로 연장됩니다. 그것은 점·직선·부피와 같은 기하학적 존재자의 의미를 설명하고, 시간의 연장과 공간의 연장이라는 동족 관념들을 연결합니다. 그 이론은 자연철학의 영역에서 지적 설명이 가진 진정한 목적을 충족시킵니다. 그 목적이란, 자연의 상호연결성을 드러내고, 자연 속의 한 성분 집합이 가진 특징을 드러내기 위해서는 다른 성분 집합의 현전이 필요하다는 것을 보여주는 것입니다.

자연을 각각 고립시킬 수 있는 독립된 존재자들의 단순한 집합체로 보는 것이 우리가 제거해야 하는 잘못된 착상입니다.

이러한 개념화에 따르면, 각각 고립시켜 정의될 수 있는 특징을 가진 이러한 존재자들은 함께 모여서 그것들의 우유적 관계를 통해 자연의 체계를 형성합니다. 그러므로 이 체계는 철저하게 우유적입니다. 그리고 설령 이 체계가 기계론적 운명에 종속되더라도, 순전히 우유적으로 그러할 뿐입니다.

이 이론에 따르면 공간은 시간 없이 존재할 수 있고 시간은 공간 없이 존재할 수 있습니다. 우리는 이 이론이 우리가 물질과 공간의 관계를 고찰할 때 무너진다는 것을 인정할 수밖에 없습니다. 공간에 관한 관계적 이론은 우리가 물질 없이 공간을 알 수 없고 공간 없이 물질을 알 수 없다는 것에 대한 인정입니다. 그러나 물질과 공간이 시간으로부터 분리된 상태는 여전히 빈틈없이 유지되고 있습니다. 공간 내 물질의 부분들 사이의 관계는 우유적인 사실일 뿐인데, 이는 공간이 어떻게 물질로부터 생겨나는지, 혹은 물질이 어떻게 공간으로부터 생겨나는지에 관한 정합적 설명이 없기 때문입니다. 또한, 우리가 자연 속에서 실제로 관찰하는 것, 그 색깔과 소리와 촉감은 이차 성질입니다. 다른 말로 하자면, 그것들은 전혀 자연 속에 존재하지 않고 자연과 정신 사이의 관계에서 유래하는 우유적 산물입니다.

자연에 관한 이러한 우유적 관점을 대체할 이상으로서 제가 역설하는 자연에 관한 설명은 이렇습니다. 자연 속의 어떤 것도 지금 그러한 대로의 자연의 한 성분으로 존재하지 않고서는 그것 자체로 있을 수 없다는 것입니다. 식별에 대해 현재하는 전체는, 부분들을 구별하기 위해 필수적인 것으로 감각-알아차림 속에 상정되어 있습니다. 고립된 사건은 사건이 아닙니다. 왜냐하면 모든 사건은 더 거대한 전체 속의 한 요인이고, 그 전체에 대해서 유의미하기 때문입니다. 공간을 떠나 시간은 있을 수 없습니다. 그리고 시간을 떠나 공간은 있을 수 없습니다. 그리고 자연의 사건들의 추이를 떠나 공간과 시간은 있을 수 없습니다. 우리가 어떤 존재자를 사고 속에서 벌거벗은 '그것'it으로 생각할 때, 자연 속에서는 사고 속 존재자의 고립에 상응하는 고립된 상태를 찾을 수 없습니다. 그러한 고립은 단지 지적 인식intellectual knowledge이 가지는 절차의 일부일 뿐입니다.

자연법칙들은 우리가 자연 속에서 발견하는 존재자가 띠는 특징들에 따른 결과입니다. 존재자들이 지금 그러한 것이기에 법칙들도 지금 그러한 것일 수밖에 없으며, 그리고 역으로 법칙들로부터 존재자들이 도출됩니다. 우리가 그러한 이상을 달성하기까지는 가야 할 길이 멉니다. 그러나 그 이상은 이론 과학의 변치 않는 목표로 남을 것입니다.

{7장}

꺽채

이번 강의는 객체 이론에 관한 것입니다. 객체는 추이하지 않는 자연의 요소입니다. 객체를 자연의 추이에 참여하지 않는 어떤 요인으로서 알아차리는 것을 저는 '인식'recognition이라고 부릅니다. 사건을 인식하는 것은 불가능한데, 사건이 본질적으로 다른 모든 사건과 구별되기 때문입니다. 인식은 같음의 알아차림입니다. 그러나 같음의 알아차림을 인식이라고 부르는 것은 판단을 수반하는 지적 비교 행위를 함의합니다. 저는 추이 없는 자연의 요인과 정신을 연결하는 감각-알아차림의 비-지적nonintellectual 관계에 대해서 인식이라는 용어를 사용합니다. 정신이 가지는 경험의 지적 측면에는 인식된 사물들의 비교가, 그리고 그 귀결로 같음 또는 다름에 대한 판단이 있게 됩니다. 아마도 제가 '인식'이라는 용어를 통해 의미하는 바를 잘 드러내기 위해서는 '감각-인식'이 더 나은 용어일 것입니다. 저는 '인식'이라는 좀 더 짧은 용어를 선택했는데, 그 이유는 '인식'이라는 용어를 '감각-인식' 이상의 다른 의미로 사용하는 것을 저 자신이 피할 수 있을 것이라 생각하기 때문입니다. 저의 용법에서 인식은 단지 이상적 극한일 뿐이며, 비교와 판단이라는 지적 수반물이 없는 인식이란 사실상 없다고 저는 믿고 있습니다. 그런데 인식은 지적 활동을 위한 재료를 제공하는 자연에 대해서 정신이 맺는 관계입니다.

객체는 어떤 사건의 특징을 구성하는 성분입니다. 사실, 사건의 특징이 바로 사건을 구성하는 객체이며, 그 객체가 사건에 진입ingression하는 방식에 지나지 않습니다. 그러므로 객체 이론은 사건 비교 이론입니다. 사건들을 서로 비교할 수 있는 것은 오직 사건이 영속성permanence을 체현하고 있기 때문입니다. 우리는 '거기에 그것이 다시 존재한다[또 시작이네]'There it is again라고 말할 수 있을 때마다 사건 속의 객체들을 비교하고 있습니다. 객체는 '다시 존재함[또 시작]'be again이 가능한 자연 속의 요소입니다.

때때로 제가 사용하는 의미에서의 인식을 회피하는 영속성이 존재한다는 것이 증명될 수도 있습니다. 인식을 벗어나는 영속성은 우리에게 사건들이나 객체들의 추상적 특성들로서 나타납니다. 그것들은 우리의 감각-알아차림 속에서는 변별되지 않지만, 모두 인식에 대한 것으로서 거기에 있습니다. 사건들을 구분하는 것, 자연을 여러 부분들로 분해하는 것은 우리가 그 사건들의 성분으로 인식하는 객체들로 인해 초래됩니다. 자연을 변별하는 것은 추이하는 사건들 사이에서 객체들을 인식하는 것입니다. 그것은 자연의 추이에 대한 알아차림, 그에 따른 자연의 분할, 객체들이 사건들에 진입하는 양태들로 인해 초래된 자연의 특정 부분들이 정의되는 방식이 결합한 산물입니다.

제가 '진입'이라는 용어를 객체들과 사건들이 맺는 일반적 관계를 나타내는 데 사용하고 있다는 것을 알아차리셨을 것입니다. 어떤 객체가 사건 속으로 진입하는 것은 사건의 특징이 그 객체의 존재를 통해 자신을 형성하는 방식입니다. 즉, 사건이 그러한 사건인 이유는 객체가 그러한 객체이기 때문입니다. 그리고 제가 이렇게 객체에 의한 사건의 수정을 염두에 둘 때, 저는 둘 사이의 관계를 '객체가 사건 속으로 진입하는 것'the ingression of the object into the event이라고 부릅니다. 객체가 그러한 객체인 이유는 사건이 그러한 사건이기 때문이라고 말하는 것도 동등하게 참입니다. 자연이란, 객체들이 사건들 속으로 진입하는 것 없이 사건들과 객체들은 있을 수 없다는 것입니다. 물론 우리의 인식을 벗어나는 객체들을 성분으로 가진 사건들이 있습니다. 빈 공간 속 사건들이 그렇습니다. 그러한 사건들은 과학의 지적 탐구를 통해서만 우리에게 분석됩니다.

진입은 다양한 양태를 가진 관계입니다. 매우 다양한 종류의 객체가 존재한다는 것은 분명합니다. 그리고 어떤 종류의 객체도 다른 종류의 객체들이 사건들에 대해 가지는 종류의 관계들을 가질 수 없습니다. 우리는 다양한 종류의 객체가 사건에 진입하는 다양한 양태들 중 일부를 분석해야 합니다.

그러나 우리가 동일한 종류의 객체만을 고수하더라도, 그 종류의 객체는 다른 사건들에 대해서는 다른 진입 양태들을 가질 것입니다. 과학과 철학은 객체가 어떤 한정적 시간에 하나의 장소에 있으며, 어떤 의미에서도 다른 곳에 있지 않다는 단순한 이론에 얽매이는 경향이 있습니다. 이것은 사실 상식적 사고가 취하는 태도이지, 경험의 사실을 소박하게 표현하는 언어가 취하는 태도는 아닙니다. 경험의 사실을 진정으로 해석하려고 노력하는 문학 작품의 모든 다양한 문장은 어떤 객체의 현전으로 인해 주변 사건에 발생하는 차이를 표현합니다. 객체는 자신의 그 주변 전체에 걸쳐 성분이며, 그 주변은 무한정적입니다. 또한, 객체의 진입으로 인한 사건들의 수정은 양적 차이의 영향을 받기 쉽습니다. 그러므로 마침내, 우리는 각각의 객체가 어떤 의미에서는 자연 전체의 성분이라는 것을 인정하게 됩니다. 비록 객체의 진입이 우리의 개인적 경험들이 표현되는 것과는 양적으로 무관할지라도, 그것은 여전히 성분입니다.

이러한 인정은 철학과 과학 모두에서 새로운 것이 아닙니다. 그것은 실재가 하나의 체계라고 주장하는 모든 철학자에게 필수적인 공리임이 분명합니다. 이 일련의 강의에서 우리는 '실재'가 의미하는 바에 관한 심오하고 골치 아픈 질문을 피하고 있습니다. 저는 자연이 하나의 체계라는 보다 소규모의 테제를 유지하고 있습니다. 그러나 저는 이 경우에 더 큰 것에서 더 작은 것이 도출된다고 추정하며, 따라서 제가 이 철학자들을 지지한다고 주장할 수 있다고 생각합니다. 자연이 하나의 체계라는 이 학설은 모든 근대 물리학적 사변과 필수적으로 얽혀 있습니다. 오래전인 1847년에도 패러데이는 『철학 잡지』의 한 논문에서 자신의 역선관 이론theory of tubes of force이 어떤 의미에서는 모든 곳에 전하가 있음을 함의한다고 말했습니다. 각각의 전자가 가지는 과거 역사로 인해, 매 순간 공간의 모든 점에서 전자기장의 수정이 일어난다는 것은 동일한 사실을 진술하는 또 다른 방식입니다. 그러나 우리는 이론 물리학의 난해한 사변에 호소하지 않고도 삶에 관한 좀 더 익숙한 사실들을 통해 학설을 예증할 수 있습니다.

콘월 해안으로 밀려오는 파도는 대서양 중부의 강풍을 전합니다. 그리고 우리의 저녁 식사는 요리사가 식당으로 진입했음을 증언합니다. 객체가 사건 속으로 진입하는 것이 인과관계 이론을 포함한다는 것은 명백합니다. 저는 진입이 가지는 이러한 양상에 관해서는 논하고 싶지 않습니다. 왜냐하면, 인과관계 이론은 저의 자연 이론에는 이질적인 자연 이론들에 기반을 둔 논의들을 상기시키기 때문입니다. 또한, 저는 그 주제를 이 새로운 측면에서 바라봄으로써 새롭게 조명할 수 있지 않을까 생각합니다.

사건들에 대한 객체들의 진입의 예시로 제가 제공한 것들은 진입이 몇몇 사건의 경우 고유한 형식을 취한다는 것, 어떤 의미에서는 좀 더 집중된 형식을 취한다는 것을 일깨워줍니다. 예를 들어, 전자는 공간 속에서 일정한 위치와 일정한 형태를 가지고 있습니다. 그것은 어떤 한 시험관 속에서 극히 작은 구체의 형태를 취하고 있을 수 있습니다. 폭풍은 특정한 위도와 경도를 가진, 중부 대서양에 상황화된 하나의 강풍입니다. 그리고 요리사는 부엌 안에 있습니다. 저는 이 특별한 형식의 진입을 '상황 관계'라고 부를 것입니다. 또한 '상황'이라는 단어를 이중적인 의미로 사용하여, 객체가 그 안에 상황화된 사건을 '객체의 상황'이라고 부를 것입니다. 그러므로 하나의 상황은 상황 관계 속에 놓인 관계항으로서의 사건입니다. 그런데 여기서 우리는 마침내 객체가 진정으로 어디에 있는지에 대한 단순명료한 사실에 도달했다는 첫인상, 그리고 제가 진입이라고 부르는 모호한 관계가 마치 상황 관계를 자신의 특수한 사례로 포함하는 것처럼 상황 관계와 혼동되어서는 안 된다는 첫인상을 받습니다. 임의의 객체가 이러저러한 위치에 있고, 완전히 다른 의미에서 다양한 사건들에 영향을 미치고 있다는 것이 너무도 명백해 보입니다. 즉, 어떤 의미에서 객체는 그것의 상황인 사건이 가진 특징이지만, 다른 사건들의 특징에는 영향을 미칠 뿐이라는 것입니다. 따라서 상황 관계와 영향 관계는 일반적으로 같은 종류의 관계가 아니며, '진입'이라는 같은 용어로 포섭되어서는 안 됩니다. 저는 이러한 개념이 오류이며, 두 가지 관계를 명료하게 구분하는 것은 불가능하다고 생각합니다.

예를 들어, 여러분의 치통은 어디에 있었습니까? 여러분은 치과에 가서 치과의사에게 여러분의 치아를 가리킵니다. 치과의사는 어떤 치아가 문제인지 충분히 설득력이 있게 말해주며, 다른 치아를 메꿈으로써 여러분을 치료합니다. 치통의 상황은 어느 치아였을까요? 게다가, 팔이 절단된 어떤 남자는 잃어버린 손에서 여러 감각을 경험합니다. 상상적 손의 상황은 사실 허공에 불과합니다. 여러분이 거울을 바라보자 타오르는 불꽃이 보입니다. 여러분이 보고 있는 불꽃은 거울 안에 상황화되어 있습니다. 게다가, 한밤중에 여러분이 하늘을 바라본다고 해 봅시다. 설령 몇 시간 전에 수많은 별들 중에서 일부가 소멸했다고 하더라도, 여러분은 눈치채지 못할 것입니다. 심지어 행성들의 상황조차도 과학이 행성들에 할당하는 상황과 다릅니다.

여러분은 어쨌든 요리사가 부엌 안에 있다고 외치고 싶을 수 있습니다. 만일 여러분이 요리사의 정신을 의미하는 것이라면, 저는 그 점에 관해서는 여러분과 동의하지 않습니다. 왜냐하면, 저는 오직 자연에 관해서만 이야기하고 있기 때문입니다. 요리사의 신체적 현전만을 고려해 봅시다. 이 개념이 의미하는 바는 무엇일까요? 우리는 신체의 전형적 현현들로 우리를 국한시킵니다. 여러분은 요리사를 볼 수 있고, 만질 수 있으며, 들을 수 있습니다. 그러나 제가 여러분에게 제시한 예시들은 여러분이 보는 것과 만지는 것과 듣는 것의 상황에 관한 개념이 더 이상의 의문의 여지가 없을 정도로 매우 날카롭게 분리되어 있지 않다는 것을 보여줍니다. 우리가 자연의 경험에 대한 두 개의 집합, 즉 지각된 객체에 속하는 일차 성질과 정신적 흥분의 산물인 이차 성질을 가지고 있다는 관념을 고수할 수는 없는 것입니다. 우리가 자연에 관해 아는 모든 것은 함께 가라앉거나 함께 나아가는 한배에 타고 있습니다. 과학의 구성들은 단지 지각된 사물들의 특징들에 관한 설명들일 뿐입니다. 따라서 요리사란 분자들과 전자들의 어떤 특정한 약동^{dance}이라는 단언은 단지 요리사에 관해 지각할 수 있는 것들이 어떤 일정한 특징을 가지고 있음을 단언하는 것입니다. 요리사의 신체적 현전에 대해 지각된 현현들의 상황은 분자들의 상황과 매우 일반적인 관계만을 맺을 뿐이며, 이 일반적 관계는 지각 환경에 관한 논의를 통해 결정되어야 하는 것입니다.

특수한 것으로서의 상황과 일반적인 것으로서의 진입의 관계를 논할 때 첫 번째 요건은 객체들이 각기 유형이 근본적으로 다르다는 점에 유의하는 것입니다. 객체의 각 유형마다 '상황'과 '진입'은 다른 유형에 대해 가지는 의미와는 다른 그 자체의 특별한 의미를 가지며, 비록 그것들 간의 연결성은 지적될 수 있겠지만, 그 의미는 다르다는 점에 주의해야 합니다. 그러므로 객체를 논할 때 어떤 유형의 객체를 고려하고 있는 것인지를 결정하는 것이 필요합니다. 제가 보기에는 무한정한 수의 객체 유형이 존재합니다. 다행히도 우리가 그 유형들을 모두 생각할 필요는 없습니다. 상황이라는 관념은 제가 감각-객체, 지각적 객체, 과학적 객체라고 부르는 세 가지 유형의 객체와 관련하여 고유한 중요성을 가지고 있습니다. 세 가지 유형에 대한 이름이 적절한지의 여부는 제가 의미하는 바를 설명하는 데 성공할 수 있는 한 그다지 중요하지 않습니다.

이 세 가지 유형은 오름차순 위계 구조를 형성하며, 각 구성원은 아래 유형을 전제로 합니다. 이 위계 구조의 기층은 감각-객체로 형성됩니다. 감각-객체들은 다른 유형의 객체들을 전제하지 않습니다. 감각-객체는 감각-알아차림에 의해 상정된 자연의 한 요인으로서, (i) 그것이 객체라는 점에서 자연의 추이에 참여하지 않으며, (ii) 자연의 다른 요인들 사이의 관계가 아닙니다. 물론 감각-객체는 자연의 다른 요인들도 함축하는 관계들 속의 한 관계항일 것입니다. 그거나 그것은 언제나 관계항의 하나일 뿐 결코 관계 그 자체가 아닙니다. 감각-객체의 예시로는 케임브리지 블루 같은 특수한 종류의 색깔, 특수한 종류의 소리, 특수한 종류의 냄새, 특수한 종류의 감촉을 들 수 있겠습니다. 저는 한정된 날짜의 특수한 순간에 보인 특수한 파란색 조각을 말하고 있는 것이 아닙니다. 그러한 조각은 케임브리지 블루가 상황화된 사건입니다. 마찬가지로 저는 음표로 채워진 어떤 특수한 연주실을 말하고 있는 것이 아닙니다. 저는 10분의 1초 동안 그 소리로 채워진 음량의 주기가 아니라 음표 그 자체를 의미하고 있습니다. 우리는 자연스럽게 음표 그 자체를 생각하지만, 색깔의 경우에는 그것을 단지 조각의 특성으로만 여기는 경향이 있습니다. 누구도 음표를 연주실의 특성이라고 생각하지 않습니다. 우리는 파란색을 보고 음표를 듣습니다. 파란색과 음표는 둘 다 정신을 자연과 관계시키는 감각-알아차림의 변별을 통해 즉각적으로 상정됩니다. 파란색은 자연 속의 다른 요인들과 관계된 것으로서 자연 속에 있는 것으로 상정됩니다. 특히 파란색은 그것의 상황인 사건 속에 상황화되어 있음이라는 관계 속에 존재하는 것으로 상정됩니다.

상황 관계를 둘러싼 어려움은 다중 관계라는 궁극적 사실을 철학자들이 진지하게 취급하기를 완고하게 거부하는 데서 발생합니다. 여기서 다중 관계란, 그 발생의 어떤 구체적 사례도 필연적으로 둘 이상의 관계항을 포함하는 관계를 의미합니다. 예를 들어 존이 토머스를 좋아한다고 할 때, 거기에는 존과 토머스라는 두 개의 관계항만이 있습니다. 그러나 존이 토머스에게 책을 준다고 할 때, 거기에는 세 개의 관계항, 즉 존·책·토머스가 있게 됩니다.

아리스토텔레스 논리학과 아리스토텔레스 철학의 영향을

받은 몇몇 철학 학파는 실체와 속성의 관계를 제외하고는 어떠한 관계도 인정하려고 하지 않습니다. 즉, 모든 외양적 관계는 실체들의 현존과 그것과 대비되는 속성들이 공존하는 것으로 해결될 수 있다는 것입니다. 라이프니츠의 모나드론이 그러한 철학에 따른 필연적 결과라는 것은 상당히 명백합니다. 만일 여러분이 나원주의를 싫어한다면, 오직 하나의 모나드만이 존재하게 될 것입니다.

다른 철학 학파는 관계를 인정하지만 두 개 이상의 관계항 사이의 관계에 관해 관조하는 것을 완고하게 거부합니다. 저는 이 제한이 어떤 정해진 목적이나 이론에 근거한다고 생각하지 않습니다. 그것은 단지 적합한 수학적 훈련을 거치지 않은 사람들이 더 복잡한 관계에 관한 추론에 착수할 때, 그 관계는 그들을 성가시게 할 뿐이라는 사실에서 비롯됩니다.

저는 이 강의가 실재의 궁극적 특징과는 아무 관련이 없다는 말을 반복해야 합니다. 실재를 다루는 참된 철학에서는 속성들을 가진 개체적 실체들만이 존재한다거나, 짝을 이루는 관계항들을 가진 관계들만이 존재한다는 견해가 충분히 가능합니다. 저는 그러한 견해가 사실이라고 생각하지 않습니다. 그러나 여기서는 그것과 논쟁하는 데는 관심이 없습니다. 우리의 주제는 자연입니다. 우리가 자연에 대한 감각-알아차림 속에 상정된 여러 요인으로 우리를 국한하는 한, 이러한 여러 요인들 사이의 다중 관계의 사례는 존재하는 것이 분명한 것으로 보입니다. 그리고 감각-객체의 상황 관계는 그러한 다중 관계의 한 예시인 것처럼 보입니다.

파란색의 상의, 어떤 운동선수가 입고 있는 케임브리지 블루의 플란넬 상의를 고려해 봅시다. 상의 그 자체는 지각적 객체이며, 제가 말하고자 하는 것은 그것의 상황이 아닙니다. 우리는 자연의 어떤 사건 속에 상황화된 것으로서의 케임브리지 블루에 대한 어떤 사람의 감각-알아차림을 말하고 있습니다. 그 사람이 상의를 직접 눈으로 보고 있을지도 모릅니다. 그런 다음, 그는 케임브리지 블루를 그 순간 상의와 실질적으로 동일한 사건 속에 상황화된 것으로 봅니다. 그 사람이 보는 파란색은 상상할 수 없을 정도로 작은 몇분의 1초 전에 그 상의를 떠난 빛에 의한 것이라고 말하는 것은 참입니다. 이 차이는 그 사람이 케임브리지 블루 색깔의 별을 보고 있다면 중요할 것입니다. 그 별은 며칠 전에, 또는 몇 년 전에 이미 소멸했을 수도 있습니다. 그렇다면 파란색의 상황은 ('상황'이라는 용어의 또 다른 의미에서) 어떤 지각적 객체의 상황과도 밀접하게 연결되지 않을 것입니다. 파란색의 상황과 그와 연합된 어떤 지각적 객체의 상황 사이에서 볼 수 있는 이러한 탈연결성을 예시하기 위해 별까지 언급할 필요도 없습니다. 흔한 거울을 언급하는 것만으로 충분합니다. 거울을 통해 상의를 본다고 해 봅시다.

그렇다면 파란색은 거울 앞에 상황화된 것으로서 보입니다. 파란색의 상황인 사건은 관찰자의 위치에 의존합니다.

제가 상황이라고 부르는 특정한 사건 속에 상황화된 파란색에 대한 감각-알아차림은 그러므로 파란색, 관찰자의 지각하는 사건, 상황, 그것에 개입하는 사건들 사이의 관계에 대한 감각-알아차림으로서 드러납니다. 사실상 모든 자연이 요구되지만, 거기에 개입하는 일정한 사건들만이 어떤 한정적 종류의 특징을 가지고 있을 것이 요구됩니다. 그러므로 자연의 사건들 속으로 파란색이 진입하는 것은 체계적 상관성을 가지는 것으로 드러납니다. 관찰자의 알아차림은 이 체계적 상관관계 속에 있는 지각하는 사건의 위치에 의존합니다. 저는 파란색과 자연 사이의 이러한 체계적 상관관계를 위해 '자연 속으로 진입하는 것'ingression into nature이라는 용어를 사용할 것입니다. 그러므로 파란색이 어떤 한정적 사건 속으로 진입하는 것은 파란색이 자연 속으로 진입하는 것이라는 사실에 관한 부분적인 진술입니다.

파란색이 자연 속으로 진입하는 것과 관련하여 사건들은 서로 중첩되고 명확하게 구분되지 않는 네 개의 모임으로 투박하게 분류될 수 있습니다. 이 네 개의 모임은 (i) 지각하는 사건들, (ii) 상황들, (iii) 능동적인active 조건화 사건들, (iv) 수동적인 조건화 사건들입니다. 파란색이 자연 속으로 진입한다는 일반적 사실에서 사건들을 이렇게 분류하는 것을 이해하기 위해서, 하나의 지각하는 사건에 대한 하나의 상황으로, 그리고 그로 인해 진입 관계에 대해서 그 관계를 제한하는 조건화 사건들이 맡는 역할rôles로 우리의 주의를 국한시켜 봅시다. 지각하는 사건은 관찰자의 관련 신체 상태입니다. 상황은 그 사람이 파란색을 보는 곳, 이를테면 거울 안입니다. 능동적 조건화 사건들이란 그 사건(즉 상황)이 그 지각하는 사건의 상황이 되는 것과 특히 관련이 있는 특징들을 가진 사건들을 말합니다. 즉 상의·거울·빛과 대기에 대한 그 방의 상태입니다. 수동적 조건화 사건은 나머지 자연의 사건들입니다.

일반적으로 상황은 하나의 능동적 조건화 사건입니다. 즉, 거울이나 기타 이상 효과를 만들어내는 장치가 없을 경우에는 바로 상의 그 자체입니다. 그런데 거울의 예시는 상황이 수동적 조건화 사건 중의 하나일 수 있음을 보여줍니다. 여기서 우리는 우리의 여러 감각이 속았다고 말하는 경향이 있습니다. 왜냐하면 우리는 진입 관계에서 상황이 능동적 조건이 되어야 한다는 것을 하나의 권리로서 요구하기 때문입니다.

이 요구는 그것에 관해 제가 논한 방식에서 그렇게 보이는 것처럼 마냥 근거가 없는 것은 아닙니다. 자연의 사건들이 가진 특징들에 관해 우리가 알고 있는 모든 것은 상황들이 지각하는 사건들과 맺는 관계들에 대한 분석에 기초하고 있습니다.

만일 상황이 일반적으로 능동적 조건이 아니라면, 이 분석은 우리에게 아무것도 알려주지 않을 것입니다. 자연은 우리에게 헤아릴 수 없는 수수께끼가 될 것이며, 과학은 존재할 수 없을 것입니다. 따라서 상황이 수동적 조건으로 밝혀졌을 때 생기는 불만의 조짐은 어떤 의미에서 정당화될 수 있습니다. 그런 일이 너무 자주 일어나면 지성의 역할^{rôle}이 끝날 것이기 때문입니다.

게다가, 동일한 지각하는 사건을 가진 동일한 관찰자이든, 다른 지각하는 사건을 가진 다른 관찰자이든, 거울 자체도 다른 감각-객체들의 상황입니다. 그러므로 어떤 한 사건이 하나의 감각-객체 집합이 자연에 진입하는 상황이 된다는 사실은, 그 사건이 다른 감각 대상들이 자연에 들어가는 능동적 조건이 되며, 그것들이 다른 상황을 가질 수도 있다는 점을 시사하는 증거가 됩니다.

이것은 상식에서 유래한 과학의 근본 원리 중 하나입니다.

저는 이제 지각적 객체들에 주목해볼 것입니다. 우리가 상의를 볼 때, 일반적으로 우리는 '거기에 케임브리지 블루 한 조각이 있다'라고 말하지 않습니다. 우리는 자연스럽게 '거기에 한 벌의 상의가 있다'라고 말합니다. 또한, 우리가 본 것이 남성용 의복이라는 판단은 세부 사항입니다. 우리가 지각하는 것은 단순히 감각-객체가 아니라 객체입니다. 그것은 단순히 색깔 한 조각인 것이 아니라 그 이상의 무언가입니다. 그리고 그 이상의 무언가야말로 우리가 상의라고 판단하는 그것입니다. 저는 '상의'라는 단어를, 그것이 과거 또는 미래에 의복 품목으로서 유용한지에 대한 판단과는 무관하게 색깔 조각 이상의 어떤 것인 그 있는 그대로의 객체의 이름으로 사용할 것입니다. 이러한 의미에서 지각되는 '상의'는 제가 지각적 객체라고 부르는 것입니다. 우리는 이러한 지각적 객체들의 일반적 특징을 조사해야 합니다.

일반적으로, 하나의 감각-객체의 상황이 하나의 한정적인 지각하는 사건에 대한 그 감각-객체의 상황일 뿐만 아니라, 다양한 지각하는 사건들에 대한 다양한 감각-객체들의 상황이라는 것은 하나의 자연법칙입니다. 예를 들어, 어떤 하나의 지각하는 사건에 대한 시각 감각-객체의 상황은 시각 감각-객체뿐만 아니라 촉각 감각-객체, 후각 감각-객체, 청각 감각-객체의 상황이 되기도 하는 경향이 있습니다. 게다가, 여러 감각-객체의 상황에 있어서 이러한 동시발생concurrence은 신체 ─ 즉, 지각하는 사건 ─ 로 하여금 일정한 상황에 있는 한 감각-객체에 대한 지각이 같은 상황에 있는 다른 감각-객체들에 대한 잠재의식적 감각-알아차림으로 이어지도록 적응시킵니다. 이러한 상호작용은 촉각과 시각 사이의 관계에 관해서 특히 참입니다. 촉각 감각-객체의 자연 속으로의 진입과 시각 감각-객체의 자연 속으로의 진입 사이에는 일정한 상관관계가 있으며, 다른 감각-객체의 쌍이 진입하는 것 사이에도 그보다 약하기는 하지만 상관관계가 있습니다. 저는 이런 종류의 상관관계를 다른 감각-객체에 의한 한 감각-객체의 '수송'conveyance이라고 부릅니다. 여러분은 파란색 플란넬 상의를 보는 순간 잠재의식적으로 그것을 입거나 만지는 느낌을 갖게 됩니다. 흡연자라면 잠재의식적으로 희미한 담배 냄새를 알아차릴 수도 있습니다. 잠재적인 감각-객체들이 하나 이상의 지배적인 감각-객체와 함께 동일한 상황에서 동시발생한다는 이 감각-알아차림이 상정하는 고유한 사실이 바로 지각적 객체에 대한 감각-알아차림입니다. 지각적 객체는 일차적으로 판단의 결과가 아닙니다. 그것은 감각-알아차림 속에 직접적으로 상정된 자연의 한 요인입니다. 판단의 요소는 우리가 특수한 지각적 객체를 분류하기 시작할 때 개입합니다. 예를 들어, 우리는 '그것은 플란넬이다'라고 말하고, 플란넬의 특성과 운동선수의 상의가 가지는 효용에 관해 생각합니다. 그러나 그러한 과정은 우리가 지각적 객체를 붙잡은 후에야 일어납니다. 예기적 판단들은 주의를 집중하거나 전환함으로써 지각되는 지각적 객체에 영향을 미칩니다.

지각적 객체는 경험 습관의 결과입니다. 이 습관과 충돌하는 모든 것은 그러한 객체에 대한 감각-알아차림을 방해합니다. 하나의 지각적 객체[1]는 지적 관념들을 연합시킴으로써 산출되는 것이 아닙니다. 그것은 같은 상황 속에 있는 감각-객체들을 연합시킴으로써 산출됩니다. 이 결과는 지적인 것이 아닙니다. 그것은 자연에 대한 자신의 특수한 진입을 가지는 고유한 유형의 한 객체입니다.

지각적 객체에는 '망상적인 지각적 객체'와 '물리적 객체'라는 두 가지 종류가 있습니다. 망상적인 지각적 객체의 상황은 그 객체가 자연 속으로 진입하는 데 수동적 조건이 됩니다. 또한, 상황으로서의 그 사건은, 하나의 특수한 지각하는 사건에 대해서만 그 객체와 상황 관계를 맺을 것입니다. 예를 들어, 관찰자가 거울에 비친 파란색 상의의 이미지를 본다고 해 봅시다. 관찰자가 보는 것은 파란색 상의이며 단순히 한 조각의 색깔이 아닙니다. 이것은 하나의 지배적인 감각-객체에 의한 하나의 잠재의식적 감각-객체 군의 수송에 대한 능동적 조건이, 지각하는 사건 속에서 발견된다는 것을 보여줍니다. 즉, 우리는 능동적 조건을 의학심리학자들의 조사 속에서 찾아야 합니다. 망상적인 감각-객체가 자연 속으로 진입하는 것은 신체적 사건이 더 정상적인 발생, 즉 물리적 객체가 진입하는 것에

---

1. * 원문은 감각-객체라고 되어 있으나, 맥락상 지각적 객체의 오식이라고 생각되므로 수정한다.

적응함으로써 조건 지어집니다.

지각적 객체는 (i) 그 객체의 상황이 그 객체의 구성요소인 감각-객체의 진입에 대해 능동적인 조건화 사건이고, (ii) 같은 사건이 무한정적인 수의 가능한 지각하는 사건에 대해서 그 지각적 객체의 상황일 때, 물리적 객체입니다. 물리적 객체는 우리의 감각이 속지 않았을 때 우리가 지각하는 의자, 탁자, 나무와 같은 일상적 객체입니다. 어떤 면에서 물리적 객체는 감각-객체보다 더 완강한 지각적 힘을 가지고 있습니다. 자연 속의 물리적 객체의 발생이라는 사실에 대한 주의는 살아있는 복잡한 유기체의 생존에 있어서 첫 번째 조건입니다. 물리적 객체에 대한 높은 지각 능력의 결과로, 감각-객체를 단순히 물리적 객체의 속성으로 간주하는 스콜라 철학적 자연철학이 형성되었습니다. 그러나 이러한 스콜라 철학적 관점은 물리적 객체들과 무관하게 사건들 속에 상황화된 것으로서 우리의 경험 속으로 들어오는 감각-객체들의 풍부함과 직접적으로 모순됩니다. 예를 들어, 떠돌아다니는 냄새, 소리, 색깔, 그리고 더 미묘한 이름 없는 감각-객체들이 존재합니다. 감각-객체들에 대한 지각 없이는 물리적 객체들에 대한 지각도 없습니다. 그러나 그 반대는 성립하지 않습니다. 즉, 물리적 객체들에 대한 지각을 수반하든 그렇지 않든, 감각-객체들에 대한 풍부한 지각이 존재하는 것입니다. 감각-객체와 물리적 객체 사이 관계의 이러한 호환성의 결여는 스콜라 철학적 자연철학에 치명적입니다.

감각-객체의 상황과 물리적 객체의 상황이 맡는 역할rôles 사이에는 매우 커다란 차이가 있습니다. 물리적 객체의 상황은 유일성과 연속성에 의해 조건 지어집니다. 유일성은 시간의 찰나라는 이상적 극한에 접근하는 과정에서 점점 더 작은 지속을 고려하며 우리가 지속들의 추상 집합을 따라 사고를 진행할 때 접근하게 되는 이상적 극한입니다. 다른 말로 하자면, 지속이 충분히 작을 때, 그 지속 내부의 물리적 객체의 상황은 실질적으로 유일합니다.

서로 다른 지속 속에서 서로 다른 사건에 상황화된 동일한 물리적 객체를 식별하는 것은 연속성의 조건에 의해 초래됩니다. 이 연속성의 조건이란, 각각의 사건이 상응하는 지속 속에서 그 객체의 상황인 연속적 사건들의 추이가, 두 개의 주어진 사건 중 앞선 사건에서 후속 사건까지 발견될 수 있다는 것을 의미합니다. 두 사건이 하나의 외양적 현재 속에서 실질적으로 인접해 있는 한, 추이가 가지는 이러한 연속성은 직접적으로 지각될 수 있습니다. 그렇지 않다면 연속성은 판단과 추론의 문제입니다.

하나의 감각-객체의 상황들은 유일성이나 연속성이라는 조건에 의해 조건 지어지지 않습니다. 어떤 임의의 지속 속에서, 그 지속이 얼마나 작든 간에, 하나의 감각-객체가 서로 분리된 여러 상황을 가질 수 있습니다. 그러므로 동일한 지속 속에 있든 서로 다른 지속 속에 있든 감각-객체의 두 상황이 반드시 모든 연속적인 사건들의 추이에 의해 연결되는 것은 아니며, 이 연속적인 사건들의 추이 또한 그 감각-객체의 상황들입니다.

감각-객체가 자연 속으로 진입하는 것과 관련된 조건화 사건의 특징은 그러한 사건 속에 상황화된 물리적 객체의 관점에서 대체로 표현될 수 있습니다. 어떤 한 측면에서 이것은 동어반복이기도 합니다. 왜냐하면, 물리적 객체는 하나의 상황 속에 있는 감각-객체의 특정 집합이 습관적으로 동시발생하는 것에 지나지 않기 때문입니다. 따라서 우리가 물리적 객체에 관한 모든 것을 알 때, 우리는 그것의 구성요소인 감각-객체들을 아는 것입니다. 그러나 물리적 객체는 그것의 구성요소 감각-객체가 아닌 다른 감각-객체들이 발생하기 위한 조건입니다. 예를 들어, 대기는 자신의 상황으로서 존재하는 사건들로 하여금, 소리의 전달에 있어서의 능동적 조건화 사건들이 되게 합니다. 그 자체로 하나의 물리적 객체인 거울은 그 안에서 벌어지는 빛의 반사로 인해, 거울 안에 있는 한 조각의 색깔의 상황에 대해 능동적 조건이 됩니다.

그러므로 과학적 지식의 기원은 감각-객체가 자연 속으로 진입하는 데 능동적 조건으로 작용하는 사건의 다양한 역할 rôles을 물리적 객체의 관점에서 표현하려는 노력입니다. 과학적 객체는 이러한 탐구를 진행하는 과정에서 출현합니다. 과학적 객체는 물리적 객체의 상황이 가진 특징의 다음과 같은 양상, 즉 가장 영속적이면서 지각하는 사건을 포함하는 다중 관계를 참조함이 없이 표현될 수 있는 그러한 양상을 체현합니다. 또한, 과학적 객체들 사이의 관계는 일정한 단순성과 균등성에 의해 특징지어집니다. 마지막으로, 관찰된 물리적 객체와 감각-객체 들의 특징은 이러한 과학적 객체들의 관점에서 표현될 수 있습니다. 사실, 과학적 객체에 대한 추구의 요점은 사건들의 특징들에 대한 이러한 단순한 표현을 얻기 위한 노력이라고 할 수 있습니다. 이러한 과학적 객체들 자체가 단순한 계산 정식인 것이 아닙니다. 왜냐하면 정식은 자연 속의 사물을 참조해야 하고, 과학적 객체들이 바로 정식이 참조하는 자연 속의 사물이기 때문입니다.

하나의 한정적 전자와 같은 과학적 객체는 자연 전체에 걸쳐 모든 사건의 특징들이 체계적으로 연관된 것입니다. 그것은 자연의 체계적인 특징의 한 양상입니다. 전자는 단순히 그것의 전하가 위치한 곳이 아닙니다. 전하는 전자가 자연 속으로 진입하는 것으로 인해 특정 사건들이 가지게 되는 양적 특징입니다. 전자는 자신의 힘의 장 전체입니다. 즉, 전자는 모든 사건이 그 진입에 대한 표현으로 수정되는 체계적인 방식입니다. 어느 작은 지속 안에 있는 한 전자의 상황은 전자의 전하라는 양적 특징을 가진 사건으로 정의될 수 있습니다. 우리가 원한다면 우리는 단순히 전자란 전하라고 표현할 수도 있을 것입니다. 그러나 이때, 과학과 관련된 온전한 존재자이자 제가 전자라고 부른 그 과학적 객체에는 또 다른 이름이 요구됩니다.

과학적 객체들에 대한 이러한 개념화에 따르면, 원격작용 action at a distance 이론과 매개체를 통한 전달작용 action by transmission through a medium 이론이라는 경쟁적 이론들은 모두 자연의 진정한 과정에 대한 불완전한 표현입니다. 전자의 상황들의 연속적인 계열들을 형성하는 사건들의 흐름은, 그 전자의 상황들의 계열들로서 있음이라는 내적 특징을 갖는 측면, 그 사건들과 공액인 시간-체계들, 그리고 각각의 대응하는 지속에서 그 위치들의 유동이라는 측면 모두에서 완전히 자기-결정적입니다. 이것은 원격작용을 거부하는 근거가 됩니다. 즉, 하나의 과학적 객체의 상황들의 흐름의 진행은 그 흐름 자체의 분석을 통해 결정될 수 있습니다.

다른 한편으로, 전자의 자연 속으로의 진입은 모든 경우에 어느 정도까지는 모든 사건의 특징을 수정합니다. 그러므로 우리가 고려하고 있는 사건들의 흐름이 가진 특징은 우주 전체에 걸친 다른 모든 전자의 현존의 흔적들을 담고 있습니다. 만일 전자를 그저 제가 전하라고 부른 그것으로 생각한다면, 전하는 원격작용합니다. 그러나 이 원격작용은 고려 중인 다른 전자의 상황을 수정하는 것으로 구성되어 있습니다. 원격작용하는 전하라는 이러한 개념은 완전히 인공적인 것입니다. 자연의 특징을 가장 온전하게 표현하는 개념화는 각각의 전자가 자연 속으로 진입함으로써 수정된 각각의 사건에 대한 개념화입니다. 에테르는 공간과 시간을 가로지르는, 사건의 이러한 체계적인 수정에 대한 표현입니다. 이 수정의 특징에 대한 최선의 표현이야말로 물리학자들이 추구하는 것입니다. 저의 이론은 그것과 아무런 관련이 없으며, 물리학적 연구가 어떤 결과를 제시하든 받아들일 준비가 되어 있습니다.

객체들의 공간과의 연결성은 해명을 요구합니다. 객체들은 사건들 속에 상황화되어 있습니다. 상황 관계는 객체의 유형에 따라 각기 다른 관계이며, 감각-객체들의 경우에 그것은 이항관계로 표현될 수 없습니다. 어쩌면 상황 관계의 다른 유형들에 대해 다른 단어를 사용하는 것이 좀 더 나을지도 모르겠습니다. 그러나 이 강의의 목적을 고려할 때 지금까지는 그렇게 할 필요가 없었습니다. 그러나 어떤 상황에 관해 이야기할 때는 어떤 하나의 한정적 유형이 논의되고 있는 것이며, 그 유형에 관한 주장이 다른 유형의 상황에는 적용되지 않을 수 있다는 것을 이해해야 합니다. 그러나 저는 모든 경우에서 객체와 사건 사이의 관계를 표현하기 위해서는 상황이라는 단어를 사용하고, 객체와 추상 요소 사이의 관계를 표현하는 데는 사용하지 않습니다. 제가 소재所在, location 관계라고 부르는 객체와 공간적 요소 사이의 파생적 관계가 있습니다. 그리고 이 관계가 성립할 때, 저는 객체가 추상 요소 속에 있다고 말합니다. 이러한 의미에서 하나의 객체는 시간의 한 찰나 속에, 공간의 한 부피 속에, 한 면적 속에, 한 선 또는 한 점 속에 소재한다고 말할 수 있습니다. 각각의 상황 유형에 상응해서 고유한 유형의 소재가 존재할 것입니다. 그리고 소재는 각각의 경우에 제가 앞으로 설명할 방식으로써 그것과 상응하는 상황 관계로부터 파생됩니다.

또한, 어떤 시간-체계의 무시간적 공간 속의 소재는 그 시간 체계의 순간적 공간들 속의 소재로부터 파생된 하나의 관계입니다. 따라서 하나의 순간적 공간 속의 소재가 우리가 설명해야 하는 일차 관념입니다. 다양한 유형의 객체 사이의 차이, 다양한 유형의 상황 사이의 차이, 다양한 유형의 소재 사이의 차이, 소재와 상황 사이의 차이를 구별하지 않음으로써 자연철학에 거대한 혼란이 야기되어 왔습니다. 이러한 구별을 염두에 두지 않은 객체와 그 위치에 관한 모호한 고려에서는, 그것들을 정확하게 추론하는 것은 불가능합니다. 객체는 다음과 같은 경우에 추상 요소 속에 소재하는데, 즉 그 추상 요소에 속하는 추상 집합의 각 사건이 그 객체의 상황인 경우입니다. 추상 요소는 추상 집합의 특정한 군이며, 각각의 추상 집합은 사건의 집합이라는 점을 기억해야 합니다. 이 정의는 모든 추상 요소 속의 요소에 대한 소재를 정의합니다. 이러한 의미에서 우리는 한 순간에서의 객체의 현존을 말할 수 있으며, 이는 어떤 한정적 찰나 속의 그 객체의 소재를 의미합니다. 또한, 그 객체는 그 찰나의 순간적 공간의 어떤 공간적 요소 속에 소재하고 있을 수도 있습니다.

양은 다음과 같을 때 추상 요소 내에 소재한다고 할 수 있습니다. 즉, 해당 요소에 속하는 추상 집합을 찾아 우리가 추상 집합을 따라 수렴하는 끝을 향해 나아갈 때, 그 집합에 상응하는 사건들의 특징들에 대한 양적 표현이 극한으로 수렴할 때입니다.

이러한 정의들을 통해 순간적 공간들의 요소들 속의 소재가 정의됩니다. 이러한 요소들은 그에 상응하는 무시간적 공간들의 요소들을 점유합니다. 하나의 순간적 공간의 한 요소 속에 소재한 한 객체는 그 순간적 요소가 점유하는 무시간적 공간의 무시간적 요소 속의 그 찰나에 소재한다고 말할 수 있습니다.

모든 객체가 찰나 속에 소재할 수 있는 것은 아닙니다. 어떤 지속의 모든 찰나 속에 소재할 수 있는 객체는 그 지속을 가로지르는 '균등한' 객체라고 불릴 것입니다. 일상적인 물리적 객체들은 우리에게 균등한 객체로 나타나며, 습관적으로 우리는 전자와 같은 과학적 객체가 균등할 것이라고 가정합니다. 그런데 몇몇 감각-객체는 분명 균등하지 않습니다. 곡조^{tune}는 불균등한 객체의 예시입니다. 우리는 곡조를 일정한 지속 속에 있는 하나의 전체로 지각합니다. 그 곡조에 속한 개별적 음표 중 하나는 그 지속의 어느 찰나에 소재할 수도 있겠지만, 곡조로서의 곡조는 그 지속의 어느 찰나에도 있지 않습니다.

그러므로 특정 종류의 객체, 예를 들어 전자가 현존하기 위해서는 시간의 최소 양자가 요구된다는 견해가 가능합니다. 그러한 가정 중 일부는 근대 양자 이론에 의해 시사되는 것처럼 보이며 이 일련의 강의에서 유지되는 객체의 학설과 완벽하게 일관적입니다.

또한, 전자를 그 상황의 단순한 양적 전하로 간주하는 것과 전자를 자연 전체를 가로질러 진입하는 객체로 간주하는 것 사이의 구별이라는 사례는 수적으로 무한정적인 유형의 객체가 자연 속에 존재함을 예증합니다. 우리는 더 오묘하고 오묘한 유형의 객체들을 지적으로 구별할 수 있습니다. 여기서 저는 오묘함을 감각-알아차림의 즉각적 포착으로부터 벗어났음을 의미하는 것으로 사용합니다. 생명의 복잡성이라는 측면에서 진화란 직접적으로 감지되는 객체들의 유형들이 증가함을 의미합니다. 감각-포착sense-apprehension의 섬세함은 좀 더 조잡한 감수성에는 그저 오묘한 관념에 불과한 객체들을 이 접적 존재자들로 지각한다는 것을 의미합니다. 음악에서 악구를 나누는 것은 음악적 소양이 없는 사람에게는 단지 추상적인 오묘함에 불과합니다. 음악적 소양을 익힌 사람에게 그것은 직접적 감각-포착입니다. 예를 들어, 만일 우리가 우리의 사고에 관해 알아차리거나 생각할 수 있는 어떤 평범한 유형의 유기적 존재자를 상상할 수 있다면, 그 존재자는 우리가 돌과 벽돌, 물방울과 식물을 생각할 때 탐닉하는 추상적인 오묘함들에 경이로워할 것입니다. 자연 속에서 그 존재자는 분화되지 않은 모호한 느낌만을 알 것입니다. 그 존재자는 우리를 지나치게 추상적인 지성의 놀이에 몸을 맡긴 존재자로 간주할 것입니다. 그런데 만일 그 존재자가 생각할 수 있다면, 그 존재자는 예기할 것입니다. 그리고 만일 그 존재자가 예기한다면, 그 존재자는 곧 자기 자신에 대해 지각할 것입니다.

이 일련의 강의에서 우리는 자연철학의 토대를 조사했습니다. 우리의 여정은 끝없는 탐구의 대양이 펼쳐지는 바로 그 지점에서 멈춥니다.

저는 이 일련의 강의에서 제가 주장한 자연관이 단순한 것이 아니라는 데 동의합니다. 자연은 복잡한 체계로 나타나며, 그 체계를 구성하는 요인은 흐릿하게 식별될 뿐입니다. 그러나 저는 여러분에게 질문하고 싶습니다. 이것이 바로 진리가 아닌가요? 자신이 마침내, 일어나는 모든 것을 정식화할 수 있는 궁극적 개념에 도달했다고 자부하는 모든 시대의 경박한 확신을 불신하지 말아야 하는 것일까요? 과학의 목적은 복잡한 사실에 대한 가장 단순한 설명을 찾는 것입니다. 우리는 우리 탐구의 목표가 단순성이기 때문에 사실 또한 단순하다고 생각하는 오류에 빠지는 경향이 있습니다. 모든 자연철학자를 인도해야 하는 삶의 지침은 이렇습니다. 언제나 단순성을 추구하고 그것을 불신하라!

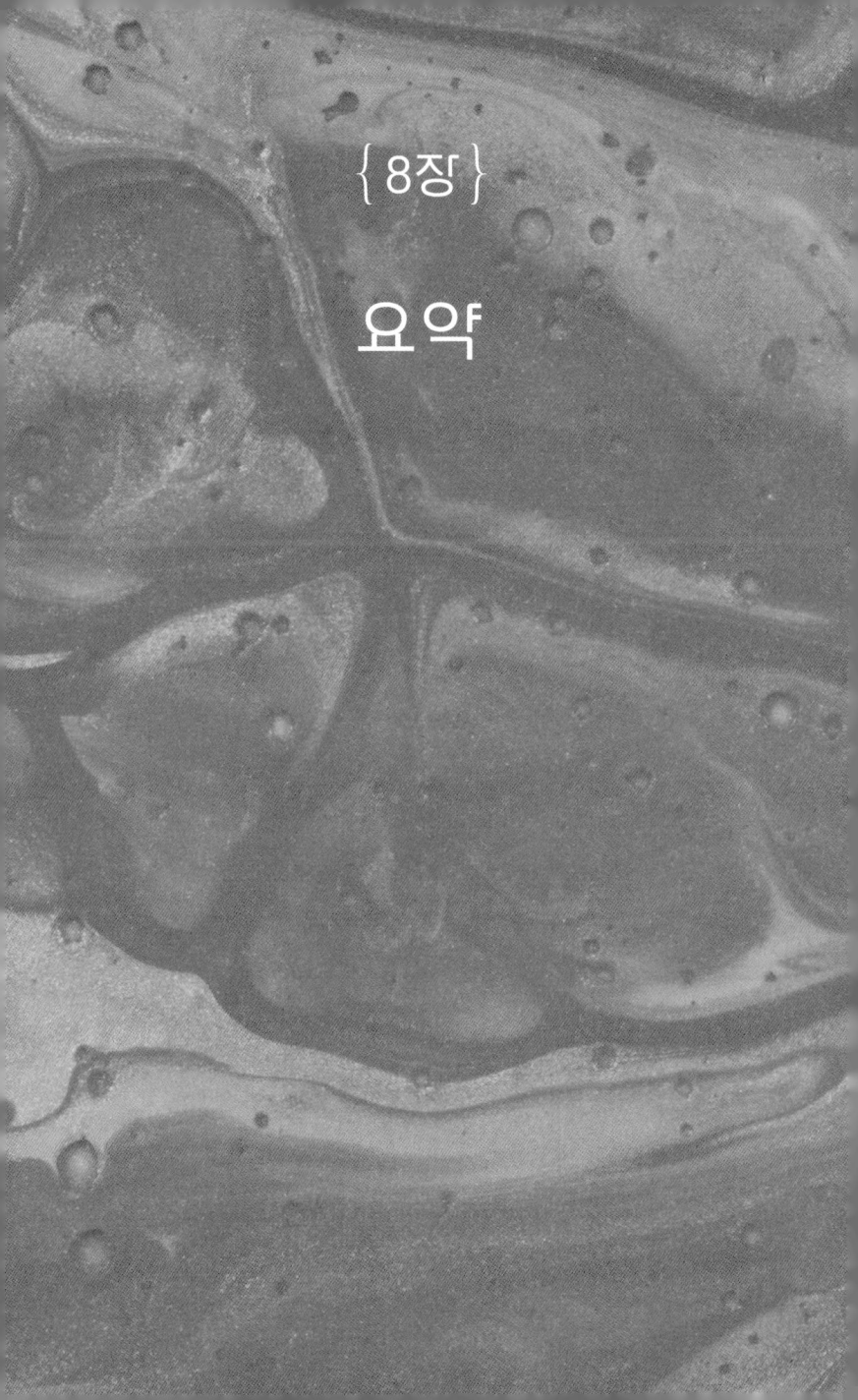

{8장}

요약

아인슈타인의 연구에는 우리가 그 연구에 가하고 싶어 하는 어떤 비판에도 불구하고 하나의 근본적 공적이 있다는 일반적인 합의가 있습니다. 그 연구는 우리를 생각하게 만듭니다. 그러나 이러한 인정을 한 뒤에 우리 대부분은 난처한 당혹감에 직면합니다. 우리가 생각해야만 하는 것은 무엇일까요? 오늘 오후 제 강의의 목적은 이러한 어려움과 마주하고, 아인슈타인의 주요 입장을 어떤 방식으로든 수용할 때 과학적 사고의 배경에서 일어나는 변화를 제가 할 수 있는 한에서 명료하게 진술하는 것입니다. 저는 제가 현재 대부분 고등수학에 정통하지 않은 화학회의 구성원들에게 강의하고 있다는 점을 잊지 않았습니다. 제가 여러분께 주장하고 싶은 첫 번째 요점은, 새로운 이론에 관한 상세한 연역이 아니라 새로운 이론의 수용에 뒤따를 과학적 개념화의 배경에서 일어날 일반적인 변화가 여러분에게 더 중요하다는 점입니다. 상세한 연역은 물론 중요합니다. 왜냐하면 동료 천문학자와 물리학자가 이러한 예측들을 검증하지 않는 한 우리는 그 이론에 관해 전혀 생각할 필요가 없기 때문입니다. 그러나 이제 우리는 많은 중요한 부분에서 이러한 연역이 관찰과 일치하는 것으로 밝혀졌음이 확인되었다고 여길 수 있습니다. 따라서 그 이론은 진지하게 받아들여져야 합니다. 그리고 우리는 우리가 그 이론을 최종적으로 수용한다고 할 때 그에 뒤따르는 귀결이 무엇인지를 알고 싶어 합니다. 게다가, 지난 몇 주 동안 과학 저널들과 일반 언론은 지금까지 수행된 핵심적 실험들이 지닌 성격과 새로운 이론의 결과를 더욱 인상적으로 표현한 내용의 기사로 가득 차 있었습니다. "공간은 뒤틀려 있었다"Space caught bending라는 문구가 유명한 석간신문의 전단에 게재되어 있었습니다. 이 표현은 간결하지만, 아인슈타인이 자신의 실험 결과를 해석하는 방식에 대한 부적절한 번역은 아닙니다. 저는 제가 이 설명에 대한 이단자이며, 여러분에게 제 연구에 기반한 다른 설명을 해설할 것이라고 말해야겠습니다. 제가 보기에는 제 연구에 기반한 다른 설명이 우리의 여러 과학적 관념, 그리고 설명되어야 할 여러 사실의 다발과 좀 더 잘 합치하는 것 같습니다. 우리는 새로운 이론이 그 이론의 탄생을 야기한 가장 최신의 실험 결과만큼이나 오래되고 잘 입증된 과학의 사실을 고려해야 한다는 점을 기억해야 합니다.

우리가 궁극적인 과학적 개념화의 변화와 동화하고 그것을 비판할 수 있는 입장에 서기 위해서는 처음부터 시작해야 합니다. 그러므로 제가 몇 가지 단순하고 명백한 반성으로 시작하는 것을 양해해 주시기 바랍니다. 다음의 세 진술을 고려해 봅시다. (i) '어제 첼시 강변길에서 어떤 사람이 차에 치였다.' (ii) '클레오파트라의 바늘이 채링크로스 강변길에 있다.' (iii) '태양 스펙트럼에는 암흑선이 있다.' 어떤 사람의 사고에 관한 첫 번째 진술은 우리가 '발생'occurrence, '일어남'happening, 또는 '사건'event이라고 부를 수 있는 것에 관한 것입니다. 저는 '사건'이라는 용어를 사용할 것인데, 영어에서 그 단어가 가장 간결하기 때문입니다. 관찰된 사건을 특정하기 위해서는 장소, 시간, 사건의 특정이 필요합니다. 여러분이 장소와 시간을 특정할 때 실제로 여러분은 해당 사건이 다른 관찰된 사건들의 일반적 구조와 어떤 관계를 맺는지를 진술합니다. 예를 들어, 그 사람은 여러분의 간식 시간과 저녁 식사 시간 사이의 시간에, 강을 지나가는 바지선과 스트랜드가의 차량들에 인접한 장소에서 차에 치였습니다. 제가 말하고 싶은 요점은 이것입니다. 즉, 자연은 추이하는 사건들의 복합체로 우리 경험 속에 알려져 있습니다. 이 복합체 속에서 우리는 구성요소 사건들 사이의 한정적 상호관계를 식별하는데, 이 관계를 우리는 상대 위치라고 부를 수 있고, 우리는 이러한 여러 위치를 부분적으로는 공간의 관점에서, 부분적으로는 시간의 관점에서 표현합니다. 또한, 다른 사건에 대해서 가지는 단순한 상대적 위치에 덧붙여서, 각각의 특수한 사건은 자신의 고유한 특징을 가지고 있습니다. 다른 말로 하자면, 자연은 사건들의 구조이며 각각의 사건은 이 구조 속에서 자신의 위치와 고유한 특징 및 성질을 갖습니다.

이제 자연의 의미에 관한 이 일반적 원리에 비추어 다른 두 개의 진술을 검토해 봅시다. 두 번째 진술, '클레오파트라의 바늘이 채링크로스 강변길에 있다'를 고려해 봅시다. 일견 이 진술을 사건이라고 부르기 어려울 것입니다. 그 진술에는 시간의 요소나 덧없음의 요소가 결여된 것처럼 보입니다. 그런데 정말로 그럴까요? 천사가 수억 년 전 지구가 현존하지 않았을 때 그런 말을 했다고 생각해 봅시다. 2천만 년 전에는 템스 자체가 없었을 것이며, 80년 전에는 템스 강변길이 없었을 것이고, 제가 어렸을 때는 클레오파트라의 바늘이 거기에 없었을 것입니다. 그리고 지금은 클레오파트라의 바늘이 거기에 있습니다. 우리 중 누구도 그것이 영원하리라고 기대하지는 않을 것입니다. 클레오파트라의 바늘이 강변길과 맺는 관계에서 정적인 무시간적 요소는 일상적인 대화에서는 그 점을 굳이 강조할 필요가 없다는 사실에 의해 생성된 순수한 환상입니다. 진상은 이렇습니다. 런던 시민들의 일상이 추이하는 데 매개체를 형성하는 사건들의 구조 속에서, 우리는 특징의 영속성을 유지하는 일정한 사건들의 흐름, 즉 클레오파트라의 바늘에 대한 상황으로 있음이라는 특징을 식별하는 방법을 알고 있습니다. 매일 매시간 자연의 덧없는 삶 속에서 우리는 일정한 덩어리를 발견하는데, 이 덩어리에 관해 우리는 '거기에 클레오파트라의 바늘이 있다'라고 말하는 것입니다. 만일 우리가 바늘을 충분히 추상적인 방식으로 정의한다면, 우리는 바늘이 결코 변하지 않는다고 말할 수 있습니다. 그러나 자연의 삶의 부분을 전자들의 춤으로 보는 물리학자는 자연이 매일매일 일부 분자를 잃고 다른 분자를 얻고 있으며, 평범한 사람도 그것이 더러워지고 때때로는 씻기는 것을 볼 수 있다고 말할 것입니다. 그러므로 바늘의 변화에 관한 문제는 단순히 정의의 문제입니다. 정의가 추상적일수록 바늘은 더 영속적인 것입니다. 그러나 바늘이 변화하는지 영속하는지와 무관하게, 그것이 채링크로스 강변길에 상황화되어 있다는 진술이 의미하는 바는 사건들의 구조 속에서 여러분이 하나의 특정한, 연속적인 사건들의 제한된 흐름을 알고 있다는 것, 그래서 그 흐름의 임의의 덩어리가 어떤 시간 동안이든, 어떤 날 동안이든, 어떤 초 동안이든, 클레오파트라의 바늘에 대한 상황으로 있음이라는 특징을 가지고 있음을 알고 있다는 것입니다.

마지막으로 우리는 '태양 스펙트럼에는 암흑선이 있다'라는 세 번째 진술을 고려해야 합니다. 이 진술은 자연법칙입니다. 그러나 자연법칙은 무엇을 의미할까요? 그것은 단순히 다음과 같은 것을 의미합니다. 만일 어떤 사건이, 할당된 특정한 환경에서 태양 스펙트럼을 나타내고 있음이라는 특징을 가지고 있다면, 그 사건은 그 태양 스펙트럼의 암흑선을 나타내는 특징 또한 가지고 있으리라는 것입니다.

이 기나긴 논의를 통해 도달하게 되는 최종 결론은, 자연의 구체적 사실들이란 사건들인데, 자신들의 상호관계들 속에서 특정한 하나의 구조를 드러내고 자신들의 일정한 특징들을 드러내는 사건들이라는 것입니다. 과학의 목적은 이렇게 특징지어진 사건들 간의 상호 구조적 관계들을 바탕으로 그 특징들 사이의 관계를 표현하는 것입니다. 사건들 사이의 상호 구조적 관계는 공간적이기도 하고 시간적이기도 합니다. 만일 그 관계를 그저 공간적이기만 한 것으로 생각한다면 시간적 요소를 생략하는 것이고, 그저 시간적이기만 한 것으로 생각한다면 공간적 요소를 생략하는 것입니다. 그러므로 여러분이 공간만을 생각하거나 시간만을 생각할 때, 여러분은 사건들 사이의 상호 구조적 관계의 한 측면을 추상해서 다루고 있는 것입니다. 즉, 여러분은 여러분 자신의 감각 경험을 통해 알려진 것으로서의 자연의 삶의 일부인 하나의 필수 요소를 간과하는 것입니다. 게다가 우리가 공간으로, 그리고 시간으로 생각하는 이러한 추상화에는 다양한 방식이 있습니다. 그리고 우리는 어떤 환경에서는 한 가지 방식을 채택하고 다른 환경에서는 또 다른 방식을 채택합니다. 그러므로 한 환경 집합에서 공간이 의미하는 것이 다른 환경 집합에서 공간이 의미하는 것은 아니라는 주장에는 역설이 없습니다. 그리고 한 환경 집합에서 시간이 의미하는 것이 다른 환경 집합에서 시간이 의미하는 것은 아니라는 것도 마찬가지로 그렇습니다. 공간과 시간이 추상화라는 말은 공간과 시간이 자연에 관한 진정한 사실을 표현하지 않는다는 뜻이 아닙니다. 제가 의미하는 바는 물리적 자연과 분리된 공간적 사실이나 시간적 사실은 없다는 것, 즉 공간과 시간은 사건들 사이의 관계에 관한 특정 진리를 표현하는 방식일 뿐이라는 것입니다. 또한, 다양한 환경 아래에서 공간에 관한 여러 진술로서 우리에게 자연스럽게 제시되는 우주에 관한 다양한 진리 집합이 있습니다. 그 경우에 한 환경 집합에 있는 존재자가 공간을 통해 의미하는 것은 다른 환경 집합에 있는 존재자가 공간을 통해 의미하는 것과 다를 것입니다. 따라서 다른 환경에서 이루어진 두 개의 관찰을 비교할 때 우리는 다음과 같은 질문을 던져야 합니다. 즉, '두 관찰자가 공간과 시간을 동일한 의미로 사용하고 있는가?' 근대의 상대성 이론은 에테르를 통한 지구의 운동, 수성의 근일점, 태양에 인접해 있는 별의 위치와 같은 섬세한 특정 관찰들과의 일치와 관련된 당혹스러운 특정 문제들을, 시간과 공간에 대한 순수하게 상대적인 의미를 참조하는 것으로 해결함으로써 대두되었습니다.

저는 이제 클레오파트라의 바늘에 다시 주목해 보고자 합니다. 제가 아직 그것에 관해 다룰 것이 있습니다. 여러분이 강변길을 따라 걷다가 갑자기 위를 쳐다보며 '어어, 저기 그 바늘이 있네'라고 말한다고 해 봅시다. 다른 말로 하자면, 여러분이 바늘을 인식한다고 해 봅시다. 사건을 인식할 수는 없습니다. 사건이 지나갔다면, 그 사건은 지나간 것이기 때문입니다. 여러분은 유사한 특징을 가진 다른 사건을 관찰할 수는 있지만, 자연의 삶의 현실적 덩어리는 그것의 유일한^{unique} 발생과 분리될 수 없습니다. 그러나 사건의 특징은 인식될 수 있습니다. 우리 모두 우리가 채링크로스 근처의 강변길로 가면 클레오파트라의 바늘로 인식되는 특징을 가진 사건을 관찰하리라는 것을 압니다. 우리가 인식하는 사물을 저는 객체라고 부릅니다. 객체는 그러한 사건 속에 상황화되어 있거나, 사건들의 흐름이 가진 특징을 표현하는 방식으로 그러한 사건들의 흐름 속에 상황화되어 있습니다. 다양한 종류의 객체가 존재합니다. 예를 들어, 앞의 정의에 따르면 녹색은 객체입니다. 과학의 목적은 다양한 객체가 상황화되어 있는 것으로 밝혀진 다양한 사건 속에서 그 객체들의 나타남을 지배하는 여러 법칙을 추적하는 것입니다. 이 목적을 위해 우리는 주로 두 가지 유형의 객체에 집중할 수 있습니다. 저는 이 두 유형의 객체를 각각 물질적인 물리적 객체와 과학적 객체라고 부를 것입니다. 물질적인 물리적 객체는 예를 들어 클레오파트라의 바늘과 같은 일상적인 물질 조각입니다. 이러한 객체는 예를 들어 바늘의 색깔과 같은 단순한 색깔보다 훨씬 복잡한 유형의 객체입니다. 저는 색깔이나 소리 같은 단순한 객체를 감각-객체라고 부릅니다. 통상적으로 일반인이 물질적 객체에 주의를 기울일 때, 예술가는 감각-객체에 더 각별하게 주의를 기울이도록 훈련될 것입니다. 그러므로 만약 여러분이 예술가와 함께 걸으며 '저기 클레오파트라의 바늘이 있네'라고 말했다면, 아마도 그 예술가는 동시에 '저기 아름다운 색깔 덩어리가 있네'라고 선언했을 것입니다. 그런데 여기서 여러분과 예술가는 같은 사건에 대한 다른 구성요소 특징의 인식을 표현하고 있습니다. 그러나 과학을 통해, 우리는 우리가 물질적인 물리적 객체와 과학적 객체의 사건들 속에서 일어나는 모험에 관한 모든 것을 알 때, 우리가 특정한 상황 속에 있는 감각-객체를 지각하게 만드는 조건을 예측할 수 있게 해주는 대부분의 관련 정보를 가지고 있는 것임을 발견했습니다. 예를 들어, 타오르는 불(즉, 사건들 속에서 다양한 흥미로운 모험을 겪는 물질적이고 과학적인 객체)이 존재하고, 그 맞은편에 거울(이는 또 다른 물질적 객체입니다)과 그 거울을 응시하는 사람의 눈과 얼굴의 위치가 존재함을 알고 있다면, 우리는 그 사람이 거울 안의 사건 속에 상황화된 불꽃의 붉음을 지각할 수 있다는 것을 압니다 — 그러므로, 감각-객체의 나타남은 물질적 객체가 겪는 모험으로 인해 크게 조건 지어집니다. 이러한 모험들에 대한 분석은 사건이 가진 또 다른 특징, 즉 그 사건 속에 상황화된 객체를 전달할 후속하는 사건을 결정하는 활동성의 장으로서의 사건의 특징을 알아차리게 합니다. 우리는 이러한 활동성의 장을 중력, 전자기력, 화학적 힘, 그리고 인력을 통해서 표현합니다. 그러나 이러한 활동성의 장이 가진 본성에 대한 정밀한 표현은 우리에게 사건 속에 상황화된 덜 명백한 유형의 객체를 지적으로 인정하도록 강요합니다. 저는 분자와 전자를 의미하고 있습니다. 이러한 객체는 고립된 것으로서 인식되지 않습니다. 우리가 클레오파트라의 바늘 인근에 있다면, 대체로 우리는 클레오파트라의 바늘을 간과하지 않습니다. 그러나 누구도 단일한 분자나 단일한 전자를 본 적이 없음에도, 사건들의 특징들은 이러한 과학적 객체들의 관점에서 표현됨으로써만 우리에게 설명될 수 있습니다. 의심의 여지 없이 분자와 전자는 추상화들입니다. 그러나 정확히 클레오파트라의 바늘도 그렇습니다. 구체적 사실은 사건 그 자체입니다 — 저는 이미 추상화라는 것이 존재자가 아무것도 아님을 의미하지 않는다는 것을 설명했습니다. 추상화란 단지 그것이 자연의 좀 더 구체적인 요소에 대한 한 요인으로서 현존할 뿐이라는 것을 의미합니다. 따라서 전자가 추상화인 것은 사건들의 전체 구조를 없애 버리면서 전자의 현존을 유지할 수 없기 때문입니다. 같은 방식으로 고양이의 미소는 추상화입니다. 그리고 분자는 미소가 실제로 고양이의 얼굴 위에 있는 것과 같은 의미에서 사건 속에 있습니다. 한편 화학이나 물리학 같은 더 궁극적인 과학은 그것의 궁극적인 법칙을 태양, 지구,

클레오파트라의 바늘, 혹은 인체와 같은 모호한 객체의 관점에서 표현할 수 없습니다. 그러한 객체들은 천문학·지질학·공학·고고학·생물학에 좀 더 적절하게 소속됩니다. 화학과 물리학은 그러한 객체들을 자신들에게 더욱 밀접한 법칙들의 여러 결과로 이루어진 통계적 복합체들을 나타내는 것으로서만 다룹니다. 어떤 의미에서 그러한 객체들은 물리학과 화학에서 기술적 응용으로만 등장합니다. 그 이유는 그러한 객체들이 너무 모호하기 때문입니다. 클레오파트라의 바늘은 어디에서 시작되고 어디에서 끝나는 것일까요? 바늘의 그을음은 바늘의 일부인가요? 바늘이 분자를 잃을 때나 바늘의 표면이 런던 안개의 산과 화학적 결합을 이룰 때 그것은 다른 객체인가요? 바늘의 한정성과 영속성은 과학이 구상하는 분자의 가능한 영속적 한정성에는 전혀 미치지 못하며, 분자의 영속적 한정성은 다시 전자의 영속적 한정성에는 전혀 미치지 못하는 것입니다. 그러므로 과학은 그 법칙의 가장 궁극적인 정식을 통해 가장 영구적인 한정적 단순성을 특징으로 가진 객체를 추구하고, 자신의 최종적 법칙을 그 객체의 관점에서 표현합니다.

게다가 사건들의 시공간 구조에서 비롯되는 사건들 사이의 관계를 우리가 한정적으로 표현하려고 할 때, 고려되는 사건들의 (시간적이자 공간적인) 규모를 점진적으로 축소함에 따라 우리는 단순성에 접근하게 됩니다. 예를 들어, 바늘이라고 하는 자연의 덩어리의 삶, 1분 동안의 그 사건은 같은 1분 동안 지나가는 바지선 내부의 자연의 삶과 매우 복잡한 시공간적 관계를 맺습니다. 그런데 우리가 1초로 간주하는 시간을 100분의 1초, 1,000분의 1초 등으로 점진적으로 축소한다고 가정해 봅시다. 우리가 그러한 계열을 지나가면서 우리는 연쇄적으로 고려되는 사건 쌍들이 가지는 구조적 관계의 이상적 단순성에 접근하게 되는데, 이 이상을 우리는 어떤 순간에서 바지선에 대해 바늘이 가지는 공간적 관계라고 부릅니다. 이러한 관계조차도 우리에게는 너무 복잡하며, 그래서 우리는 바늘과 바지선의 점점 더 작은 조각을 고려하게 됩니다. 그러므로 우리는 마침내 그 연장성에서 공간의 연장이나 시간의 연장을 가지지 않는 극도로 제한된 사건의 이상에 도달합니다. 그러한 사건은 순간적 지속의 단순한 공간적 점-섬광point-flash입니다. 저는 그러한 이상적 사건을 '사건-입자'라고 부릅니다. 세계가 궁극적으로 사건-입자들로 구성되어 있다고 생각해서는 안 됩니다. 그것은 본말을 전도하는 것입니다. 우리가 알고 있는 세계는 연속적 발생의 흐름이며, 우리는 그 흐름을 유한 사건들로 변별할 수 있습니다. 그리고 이러한 유한 사건들의 변별은 그것들이 서로 중첩되고 서로를 포함함으로써, 그리고 시공간적 구조를 분리함으로써 형성됩니다. 우리는 이 구조의 특성을 근사치의 경로에 대한 이상적 극한의 관점에서 표현할 수 있는 데, 이 이상적 극한을 저는 사건-입자라고 명명한 것입니다. 따라서 사건-입자는 좀 더 구체적인 사건과 맺는 관계에서 볼 때 추상화입니다. 여기까지 왔다면 추상화 없이 구체적인 자연을 분석할 수 없다는 것을 이해하셨을 것입니다. 또한, 반복건대, 과학의 추상화들은 진정으로 자연 속에 있는 존재자들입니다. 그리고 과학의 추상화들은 자연으로부터 고립시키면 의미를 가지지 않습니다.

사건의 시공간 구조가 가지는 특징은 이러한 좀 더 추상적인 사건-입자들 사이의 관계라는 관점에서 온전히 표현될 수 있습니다. 사건-입자는 우리가 직접적으로 관찰하는 유한 사건과 관련해서 추상적이고 복잡하지만, 사건-입자를 다루는 이점은 사건-입자들 사이의 상호관계라는 측면에서 유한 사건보다 단순하다는 점에 있습니다. 따라서 사건-입자는 관계의 설명에서 이상적 정확성과 이상적 단순성이라는 필요성을 우리에게 표현합니다. 이러한 사건-입자는 상대성 이론이 전제하는 4차원 시공간 다양체의 궁극적인 요소입니다. 여러분은 각각의 사건-입자가 공간의 한 점인 동시에 시간의 한 순간임을 눈치채셨을 것입니다. 저는 그것을 순간적 점-섬광이라고 명명했습니다. 그러므로 이러한 시공간 다양체의 구조에서 공간은 최종적으로 시간으로부터 변별되지 않으며, 관찰자의 다양한 환경에 따른 다양한 양태의 변별 가능성이 열려 있습니다. 우주를 구상하는 새로운 방식과 옛 방식을 근본적으로 구별하는 것은 바로 이 가능성입니다. 상대성 이론을 이해하는 비결은 이 점을 이해하는 데 있습니다. 만일 전체 이론의 근간에 있는 이러한 근본적 개념화를 숙지하지 못한다면, '공간은 뒤틀려 있었다'와 같은 회화적인 역설을 가지고 뛰어들어도 아무 소용이 없습니다. 제가 그 근본적 개념화가 전체 이론의 근간에 있다고 말할 때, 이는 제 의견으로는 그것이 반드시 근간에 있어야 한다는 의미입니다. 물론 저는 그 이론에 대한 모든 설명이 그 이론이 함의하는 바와 전제하는 바를 실제로 얼마나 이해했는지에 대해서는 어느 정도 의심하고 있음을 고백해야겠습니다.

이상적 정확성의 관점에서 측정을 표현할 때, 우리의 측정은 시공간 다양체의 특성들을 표현하는 측정입니다. 그런데 다양한 종류의 측정이 존재합니다. 여러분은 길이를 측정할 수 있고, 각도, 면적, 부피, 시간을 측정할 수도 있습니다. 광도의 측정과 같은 다른 종류의 척도도 있지만, 저는 이러한 종류의 척도를 잠시 제쳐두고 공간이나 시간의 측정으로서 특히 우리가 흥미를 가지는 측정으로만 주의를 국한할 것입니다. 시공간 다양체에서 하나의 사건-입자의 위치를 다양체의 나머지와 맺는 관계를 통해 결정하려면, 적절한 특징에 대한 네 가지 측정이 필요하다는 것을 쉽게 알 수 있습니다. 예를 들어, 어느 직사각형 현장field 안에서, 한쪽 모서리에서 시작하여 한 변을 따라 주어진 시간 동안 한정적 거리를 측정한다고 합시다. 그 다음에 그 현장 안쪽으로 직각 방향으로 나아가고, 이때 다른 마주 보는 두 변과 평행한 어떤 한정적 거리를 측정한다고 합시다. 더 나아가 일정한 높이까지 수직으로 상승하여, 거기서 시간을 측정합니다. 그렇게 하여 여러분이 도달하는 점과 시간에 자연의 한정적인 순간적 점-섬광의 발생이 존재하는 것입니다. 다른 말로 하자면, 여러분의 네 가지 측정은 4차원 시공간 다양체에 속하는 한정적 사건-입자를 결정했습니다. 토지 측량사에게는 이러한 측정이 지극히 단순해 보였고, 그래서 그의 마음속에서는 철학적 난점이 전혀 떠오르지 않았습니다. 그러나 지구상에서 이루어지는 이 조사 작업을 세부적으로 지켜볼 수 있을 만큼 과학적 연구가 충분히 진전된 존재자가 화성에 살고 있다고 가정해 봅시다. 그리고 더 나아가 그 존재자가 화성 위에 있는 존재에게 자연스러운 공간을, 즉 화성이 고정된 화성-중심적 공간을 참조하여 영국 토지 측량사의 작업을 해석한다고 가정해 봅시다. 지구는 화성과 상대적으로 운동하고 있으며, 태양 주위를 공전하고 있습니다. 화성 위의 존재자들에게 이러한 방식으로 해석된 작업은 극도로 복잡한 측정을 초래합니다. 게다가, 상대성 학설에 따르면 지구 위에서의 시간-측정 작업은 화성에서의 어떠한 시간-측정 작업과도 정밀하게 상응하지 않을 것입니다.

제가 이 예시를 논한 이유는 시공간 다양체의 측정가능성을 생각하기에 앞서, 지구 위의 인간 존재자에게 자연스러워 보일 수 있는 그러한 사소한 편차에 스스로를 국한해서는 안 된다는 점을 여러분이 깨닫도록 하기 위해서입니다. 따라서 서로에 대해 독립적인 네 가지 유형의 측정(세 방향의 길이와 시간의 측정 같은 것)은, 시공간 다양체의 다른 부분들과의 관계를 통해 한 한정적 사건-입자를 결정한다고 일반적으로 진술해 봅시다.

만약 (p_1, p_2, p_3, p_4)이 이 체계의 측정 집합이라면, 그렇게 결정된 사건-입자는 이 측정 체계 속에서 그것의 좌표로 p_1, p_2, p_3, p_4를 가진다고 말합니다. 우리가 그것을 p-측정 체계라고 명명한다고 해 봅시다. 그렇다면 동일한 p-체계에서 (p_1, p_2, p_3, p_4)를 적절히 바꾸면, 과거에 존재했거나 미래에 존재할, 순간적 현재에 존재하는 모든 사건-입자를 나타낼 수 있습니다. 게다가, 우리에게 자연스러운 임의의 측정 체계에 따르면, 좌표 중 세 개는 공간 측정이고 하나는 시간 측정입니다. 마지막 좌표가 언제나 시간-측정을 나타낸다고 해 봅시다. 그러면 우리는 자연스럽게 (p_1, p_2, p_3)가 공간 속의 한 점을 결정했고, 사건-입자가 시간 p_4에 그 점에서 발생했다고 말하게 됩니다. 그러나 우리는 시공간 다양체 외에 별개의 공간이 있다고 생각해서는 안 됩니다. 그 시공간 다양체가 공간과 시간의 의미를 결정하기 위해 존재하는 전부입니다. 우리는 4차원 다양체의 사건-입자라는 관점에서 공간-점의 의미를 결정해야 합니다. 이 작업을 수행하는 방법은 하나뿐입니다. 만일 우리가 시간을 변경하고 같은 세 개의 공간 좌표를 가진 각각의 시간을 설정하면, 이렇게 지시된 사건-입자는 모두 같은 점에 있음에 유의하셔야 합니다. 그러나 사건-입자 외에는 아무것도 없다는 점을 고려할 때, 이것은 오직 p-체계 속 공간의 점 (p_1, p_2, p_3)이 단지, p_4는 변하며 (p_1, p_2, p_3)는 고정된, 사건-입자들의 집합 $(p_1, p_2, p_3, [p_4])$이라는 것을 의미할 뿐입니다. 공간의 한 점이 단순히 하나의 존재자가 아니라는 것은 다소 당황스럽습니다. 그러나 그것이 공간에 관한 상대성 이론에 즉시 뒤따르는 결론입니다.

게다가 화성의 거주자는 다른 측정 체계를 가지고 사건-입자들을 결정합니다. 그 측정 체계를 q-체계라고 부릅시다. 화성의 거주자에게는 (q_1, q_2, q_3, q_4)가 사건-입자를 결정하는데, 거기서 (q_1, q_2, q_3)는 점을 결정하고 q_4는 시간을 결정합니다. 그러나 화성의 거주자가 한 점으로 생각하는 사건-입자들의 집합은 지구상의 인간이 점으로 생각하는 그러한 집합과 완전히 다릅니다. 그러므로 화성에 있는 사람에게 q-공간은 지구에 있는 토지 측량사에게서의 p-공간과 상당히 다릅니다.

지금까지 공간에 관해 이야기하면서 우리는 물리학의 무시간적 공간, 즉 그 안에서 세계가 모험을 하는 영원한 공간의 개념에 관해 이야기했습니다. 그러나 우리가 보는 공간은 순간적 공간입니다. 그러므로 만약 우리의 자연적 지각이 p-측정 체계에 조정될 수 있는 것이라면 우리는 어떤 한정적 시간 p_4에서의 모든 사건-입자를 순간적으로 보면서 시간이 지남에 따라 그러한 공간들의 연쇄를 관찰합니다. 무시간적 공간은 이 모든 순간적 공간을 결합함으로써 달성됩니다. 순간적 공간의 점은 사건-입자이고, 영원한 공간의 점은 연쇄적으로 일어나는 사건-입자들의 줄기string입니다. 그러나 화성에 있는 사람은 지구에 있는 사람과 결코 같은 순간적 공간들을 지각하지 못할 것입니다. 이 순간적 공간들의 체계는 지구인의 체계를 가로지를 것입니다. 지구인에게는, 순간적 현재인 하나의 순간적 공간이 존재하며, 과거의 공간들과 미래의 공간들이 존재합니다. 그러나 화성인의 현재 공간은 지구인의 현재 공간을 가로지릅니다. 그래서 지구인이 현재에 일어나고 있다고 생각하는 사건-입자 중에서 화성인은 몇몇 일부가 이미 과거이자 고대 역사이며, 다른 일부는 미래에 있고, 나머지는 즉각적 현재에 있다고 생각합니다. 과거, 현재, 미래라는 깔끔한 개념화가 고장이 나자 심각한 역설이 생깁니다. 저는 어떤 측정 체계에서의 두 개의 사건-입자가 같은 순간적 공간에 있을 때, 그것을 '공-현재'co-present 사건-입자라고 부릅니다. 그렇다면 A

와 B가 공-현재하고 A와 C가 공-현재할 때, B와 C는 공-현재하지 않을 수 있습니다. 예를 들어, 우리로부터 상상할 수 없을 정도로 떨어진 곳에는 지금 우리와 공-현재하면서 빅토리아 여왕의 탄생과도 공-현재하는 사건이 있습니다. 만약 A와 B가 공-현재한다면, A가 B보다 선행하는 어떤 체계들과 B가 A보다 선행하는 어떤 다른 체계들이 존재할 것입니다. 또한, 물질적 입자를 A에서 B로, 혹은 B에서 A로 수송할 만큼 충분히 빠른 속도는 없습니다. 서로 다른 시간-계산을 처리하는 이러한 서로 다른 척도-체계의 존재는 당혹스러운 것이며, 어느 정도 우리의 상식과 대립합니다. 그것은 우리가 우주를 생각하는 통상적인 방식이 아닙니다. 우리는 하나의 필연적 시간-체계와 하나의 필연적 공간을 생각합니다. 새로운 이론에 따르면, 서로 일치하지 않는 무한정적인 수의 시간-계열과 서로 이접적인 무한정적인 수의 공간이 존재합니다. 어떤 상관된 시간-체계와 공간-체계의 쌍도 우주에 대한 우리의 기술 description에 적합할 것입니다. 주어진 조건들 아래에서 우리는 우리의 측정이 필연적으로 우리의 자연적 척도-체계를 형성하는 한 쌍의 시간-체계와 공간-체계를 통해 이루어짐을 발견합니다. 서로 일치하지 않는 시간-체계에서 비롯되는 어려움은 제가 자연의 창조적 전진이라고 부르는 것, 즉 전혀 계열적이지 않은 것과 모든 단일한 시간-계열을 구별함으로써 부분적으로 해결됩니다. 우리가 새로움을 향한 자연의 영속적 이행으로 경험하고 또 알고 있는 이 창조적 전진을 우리는 측정을 위해 우리가 자연스럽게 채택하는 단일한 시간-계열과 습관적으로 혼동합니다. 다양한 시간-계열은 창조적 전진이 가진 일부 양상을 각기 측정하며, 이들의 전체 묶음은 창조적 전진이 보유한 특성 중에서 측정가능한 모든 특성을 표현합니다. 시간-계열들 사이의 이러한 차이를 이전까지 언급하지 않은 이유는 그러한 두 시간-계열 사이의 특성 차이가 극미하기 때문입니다. 이 원인에서 기인하는 어떤 관찰가능한 현상도 관찰에 관여되는 속도와 빛의 속도의 비율의 제곱에 따라 달라집니다. 그런데 빛이 지구의 공전궤도를 한 바퀴 도는 데는 약 50분이 걸리고, 지구가 동일한 작업을 수행하는 데는 17,531반시간 이상이 걸립니다. 그러므로 이 운동으로 인한 모든 효과는 1 대 10,000제곱의 비율입니다. 따라서 지구인과 태양인은 모두 그 양적 규모로서 요인 $1/10^8$을 포함하는 효과들을 무시했을 뿐입니다. 그러한 효과들이 가장 정제된 관찰을 통해서만 포착될 수 있다는 것은 분명합니다. 그런데 그러한 효과는 이미 관찰되어 있습니다. 우리가 같은 장치를 직각 방향으로 돌림으로써 형성시킨 빛의 속도에 대한 두 개의 관찰을 비교한다고 해 봅시다. 태양에 상대적인 지구의 속도는 한 방향이며, 에테르에 상대적인 빛의 속도는 무수한 방향에서 같아야 합니다. 그러므로 만일 우리가 에테르를 정지 상태에 있는 것으로 취했을 때의 공간이 지구를 정지 상태에 있는 것으로 취했을 때의 공간과 같은 의미라면, 지구에 상대적인 빛의 속도는 그것이 오는 방향에 따라 달라진다는 것을 발견해야 합니다.

지구상에서 행하는 이러한 관찰들은 에테르를 통해 지구의 운동을 감지하기 위해 고안된 유명한 실험의 기본 원리를 구성합니다. 여기 계신 분들 모두 예상과 다르게 실험이 무익한 결과를 주었음을 알고 계실 것입니다.[1] 이것은 우리가 사용하고 있는 공간-체계와 시간-체계가 태양에 상대적인 공간과 시간, 혹은 그 체계들을 운동하는 것으로 만드는 다른 물체에 상대적인 운동을 기준으로 할 때, 어떤 미세한 방식으로 다르다는 사실로써 완전히 설명됩니다.

시간과 공간의 본성에 관한 이 모든 논의는 물리학의 모든 궁극적인 법칙 – 예를 들어 전자기장의 법칙과 중력의 법칙 – 의 정식화에 영향을 미치는 거대한 난점을 우리의 지평선 위로 끌어 올립니다. 중력의 법칙을 예로 들어봅시다. 중력의 정식은 다음과 같습니다. 즉, 두 개의 물체는 질량의 곱에 비례하고 거

---

1. * 여기서 화이트헤드가 가리키는 실험이란 마이컬슨-몰리 실험이다. 이 실험은 1887년에 알버트 마이컬슨과 에드워드 몰리가 진행한 것으로, 그들은 이 실험에서 지구가 에테르 속을 움직이면서 빛이 어떻게 다르게 움직이는지 알아보고자 했다.

리의 제곱에 반비례하는 힘으로 서로를 끌어당깁니다. 이 진술에서 두 물체는 그것들의 거리와 관련하여 물질적 입자로 취급될 만큼 충분히 작은 것으로 가정됩니다. 그리고 우리는 여기서 그 사소한 점에 관해 더 신경을 쓸 필요는 없습니다. 제가 여러분의 주의를 끌고 싶은 난점은 이것입니다. 즉, 법칙의 정식화에는 하나의 한정적 시간과 하나의 한정적 공간이 전제되어 있습니다. 두 질량은 동시적 위치에 있다고 가정되었습니다.

그러나 하나의 시간-체계에서 동시적인 것이 다른 시간-체계에서는 동시적이지 않을 수 있습니다. 그러므로 우리의 새로운 견해에 따르면, 이 점에서 법칙은 어떤 정밀한 의미를 가지는 방식으로 정식화되지 않았습니다. 더 나아가 거리의 문제에 관해서도 유사한 난점이 제기됩니다. 두 순간적 위치, 즉 두 사건-입자 사이의 거리는 다양한 공간-체계에서 다릅니다. 어떤 공간이 선택되어야 할까요? 만약 상대성 이론이 받아들여진다면, 이것은 다시 법칙에 대한 정확한 정식화가 결여된다는 귀결로 우리를 이끕니다. 우리의 문제는 이러한 난점을 회피하는 방식으로 중력의 법칙에 관한 신선한 해석을 추구하는 것입니다. 먼저, 우리는 우리의 근본적 관념들을 정식화하는 데 있어서 공간과 시간의 추상화를 피하고 자연의 궁극적 사실, 즉 사건으로 되돌아가야 합니다. 또한, 사건들 사이의 관계에 대한 표현의 이상적 단순성을 찾기 위해, 우리는 사건-입자로 우리의 주의를 국한합니다. 그러므로 물질적 입자의 삶은 4차원 시공간 다양체 속에서 연속적인 계열 및 경로로서 펼쳐진 사건-입자들의 궤적 사이에서 그것이 겪는 모험입니다. 이러한 사건-입자들은 물질적 입자의 다양한 상황입니다. 통상적으로 우리는 우리에게 자연스러운 시공간 체계를 채택하고 시간의 연쇄적 순간들에 존재하는 물질적 입자의 공간 속 경로를 말함으로써 이 사실을 표현합니다.

우리는 물질적 입자가 사건-입자들 사이에서 다른 어떤 경로가 아닌 정확히 이 경로를 채택하도록 이끄는 자연법칙이 무엇인지 자문해야 합니다. 그 경로를 하나의 전체라고 생각해 봅시다. 그 경로가 가진 특징 중에서 그 경로와 약간의 차이가 있는 어떤 다른 경로도 공유하지 않는 특징은 무엇일까요? 우리는 중력의 법칙 이상의 것을 요구하고 있습니다. 우리는 운동의 법칙, 그리고 여러 물리적 힘의 효과를 정식화하는 방법에 관한 일반적인 관념을 원합니다.

우리의 문제에 답하기 위해 우리는 끌어당기는 질량들이라는 관념을 배경에 두고, 경로의 인근에 있는 사건들의 활동성의 장field of activity에 주목합니다. 그렇게 함으로써, 우리는 지난 100년 동안 두 개의 떨어진 물체 사이의 즉각적인 상호적 영향에 관한 고찰을 배제하기 위해, 운동을 지시하는 즉각적인 동인으로서의 힘의 장에 점점 더 주목해온 과학적 사유의 경향 전체에 순응하여 행동하고 있는 것입니다. 우리는 4차원 다양체의 어떤 한정적 사건-입자 E 인근에 있는 사건들의 활동성 장을 표현하는 방법을 찾아야만 합니다. 저는 이 물리적 장을 표현하기 위해 제가 '임페투스'impetus라고 부르는 근본적인 물리 관념을 도입합니다. 사건-입자 E는 임페투스의 요소에 의해 임의의 인근 사건-입자 P와 관계됩니다. E를 E의 인근에 있는 사건-입자의 회집체와 관계시키는 모든 임페투스 요소의 회집체는 E의 인근에 있는 활동성의 장이 가진 특징을 표현합니다. 제가 아인슈타인과 다른 점은 아인슈타인이 제가 임페투스라고 부르는 이 양을 단순히 채택된 공간과 시간의 특징들을 표현하는 것으로 생각하고, 중력장이 시공간 다양체에서 곡률을 표현한다고 말하는 것으로 이야기를 끝낸다는 점입니다. 저는 공간과 시간에 관한 아인슈타인의 해석에 어떤 명료한 개념도 부여할 수 없습니다. 저의 정식은 아인슈타인의 것과 약간 다르지만, 그의 정식을 통해 얻은 검증된 결과는 저의 정식을 통해서도 얻을 수 있습니다. 중력의 법칙의 정식화라는 특수한 사례에 있어서, 제가 아인슈타인의 위대한 발견을 구성하는 일반적인 절차적 방법을 참조했음은 굳이 말할 필요도 없습니다.

아인슈타인은 사건-입자 E를 둘러싼 장의 임페투스 요소 회집체가 가진 특징을 제가 $J_{11}, J_{12} \ (=J_{21}), J_{22}, J_{23} \ (=J_{32})$ 등이

라고 부를 10개의 양으로 표현하는 방법을 보여 주었습니다. E를 그것의 인근 P와 관계시키는 4개의 시공간 측정이 있으며, 만약 어떤 하나의 측정을 두 번 수행하여 그러한 측정들의 한 쌍을 만드는 것이 허용된다면, 그러한 측정들의 10쌍이 있게 된다는 점에 유의하셔야 합니다. 10개의 J는 단순히 4차원 다양체 속의 E의 위치에 의존하며, E와 P 사이의 임페투스 요소는 10개의 J, 그리고 E와 P를 관계시키는 4개의 시공간 측정들의 10쌍을 통해 표현될 수 있습니다. J의 수치는 채택된 측정 체계에 의존하지만, 어떤 측정 체계가 채택되든 E와 P 사이의 임페투스 요소에 대해 같은 수치가 얻어지도록 각각의 특수한 체계에 맞게 조정됩니다. 이 사실은 10개의 J가 '텐서'를 형성한다는 말로 표현됩니다. 아인슈타인의 예측이 검증되었다고 처음 발표되었을 때, 물리학자들이 미래에 텐서 이론을 연구하게 될 것이라는 선언이 그들에게 진정한 패닉을 일으켰다고 말해도 과언이 아닙니다.

임의의 사건-입자 E에서 10개의 J는 제가 E의 잠재력 potential과 '연합-잠재력'이라고 부르는 두 함수를 통해서 표현될 수 있습니다. 잠재력은 끌어당기는 질량이 정지 상태에 있게 되는 유클리드 공간의 관점에서 우리 자신을 표현할 때 통상적인 중력 잠재력 gravity potential이 실질적으로 의미하는 것입니다. 연합-잠재력은 잠재력의 정의 속에서 직접적 거리를 역

거리로 대체하는 수정을 통해 정의되며, 그것의 계산은 구식의 퍼텐셜의 계산에 의존해서 쉽게 이루어질 수 있습니다. 그러므로 J의 계산 — 임페투스의 계수 coefficients of impetus라고 부를 수 있는데 — 은 물리학자의 수학적 지식에 있어서 어떤 혁명적인 것도 포함하지 않습니다. 우리는 이제 끌어당겨진 입자의 경로로 돌아갑니다. 우리는 전체 경로 속의 모든 임페투스 요소를 더하고, 그렇게 함으로써 제가 '적분 임페투스' integral impetus라고 부르는 것을 얻습니다. 인근의 대안적 경로와 비교해서 실제 경로가 가지는 특징은 다음과 같습니다. 즉, 만약 그 입자가 실제 경로에서 극도로 가까운 작은 대안적 경로로 이탈하더라도, 실제 경로 속의 적분 임페투스는 증가하지도 손실되지도 않는다는 것입니다. 수학자들은 적분 임페투스가 무한소 변위에 대해 정류되어 있다고 말함으로써 이 점을 표현할 것입니다. 운동의 법칙에 관한 이 진술에서 저는 다른 힘의 현존을 무시했습니다. 그러나 그러지 않았다면 이야기가 너무 멀리까지 갔을 것입니다.

전자기장 이론은 중력장의 현전을 수용하는 방식으로 수정되어야 합니다. 그러므로 아인슈타인의 연구는 중력과 다른 물리적 현상 사이의 관계에 관한 최초의 발견으로 이어집니다. 이렇게 제가 수정한 형식에서는 빛이 그 광선을 따라 운동하는 방식에 대한 아인슈타인의 기본 원리가 도출됩니다. 즉, 그것은 무한히 짧은 파장에 대해서 절대적으로 참인 첫 번째 근삿값입니다. 그렇게 부분적으로 검증된 아인슈타인의 원리는 저의 언어로 진술해볼 때, 광선은 언제나 그것을 따라가는 적분 임페투스가 0이 되도록 경로를 따라간다는 것입니다. 이것은 그것을 따른 모든 임페투스 요소가 0이라는 것을 포함합니다.

결론에 이르러 저는 사죄의 말씀을 드려야 합니다. 우선 저는 원래 이론의 다양하고 흥미로운 고유성을 상당히 누그러뜨리고, 그것을 더 오래된 물리학과 잘 일치하도록 축소했습니다. 저는 물리적 현상이 공간의 뒤틀림에서 기인한다는 것을 용납하지 않습니다. 또한, 저는 청중을 존중하는 마음에서 강의의 상당 부분을 지루한 곳에 쏟았습니다. 제가 흥미진진한 역설들에 대한 예증이 넘치는 보다 평이한 강의를 했더라면 여러분이 더 즐거우셨을 텐데요. 그러나 저는 여러분이, 새로운 이론들이 자신의 과학적 연구에 어떤 영향을 미칠지를 진정으로 알고 싶어 하기 때문에 이 자리에 참석한 진지한 학생들이라는 점 또한 잘 알고 있습니다.

{9장}

궁극적인 물리 개념들

이 책의 2장에서 저는 우리의 물리 개념을 구상할 때 준수되어야 하는 첫 번째 원리를 제시했습니다. 우리는 악성적인 이분화를 피해야 합니다. 자연은 감각-알아차림의 전달일 뿐입니다. 우리는 감각-알아차림을 향하도록 정신을 자극하는 무언가에 관해 말할 수 있게 해주는 원리를 가지고 있지 않습니다. 우리의 유일한 임무는 관찰된 모든 것의 특징과 상호관계를 하나의 체계 속에 있는 것으로 드러내는 것입니다. 자연을 향한 우리의 태도는 물리학적 개념의 정식화에 관한 한 순전히 '행동주의적'behaviouristic 1입니다.

자연에 관한 우리의 지식은 활동성(또는 추이)의 경험입니다. 이전까지 관찰된 사물은 활동적 존재자, 즉 '사건'입니다. 그것은 자연의 삶 덩어리입니다. 이러한 사건들은 서로 관계를 맺고 있으며, 이 관계는 우리의 지식에서 공간-관계와 시간-관계로 분화됩니다. 그러나 이러한 공간과 시간의 분화는 비록 자연에 내재하여 있음에도 비교적 피상적인 것입니다. 그리고 공간과 시간은 각각, 사건들 사이에 성립되는 공간적이지도 시간적이지도 않은 하나의 근본적인 관계에 대한 부분적 표현입니다. 이 관계를 저는 '연장'이라고 부릅니다. '~너머 연장함'의 관

---

1. * 여기서 화이트헤드가 말하는 "행동주의"란 "실용주의"를 의미하는 것이며, 오늘날 심리학의 한 분야로서의 행동주의를 의미하는 것이 아니다.

계는 공간적 의미나 시간적 의미, 또는 양자 모두의 의미에서 '포함함'의 관계입니다. 그러나 단순한 '포함'은 어느 대안보다도 더 근본적이며, 어떠한 시공간적 분화도 요구하지 않습니다. 연장과 관련해서 두 사건은 상호관계되어 있으며, 이때 두 사건은 (i) 하나가 다른 하나를 포함하거나, 혹은 (ii) 하나가 다른 하나를 완전히 포함하지 않고 중첩되거나, 혹은 (iii) 서로 완전히 분리되어 있습니다. 그러나 정의되지 않은 관계들과 특성들에 실제로는 암암리에 의존하는 제한들을 피하기 위해서는, 이러한 기초 위에서 공간적·시간적 요소들을 정의하는 데는 세심한 주의를 기울여야만 합니다.

그러한 오류는 우리 경험의 두 가지 요소, 즉 (i) 우리의 관찰적 '현재'와 (ii) 우리의 '지각하는 사건'을 고려함으로써 피할 수 있습니다.

우리의 관찰적 '현재'는 제가 '지속'이라고 부르는 것입니다. 지속은 우리의 즉각적 관찰 속에서 포착된 자연 전체입니다. 그러므로 지속은 사건의 본성을 보유하지만, 그러한 지속을 자연에 내재한 특별한 유형의 사건으로서 표시하게 만드는 고유한 완전성을 가지고 있습니다. 지속은 순간적이지 않습니다. 그것은 일정한 시간적 한계를 가지고 있는 자연의 모든 것입니다. 다른 사건과 대조해 본다면, 지속은 무한이라고 불리고 다른 사건은 유한이라고 불립니다.[2] 지속에 관한 우리의 지식에서 우리는 (i) 고유한 개체성에 따라 특수하게 식별되는 것으로서 포함된 사건들과, (ii) 식별된 사건들 및 전체 지속과의 관계로 인해 필연적으로 존재하는 것으로 알려지는 나머지 포함된 사건들을 구별합니다.[3] 전체로서의 지속은 즉각적으로 관찰되는 부분이 소유하는 (연장과 관련해서) 관계성의 성질로 인해 유의미해집니다.[4] 즉, 관찰된 모든 것에 대해 본질적으로 저 너머beyond가 있다는 사실로 인해 전체로서의 지속이 의미를 갖게 됩니다. 저는 이를 통해 모든 사건은 자신이 포함하지 않는 다른 사건들과 관련이 있는 것으로 알려져 있다는 것을 의미합니다. 모든 사건이 배제의 성질을 소유하는 것으로서 알려진다는 이 사실은 배제가 포함만큼이나 긍정적인 관계임을 보여줍니다. 물론, 자연에는 단순한 부정적인 관계라는 것이 존재하지 않으며, 배제 관계는 비록 포함 관계와 상충하더라도 포함에 대한 단순한 부정이 아닙니다. 두 관계 모두 사건과만 관련되며, 배제는 포함의 관점에서 논리적으로 정의될 수 있습니다.

---

2. 이 책 284~284쪽의 "의미작용"에 관한 주를 참조.
3. * 여기서 제시된 두 가지 구별은 각각 3장에서 언급된 "식별된-것"(the discerned)과 "식별될-수-있는-것"(the discernible)을 가리키는 것이다. 이후 『상대성 이론』에서 전자는 "형용태를 통한 인지"(cognisance by adjective)로, 후자는 "관계성을 통한 인지"(cognisance by relatedness)로 불린다.
4. 이 책 3장 79쪽 이하 참조.

아마도 의미작용의 가장 명백한 예시는 불투명한 물질적 객체 내부의 여러 사건이 가지는 기하학적 특징에 관한 우리의 지식에서 찾을 수 있을 것입니다. 예를 들어 우리가 불투명한 구체를 볼 때, 우리는 구체에 중심이 있다는 것을 알고 있습니다. 이 지식은 재질과 관련이 없습니다. 구체는 단단하고 언제나 같은 모습을 유지하는 당구공일 수도 있고 속이 빈 테니스공일 수도 있습니다. 그러한 지식은 본질적으로 의미작용의 산물입니다. 왜냐하면, 외부의 식별된 사건의 일반적인 특징이 우리에게 그 구체 내부에 사건이 존재함을 알려주고, 그 구체의 기하학적 구조를 알려주기 때문입니다.

『자연인식의 원리』에 대한 일부 비판은 지속을 자연의 진정한 성층stratification으로 포착하는 데 어려움이 있음을 보여줍니다. 저는 이러한 망설임이 근대철학사상 속에 깊이 뿌리를 내리고 있는 악성적인 이분화 학설의 무의식적 영향에서 비롯된 것이라고 생각합니다. 우리는 자연을 동시적이지만 순간적이지 않은 즉각적 현재 속에 연장된 것으로서 관찰하며, 그러므로 상호-관계된 체계로서 즉각적으로 식별되거나 유의미해진 전체는 물리적 사실로서의 자연의 성층을 형성합니다. 여기서는 거부되고 있는 정신적 첨가물 학설이라는 형태를 통해 우리가 자연의 이분화를 용인하지 않는 한, 이러한 결론이 즉시 도출됩니다.

우리의 '지각하는 사건'은 우리의 관찰적 현재에 포함된 사건으로서, 우리는 그것을 지각에 대한 우리의 입각점으로서 어떤 고유한 방식으로 존재하는 것으로서 식별합니다. 투박하게 말해서, 지각하는 사건은 현재 지속 내부의 우리의 신체적 삶으로서의 사건입니다. 의학심리학medical psychology에 의해 전개된 지각 이론은 의미작용에 기반을 두고 있습니다. 지각된 객체의 멀리 떨어져 있는distant 상황은 우리의 신체적 상태에 의해, 즉 지각하는 사건에 의해 의미가 부여된 것으로서 우리에게 알려질 뿐입니다. 사실, 지각이 성립하기 위해서는 우리의 지각하는 사건이 행하는 의미작용에 대한 감각-알아차림과 함께 그렇게 유의미해진 특정 객체와 사건 사이의 고유한 관계(상황)에 대한 감각-알아차림이 필요합니다. 우리의 지각하는 사건은 그것이 행하는 의미작용이라는 사실을 통해 자연 전체로 있음으로써 보존됩니다saved. 이것이 지각하는 사건을 지각에 대한 우리의 입각점이라고 부르는 것의 의미입니다. 광선의 경로는 지각과 파생적으로만 연결될 뿐입니다. 우리가 지각하는 것은 광선에 의해 흥분된 신체적 상태를 통해 의미가 부여된 사건과 관계된 것으로서의 객체입니다. (거울에 비친 이미지의 사례에서와 같이) 의미가 부여된 이러한 사건은 광선의 현실적 경로와 거의 관련이 없을 수도 있습니다. 진화 과정에서 살아남은 동물들은 자신들의 신체적 상태가 제공하는 의미작용 중에서도 일반적으로 자신들의 번영에 중요한 의미작용에 자신들의 감각-알아차림을 집중시켰습니다. 사건들의 세계 전체에 의미가 부여되지만, 그중 일부는 그것에 대해 부주의할 경우 죽음을 초래할 수 있습니다.

지각하는 사건은 언제나 지금 여기, 연합된 현재 지속 속에 있습니다. 지각하는 사건은 그 지속에서 절대 위치라고 불릴 수 있는 것을 가지고 있습니다. 그러므로 하나의 한정적인 지속은 하나의 한정적인 지각하는 사건과 연합되며, 따라서 우리는 유한 사건이 지속과 가지는 고유한 관계를 알아차립니다. 저는 이 관계를 '공액'이라고 부릅니다. 정지의 개념은 공액의 개념에서 파생되고, 운동의 개념은 지속과 공액이 아니면서도 지속 내부에 포함된다는 개념에서 파생됩니다. 사실, 운동은 관찰된 사건과 관찰된 지속 사이의 (가변적 특징을 가진) 관계이며, 공액은 운동의 가장 단순한 특징이거나, 운동의 아종입니다. 요약하자면, 하나의 지속과 하나의 지각하는 사건은 본질적으로 자연에 대한 각각의 관찰이 지닌 일반적인 특징에 포함되어 있으며, 이때 그 지각하는 사건은 그 지속과 공액입니다.

다양한 사건의 고유한 특징에 대한 우리의 지식은 우리의 비교 능력에 의존합니다. 저는 우리의 지식에서 이 요인을 활용하는 것을 '인식'이라고 부르고, 여러 특징을 비교하는 데 필요한 감각-알아차림을 '감각-인식'이라고 부릅니다. 인식과 추상화는 본질적으로 서로 관련되어 있습니다. 그것들 각각은 지식에 대해서, 구체적 사실보다는 작지만 그 사실 안에서 하나의 실재적인 요인으로 작용하는 하나의 존재자를 제시합니다. 각각을 분리해서 변별할 수 있는 가장 구체적인 사실은 사건입니다. 우리는 인식 없이 추상화할 수 없고, 추상화 없이 인식할 수 없습니다. 지각은 사건에 대한 포착과 그 특징의 여러 요인에 대한 인식을 포함합니다.

인식된 사물은 제가 '객체'라고 부르는 것입니다. 객체라는 용어가 가진 일반적인 의미에서 볼 때, 연장의 관계 자체가 객체입니다. 그러나 저는 실제로는 이 용어의 의미를, 어떤 의미에서든지 사건 속에서 상황화되어 있다고 말할 수 있는 객체들로 제한합니다. 즉, '거기에 그것이 다시 존재한다[또 시작이네]'There it is again라는 구절에서 저는 '거기'There를 객체의 상황으로서 존재하는 특별한 사건에 대한 지시로서 제한합니다. 그럼에도 불구하고 다양한 유형의 객체가 존재하며, 한 유형의 객체에 관해 참인 진술은 일반적으로 다른 유형의 객체에 관해서는 참이 아닙니다. 여기서 물리법칙의 정식화와 관련된 객체의 유형은 물질 조각, 분자, 전자와 같은 물질적 객체입니다. 이러한 유형 중 하나의 객체는 자신의 여러 상황의 흐름에 속하는 사건들 이외의 사건들과 관계를 맺고 있습니다. 이 흐름 내부에서의 그 객체의 상황들은 다른 모든 사건의 특징들에 대한 수정에 일정한 영향을 미칩니다. 사실, 그 완전성에 있어서 객체는 모든 사건의 특징들에 일어난 상관된 수정들의 하나의 특정한 집합으로 구상할 수 있습니다. 그리고 객체는 이 수정들을 통해 그 객체의 상황들의 흐름에 속한 사건들에 특정한 초점적 특성을 부여하는 특성을 가집니다. 객체가 상황들의 흐름 속에 현존하는 것에서 기인하는, 사건들의 특징들에 대한 수정들의 총체적 회집체는 제가 객체에서 기인하는 '물리적 장'이라고 부르는 것입니다. 그런데 객체는 자신의 장과 진정으로 분리될 수 없습니다. 객체는 사실상 물리적 장의 수정들이 체계적으로 조정된 집합일 뿐입니다. 객체가 거기에 '상황화되어 있다'라고 말해지는 사건들의 초점적 흐름으로 객체를 한정하는 관습적 제한은 몇 가지 목적을 위해 편리한 것이지만, 그러나 그것은 자연의 궁극적인 사실을 모호하게 만듭니다. 이 관점에서는 원격작용과 전달작용 사이의 안티테제는 무의미합니다. 이 단락에서 표현된 학설은 객체가 사건과 맺는 관계가 가지는 가늠할 수 없는 다중성을 표현하는 또 다른 방식일 뿐입니다.

하나의 완전한 시간-체계는 평행 지속들이 이루는 임의의 한 족에 의해 형성됩니다. 두 지속은 다음 중 하나의 조건을 충족할 때 평행입니다. 즉, (i) 하나가 다른 하나를 포함하거나, (ii) 두 지속이 두 지속에 공통적인 세 번째 지속을 포함하는 방식으로 서로 중첩되거나, (iii) 두 지속이 완전히 분리된 경우에 두 지속은 평행입니다. 여기서 배제된 경우는 두 지속이 유한 사건들의 집합체를 공통으로 포함하지만, 다른 어떤 완전한 지속도 공통으로 포함하지는 않는 방식으로 서로 중첩되는 경우입니다. 평행 지속들이 이루는 무한정한 숫자의 족이라는 사실에 대한 인식은 유일한 시간-체계라는 오래된 정통 개념과 여기에서 제시한 자연 개념을 본질적으로 구별합니다. 아인슈타인의 자연 개념과의 차이점은 나중에 간략하게 지적될 것입니다.

주어진 시간-체계의 순간적 공간이란, 연합된 지속 족의 지속들에 의해 형성된 계열을 따라 근사치의 경로를 통해 드러나는 시간적 두께가 0인 이상적 (비-현존적) 지속입니다. 이러한 각각의 순간적 공간은 한 순간에서의 자연의 이상을 표상하는 동시에 시간의 한 찰나이기도 합니다. 그러므로 각각의 시간-체계는 그 체계에만 속하는 찰나의 집합체를 소유합니다. 각각의 사건-입자는 주어진 시간-체계에 속하는 하나의 찰나 속에 놓여 있습니다. 사건-입자는 세 가지 특징을 가지고 있습니다.[5] 그 세 가지 특징이란, (i) 사건들 사이의 한정적 수렴

---

5. 이 책 125쪽과 그 이하 참조.

경로로서의 특징인 그것의 외적 특징, (ii) 그 인근에 있는 자연의 고유한 성질, 즉 그 인근에 있는 물리적 장의 특징으로서의 그것의 내적 특징, 그리고 (iii) 그것의 위치입니다.

사건-입자의 위치는 그 사건-입자가 놓여 있는 찰나들의 집합체(이때 이 찰나들은 각기 다른 찰나 족에 속합니다)로부터 생겨납니다. 우리는 우리의 즉각적 경험의 짧은 지속을 통해 접근하는 이 찰나 중 하나에 우리의 주의를 고정하고, 이 찰나 속에 있는 위치로서 사건-입자의 위치를 표현합니다. 그런데 그 사건-입자의 M 찰나 속에서의 위치는 M', M'' 등과 같은 다른 찰나들의 집합체 전체로 인해서 부여되는 것입니다. M을 사건-입자들(순간적 점들)의 기하학으로 분화하는 것은 M이 다른 시간-체계의 찰나들과 교차함으로써 생기는 M의 분화를 표현합니다. 이런 방식으로 평면과 직선, 그리고 사건-입자 자체는 각각 자신의 존재를 발견하게 됩니다. 또한 평면과 직선의 평행성은 M과 교차하는, 같은 하나의 시간-체계에 속하는 찰나들의 평행성에서 비롯됩니다. 마찬가지로 평행 평면들과 직선 위에 있는 사건-입자들의 순서는 이렇게 교차하는 찰나들의 시간-순서에서 비롯됩니다. 여기서는 이에 관한 설명을 제공하지 않겠습니다.[6] 지금으로서는 기하학 전체가

---

6. *An Enquiry Concerning the Principles of Natural Knowledge*와 이 책 『자연의

물리적으로 설명되는 근거를 언급하는 것만으로 충분합니다.

하나의 시간-체계에 속하는 다양한 찰나적 공간의 상관관계는 공액 관계를 통해 달성됩니다. 순간적 공간 속의 운동이라는 것은 의미를 가질 수 없다는 것은 분명합니다. 운동은 같은 시간-체계에 속한 한 순간적 공간 속의 위치와 다른 순간적 공간 속의 위치 사이의 비교를 표현합니다. 공액은 그러한 비교의 가장 단순한 결과, 즉 정지를 산출합니다.

운동과 정지는 즉각적으로 관찰된 사실입니다. 그것들은 관찰의 기본이 되는 시간-체계에 의존한다는 점에서 상대적입니다. 사건-입자들이 연쇄적으로 점유하며 형성하는 줄기는 주어진 시간-체계 속의 정지를 의미하며, 그 사건-입자들의 줄기는 그 시간-체계의 무시간적 공간 속의 무시간적 점을 형성합니다. 이러한 방식으로 각 시간-체계는 오직 그 체계에 고유한 그것의 영속적인 무시간적 공간을 가지며, 그러한 각각의 공간은 그 시간-체계에만 속하며 다른 시간-체계에는 속하지 않는 무시간적 점들로 구성됩니다. 상대성 이론의 역설들은 정지에 대한 서로 다른 가정이 물리학적 사실들을 근본적으로 다른 공간들과 시간들로 표현하게 만든다는 사실을 간과하는 데서 비롯됩니다. 이 근본적으로 다른 공간들과 시간들에서

개념』의 앞의 장들을 참조.

점들과 찰나는 서로 다른 의미를 띱니다.

순서의 근거는 이미 지적되었고 합동의 근거는 이로부터 도출됩니다. 합동은 운동에 의존합니다. 수직성은 공액으로부터 비롯됩니다. 그리고 임의의 두 시간-체계의 관계 사이에서 볼 수 있는 상호 대칭성reciprocal symmetry과 관련된 수직성으로부터 시간과 공간 모두에 있어서의 합동이 완전히 정의됩니다(앞서 서술한 내용을 참조).

그 결과로 도출되는 정식들은 전자기 상대성 이론, 즉 여기서는 제한된 이론이라고 불리는 것입니다. 그러나 거기에는 다음과 같은 핵심적인 차이가 있습니다. 즉, 이 정식에서 일어나는 임계 속도 c는 이제 빛이나 (사건들의 연장적 구조와 구별되는) 물리적 장의 다른 어떤 사실과 아무런 연결성도 가지지 않습니다. 그것은 단순히 다음의 사실을 표시할 뿐입니다. 그 사실이란, 우리의 합동 결정이 하나의 보편적 체계 속에서 시간과 공간 모두를 포용하며, 그리하여 만약 임의의 두 단위가 선택되었다면, 즉 모든 공간에 대한 하나의 단위와 모든 시간에 대한 하나의 단위가 선택되었다면, 그것들의 비율은 속도일 것이며 그 속도는 시간과 공간이 정말로 비교 가능한 것이라는 사실을 표현하는 자연의 근본적 특성이라는 것입니다.

자연의 물리적 특성은 물질적 객체(예를 들어 전자)의 관점에서 표현되었습니다. 사건의 물리적 특징은 그것이 그러한 객체들로 형성된 복합체 전체의 장에 속한다는 사실에서 비롯됩니다. 또 다른 관점에서, 우리는 그러한 객체들이 단지 사건들의 물리적 특징들에서 엿볼 수 있는 상호 상관관계를 표현하는 방식일 뿐이라고 말할 수도 있습니다.

자연의 시공간적 측정가능성은 (i) 사건들 사이의 연장 관계, (ii) 각각의 대안적 시간-체계로부터 발생하는 자연의 성층화된 특징, 그리고 (iii) 유한 사건이 시간-체계와 맺는 관계에서 드러나는 정지와 운동에서 비롯됩니다. 측정가능성에 관한 이러한 근거 중 어느 것도 상황화된 객체가 드러내는 유한 사건의 물리적 특징에 의존하지 않습니다. 그것들은 물리적 특징이 알려지지 않은 사건들에 의해 완전히 의미가 부여됩니다. 그러므로 시공간적 측정은 문제로 삼고 있는 물리적 특징과 독립적입니다. 게다가, 그 본질에 있어 즉각적인 식별의 장 내부에 있는 부분의 의미작용으로부터 파생되는 전체 지속에 관한 우리의 지식이 가진 특징이란, 전체 지속의 연장에 관한 한, 그것이 멀리 떨어져 있는 사건들이 가진 관찰되지 않은 특징들과 독립적인 하나의 균등한 전체로서 우리에 대해 구성된다는 것입니다. 즉, 그 멀리 떨어져 있는 사건들의 특징이 무엇이 되었든 상관없이, 지금 동시에 현재하는 자연의 한정적 전체가 존재합니다. 이 고려 사항은 이전의 결론을 강화합니다. 이 결론은 다양한 시간-체계의 찰나적 공간들이 본질적으로 균등하며, 따라서 각 시간-체계에 하나씩 존재하는 무시간적 공간 또한 균등하다는 주장으로 이어집니다.

앞에서 제시된, 관찰된 자연이 가진 일반적인 특징에 대한 분석은 관찰할 수 있는 다양한 근본적 사실에 대해서 설명을 제공합니다. 즉, (α) 그것은 연장이라는 하나의 성질이 시간과 공간으로 분화되는 것을 설명합니다. (β) 그것은 기하학적이고 시간적인 위치, 기하학적이고 시간적인 순서, 그리고 기하학적 직선성과 평면성에 대해서 관찰된 사실들에 의미를 제공합니다. (γ) 그것은 공간과 시간을 모두 포용하는 하나의 한정적 합동 체계를 선택하며, 그럼으로써 실천에서 얻어지는 측정에 관한 일치성을 설명합니다. (δ) 그것은 관찰된 회전 현상, 예를 들어 푸코의 진자, 지구의 적도 팽대부, 저기압과 고기압의 회전 방향의 일정함, 그리고 자이로 나침반 등을 (상대성 이론과 일관되는 방식으로) 설명합니다. 그것은 자연에 대한 우리의 지식이 가진 특징 자체에 의해 드러나는 자연의 한정적 성층을 인정함으로써 이를 수행합니다. (ε) 운동에 대한 그것의 설명은 (δ)에 표현된 것보다 더 근본적입니다. 왜냐하면 그것은 운동 자체가 의미하는 바를 설명하기 때문입니다. 연장된 객체의 관찰된 운동은 그 객체의 다양한 상황이 관찰에 근본적인 시간-체계를 통해 표현되는 자연의 성층과 가지는 관계입니다. 이 운동은 객체가 나머지 자연과 가지는 진정한 관계를 표현합니다. 이 관계의 양적 표현은 그 표현을 위해 선택한 시간-체계에 따라 달라집니다.

이 이론은 소리와 같은 다른 물리적 현상에 부여된 것을 넘어서는 고유한 특징을 빛에 부여하지 않습니다. 그러한 분화에는 어떤 근거도 존재하지 않습니다. 우리는 몇몇 객체를 봄으로써만 알 수 있으며, 다른 몇몇 객체는 들음으로써만 알 수 있고, 또 다른 몇몇 객체는 빛이나 소리를 통해서가 아닌 촉각이나 후각 등을 통해서만 관찰합니다. 빛의 속도는 그것의 매개체에 따라 다르고, 소리의 속도 또한 마찬가지입니다. 빛은 일정 조건에서 곡선 경로로 이동하고 소리 또한 마찬가지입니다. 빛과 소리는 둘 다 사건들의 물리적 특징에서 발생하는 교란의 파동입니다. 그리고 (270쪽에서 이미 언급했듯이) 빛의 현실적 경로는 소리의 현실적 경로보다 지각에 대해 더 큰 중요성을 가지지 않습니다. 자연철학 전체를 빛에 기초하는 것은 근거가 없는 가정입니다. 마이컬슨-몰리의 실험과 그와 유사한 실험들은 우리의 부정밀한 관찰의 한계 내에서, 빛의 속도는 우리의 공간 단위와 시간 단위 사이의 관계를 표현하는 임계 속도 'c'에 대한 근사치임을 보여줍니다. 이러한 실험과 광선에 대한 중력장의 영향은 빛에 관한 가정을 통해 설명되며, 그 빛에 관한 가정은 전자기장의 방정식에서 얻어지는 하나의 근사치로서 연역할 수 있음이 증명될 수 있습니다. 이것은 어떤 고유한 특징을 가지는 것으로서 빛을 다른 물리적 현상으로부터 분화하기 위한 어떤 필요성도 완전히 처분합니다.

연장된 자연을 연장된 객체로 측정하는 것은, 자연에 내재된 동시성이란 사고의 어떤 유희에 불과한 것이 아니라 어떤 관찰된 사실임을 보여주는 것 이외에는 무의미하다는 것이 저의 생각입니다. 그렇지 않다면 연장을 가진 측정 자 AB를 한 번 제시 one presentation 한다는 개념은 무의미한 것이 됩니다. 어째서 5분 뒤의 B인 B'가 한쪽 끝이 되는 AB'가 아니라 AB인가요? 측정은 그 가능성을 위해 동시성으로서의 자연과 그때 현재하고 지금 현재하는 하나의 관찰된 객체를 전제합니다. 다른 말로 하자면, 연장된 자연의 측정은 사건을 현시하는 규칙을 제공하는 자연의 어떤 내재적 특징을 필요로 합니다. 게다가, 합동은 측정 자의 영속성을 통해 정의될 수 없습니다. 영속성 자체가 자기-합동 self-congruence에 대한 어떤 즉각적 판단 없이는 무의미합니다. 그렇지 않다면, 고무줄이 고체 측정 자와 어떻게 구별될 수 있을까요? 고무줄도 고체 측정 자도 같은 자기-동일적 객체로 남아 있습니다. 어째서 그중 하나만 측정 자로 사용할 수 있고 다른 하나는 그렇지 않을까요? 합동의 의미는 객체의 자기-동일성 너머에 놓여 있습니다. 다른 말로 하자면, 측정은 측정가능한 것을 전제로 하며, 측정가능한 것에 관한 이론이 바로 합동 이론입니다.

나아가, 자연이 성층을 이루고 있음을 인정하는 것은 자연 법칙의 정식화와 관련이 있습니다. 이러한 여러 법칙은 어떤 일반적인 측정 체계를 통해 표현되는 것으로서, 다른 어떤 특수한 척도-체계도 참조함이 없이 미분 방정식을 통해 표현되어야 한다고 규정되어 왔습니다. 이 요구 사항은 순전히 자의적입니다. 척도-체계는 자연에 내재된 무언가를 측정하는 것이기 때문입니다. 그렇지 않으면 척도-체계는 자연과 전혀 연결성이 없습니다. 그리고 특수한 척도-체계를 통해 측정되는 그 무언가는 법칙이 정식화되는 현상과 특별한 관계를 맺고 있을 수 있습니다. 예를 들어, 특정한 시간-체계 속에서 정지 상태에 있는 물질적 객체에서 기인하는 중력장은, 해당 시간-체계의 공간적·시간적 양들에 대한 특수한 참조성을 드러내는 방식으로 정식화될 것으로 예상됩니다. 중력장은 물론 어떤 척도-체계 속에서도 표현될 수 있지만, 그러나 그 특수한 참조는 단순한 물리학적 설명으로서 남을 것입니다.

주 : 점에 대한 그리스적 개념에 관해서

제가 T.L. 히스 경의 『그리스어로 된 유클리드』[7]를 읽는 즐

---

7. Camb. Univ. Press, 1920.

거운 경험을 거치기 전에, 지금까지의 페이지들이 이미 출판사로 보내졌습니다. 유클리드 원저에서 그의 첫 번째 정의는 원어로 다음과 같습니다.

σημειον εστιν, ου μερος ουθεν [8]

저는 130쪽에서 이 구절을 제가 어릴 적에 배운 확장된 형태인 '부분을 가지지 않고 크기가 없는 것'으로 인용했습니다. 저는 유클리드에 관한 진술을 만들기 전에 – 발행한 순간부터 고전이 된 – 히스의 영문판을 참조했어야만 했습니다. 그러나 이것은 의미에는 거의 영향을 미치지 않고 주석을 추가할 필요도 없는 사소한 수정입니다. 여기서 저는 히스의 『그리스어로 된 유클리드』에서 볼 수 있는 이 정의에 대한 히스 자신의 주석에 주의를 기울이고 싶습니다. 히스는 피타고라스학파에서 플라톤과 아리스토텔레스를 거쳐 유클리드에 이르기까지 점의 본성에 관한 그리스 사상을 요약합니다. 제가 134쪽과 135쪽에서 수행한 점의 필수 특징에 관한 분석은 그리스 사상에 관한 논의의 결과와 완전히 합치합니다.

---

8. * 점은 어떤 부분도 가지지 않는 것이다.

주 : 의미작용과 무한 사건에 관해서

의미작용 이론은 이 책을 통해 확장되고 더 명료해졌습니다. 그것은 이미 『자연인식의 원리에 관한 탐구』에서 도입되었습니다(하위 항목 3.3에서 3.8, 그리고 16.1, 16.2, 19.4, 그리고 항목 20, 21 참조). 이 책 『자연의 개념』의 교정쇄를 검토하면서, 저는 이러한 발전에 비추어 볼 때 무한 사건을 지속에 제한하는 것은 유지될 수 없다는 결론에 도달하게 되었습니다. 이 제한은 『자연인식의 원리에 관한 탐구』의 항목 33과 이 책의 4장 시작 부분(114쪽)에 명시되어 있습니다. 현재 지속 전체를 포용하는 식별된 사건들의 의미작용이 존재할 뿐만 아니라, 하나의 시간-체계 전체의 앞뒤로 연장되는 공액적 사건의 의미작용이 존재합니다. 다른 말로 하자면, 자연 속의 본질적인 '저 너머'beyond는 공간뿐만 아니라 시간이라는 측면에서도 한정적인 저 너머입니다〔83~84, 278~279쪽 참조〕. 이것은 시간과 공간의 동화와 시공간이 연장에 기원을 둔다는 점에 관한 저의 테제 전체에서 도출됩니다. 또한, 우리의 자연인식이 지닌 특징을 분석하는 데도 동일한 기반이 있습니다. 이 점을 인정함으로써 점-궤적〔즉, 무시간적 공간의 점〕을 추상 요소로 정의하는 것이 가능해집니다. 이는 찰나와 점 사이의 균형을 회복하는 중대한 개선입니다. 그러나 저는 평행하지 않은 지속 쌍의 교차는 그 자체로 하나의 사건으로서 우리에게 제시되지 않는다는 『자연인식의 원리에 관한 탐구』의 하위 항목 35.4의 진술을 여전히 유지합니다. 이렇게 수정되어도 그것은 두 저서 속에서 펼쳐지는 후속적 추론에 영향을 미치지 않습니다.

저는 이 지면을 『자연인식의 원리에 관한 탐구』 항목 57에서 논한 '정류적 사건'이 단순히 추상적인 수학적 관점에서 얻은 공액적 사건일 뿐임을 지적하는 기회로 삼고 싶습니다.

:: 옮긴이 후기

　이 책은 화이트헤드의 "과학철학 3부작" 중 하나인 『자연의 개념』을 완역한 것이다. 화이트헤드는 임페리얼 과학기술 칼리지에서 응용 수학 교수로 재직하던 20세기 초에 이 책을 썼다. 그런데 이 시기에 과학은 극적인 변화를 겪고 있었다. 1905년에 아인슈타인의 특수 상대성 이론이 발표되었고, 1919년에는 일반 상대성 이론이 발표되었다. 1924년 드 브로이는 물질에 대한 파동-입자 이원론을 정식화하며 양자 이론의 시작을 알렸다.

　화이트헤드는 당시의 과학 발전을 빠르게 흡수했다. 화이트헤드에게 그러한 흡수는 자연 그 자체를 이해하는 근본적으로 새로운 방식을 창안하는 것과 다르지 않았다. 그렇게 철학과 과학의 관계에 관한 가장 중요한 저작 중 하나인 『자연의 개념』이 세상에 모습을 드러내게 되었다. 자연이란 무엇인가? 화이트헤드가 이에 대해 내린 대답, 이 책의 1장에서 정식화한 답은 자연이 "정신에 대해 닫힌" "자립하는" 체계라는 것이었다(14쪽). 그러나 2장의 논의를 따라가면 알 수 있듯, 화이트헤드는 이것이 정신에 유입하는 인과적 자연과 인과적이지 않은 정신의 유출이라는 이분화로 이끈다는 착상을 거부한다. 색깔과 소리는 분자와 전자가 실재적이라는 의미에서 실재적이다. 그러나 과학적 객체·지각적 객체·감각 객체를 지각자 및 지각 과정과 관계시키는 것, 그리고 그것들의 지위를 결정하는 것 등은 형이상학의 임무에 속하며, 이 형이상학적 임무는 『과정과 실재』 같은 자신의 형이상학 집대성을 위해 남겨졌다. 그런데 어떤 의미에서 그 초석은 이미 『자연의 개념』 속에 마련되어 있다. 예를 들어 이 책에서 화이트헤드가 말하는 사건event은 후기 화이트헤드의 현실적 계기actual occasion에 대한 원형을 제공한다. 또 이 책의 객체 이론은 이후 영원한 객체eternal object에 관한 화이트헤드의 이론으로 전환된다고 읽을 수 있다.

그러나 다른 한편으로 『자연의 개념』을 화이트헤드 버전의 현상학적 작업으로 읽고 싶은 유혹이 있다. 화이트헤드는 에드문트 후설과 동시대를 살았지만, 후설이 화이트헤드에게 어떤 영향을 미쳤을 것이라는 증거는 찾을 수 없다. 그럼에도 불구하고 『자연의 개념』을 일종의 현상학으로 읽고 싶은 유혹에는 몇 가지 이유와 이점이 있다. 먼저, "거기에는 오직 하나의 자연, 지각적 지식을 통해서 우리 앞에 드러난 자연만이 있기 때문"(65쪽)이라는 화이트헤드의 말은 몇 가지 미묘하게 다른 방식으로 읽힐 수 있다. 통상적으로 화이트헤드의 이 언급이 실체-성질에 대한 그의 거부와 연결해서 두 가지 다른 의미의 자연에 대한 거부로 읽힌다는 것은 참이다. 그런데 이때 자연이란 무엇인가? 자연은 감각-알아차림을 통해 드러난 존재자다. 이 노선의 관점에서, 『자연의 개념』은 "우리의 논의 범위를 벗어났지만 언제나 우리의 논의 범위와 혼동되는 주제"(76쪽)와 선을 긋고 있다. 『자연의 개념』은 자연과학의 철학에 관한 책이다. 『자연의 개념』을 화이트헤드의 형이상학과 연결해서 읽으려는 유혹을 잠시 제쳐두면, 책은 다른 분위기를 내기 시작한다. 그럴 때 이 책은 어떤 의미에서 인간 감각-알아차림과 자연의 쌍방적 소진 불가성에 관한 현상학적 탐구일 수도 있다.

> 사실〔자연〕의 요인들이 감각-알아차림 속에서 소진될 수 없는 것과 마찬가지로, 자연적 복합체의 구조는 사고 속에서 결코 완성될 수 없습니다. 소진 불가성unexhaustiveness은 자연에 관한 우리의 지식이 가진 본질적 특징입니다. 또한 자연은 사고를 위한 재료를 소진하지 않습니다. 즉, 자연에 관한 어떠한 동질적 사고에서도 발생하지 않을 여러 사고가 있습니다.(29~30쪽)

따라서 여러 방면으로 읽을 수 있다는 측면에서 『자연의 개념』에 대한 해석은 열려 있다. 한편으로 『자연의 개념』을 화이트헤드의 형이상학적 체계에 대한 원형, 혹은 그 초석으로 읽을 수 있다. 다른 한편으로 『자연의 개념』을 소진 불가성에 대한 경이로운 현상학의 산물로 읽을 수도 있다. 또 다른 한편으로 『자연의 개념』을 철학을 구성하기 위한 풍부한 증거를 제시하는 것으로 읽을 수도 있다.

화이트헤드는 "새로운 이론이 그 이론의 탄생으로 이끈 가장 최신의 실험 결과만큼이나 오래되고 잘 입증된 과학의 사실을 고려해야 한다는 점을 기억해야 한다"(239쪽)라고 말한다. 『자연의 개념』에서 화이트헤드는 자연철학의 전통적인 유물론적 견해를 철저하게 비판하고 있기는 하지만, 동시에 그 견해가 자연의 어떤 중요한 특징을 체현한다는 점을 인정한다. 따라서 화이트헤드에게는 유물론적 견해와 얽혀 있는 여러 전제를 비판하면서도 그것이 체현하는 중요한 사실을 새로운 자연관 속에 재정립할 필요가 있었다. 내가 생각하기에 화이트헤드는 유물론의 물질matter이라는 관념을 버리고 물질이 하는 "몇 가지" 기능을 객체에 넘겨주고 있다. 화이트헤드가 말하듯, "우리는 '거기에 그것이 다시 존재한다'There it is again라고 말할 수 있을 때마다 사건 속의 객체들을 비교하고"(209쪽) 있다.

화이트헤드는 사건을 구체적 사실로 보는 반면, 객체를 사건으로부터 추상화된 것으로 말하고 있다. 그러나 추상화란 무엇인가? 화이트헤드에 따르면 추상화는 그것이 아무것도 아 님을 의미하지 않는다. 화이트헤드가 말하는 추상화는 적어도 "존재하는 사물들에 관한 진실들을 전달하기 위해 존재하지 않는 사물에 관한 주장들로 구성된 개념적 자연이라는 정교한 기계"(72쪽)라는 의미는 아니다. "추상화란 단지 그것이 자연의 좀 더 구체적인 요소에 대한 한 요인으로서 현존할 뿐이라는 것을 의미한다. 따라서 전자^{electron}가 추상화인 것은 사건들의 전체 구조를 없애버리면서 전자의 현존을 유지할 수 없기 때문이다."(247쪽) 그런데 이 책의 다른 곳에서 화이트헤드는 "지각적 객체는 경험 습관의 결과"(224쪽)라고도 말한다. 어떤 의미에서, 이는 객체가 어디까지나 지식에 상대적으로 존재한다는 유명론적 입장을 화이트헤드가 취하고 있는 것처럼 보이게 만든다 이러한 화이트헤드의 진술들은 중세 철학 "보편자 논쟁"의 양 진영을 모두 연상시킨다. 이에 관해 벨기에의 철학자 이자벨 스탱게르스는 다음과 같이 말한다.

사실, 『자연의 개념』에서 화이트헤드는 동시대 사람들에 의해 '영민한 박사'$^{doctor\ subtilis}$라고 칭해졌던 둔스 스코투스의 입장에 가까운 것처럼 보인다.
"보편자"가 지식에 상대적인가 아니면 실재에 속하는가라고 하는 양자택일의 대안에 직면했을 때 선택을 거부했던 둔스 스코투스의 입장은 실제로 오묘한 것이었다. 스코투스의 경우, 다수의 다른 개별자에 걸맞은 모든 추상적 특징, 다양한 추상화의 수준에서 개별자들을 기술할 수 있게 해주는 모든 구별되는 "본질들"quiddities은 실제로 기술된 사물에 속한다. 그러나 내가 그 본질들을 열거하고 그것들을 이 개별자의 여러 속성으로서 정의할 때, 나는 그것들이 마치 현실적으로 구별되는 것, 즉 수적으로 구별되는 것처럼 취급한다(말은 동물이며, 포유류이며, 초식동물이며, 유제류이며…). 반면에 존재론적으로 그것들은 "형상적으로" 구별될 뿐이며, 개별자를 유일하고 구체적인 존재자로 구성한다. 이는 화이트헤드주의적 객체에 대해서도 참이다. 영민한 박사의 "형상"의 다양성처럼, 객체들은 우리가 인식하고 이름을 짓고 판단하고 비교하는 "그것"의 "응답자"다. 즉, 이런 조작들이 응답하는 것이자, 결국 그 무언가에 대해 응답될 수 있는 것, 그것이 바로 객체다. 비록 객체가 추상적이거나 영속적인 것으로 드러나긴 하지만, 객체는 결코 되돌아오는 법이 없이 지나가기만 하는 구체적 사건으로부터 고립될 수 없다. 화이트헤드주의적 객체는 찰스 샌더스 퍼스의 기호를 연상시키기도 하는데, 이는 퍼스가 둔스 스코투스의 현수막 아래에 자신의 작업을 위치시켰기에 오히려 적절한 것이다. 실제로 퍼스의 기호는 실재적이지만, 그 의미는 그 기호를 유의미하게 만드는 해석자를 요구한다. 기호가 실재적인 것은 해석하는 인간이 말 없는 또는 "의미 없는" 세계 속에서 기호를 만들지 않기 때문이다. 해석하는 인간은 화이트헤드주의적 인식이 객체를 요구하는 방식으로 기호를 요구한다. 의미작용은 의심의 여지 없이 우리에게 속하지만, 유의미할 수 있는 기호가 존재한다는 사실은 우리가 실재라고 부르는 것에서 소외된 "정신적 첨가물"의 산물이 아니다.

그럼에도 불구하고, 화이트헤드는 퍼스의 기호나 둔스 스코투스의 형상적으로 구별되는 속성들을 출발점으로 삼지 않고, "자연의 추이"라는 이름 아래에서 우리가 알아차리고 있는 것을 출발점으로 삼았다. 구체적 사실은 더 이상 중세 시대에 그랬던 것처럼 개별자의 이름을 나타내지 않으며, 해석의 상황을 환기하지도 않는다. 구체적인 사실은 "사건"이라는 이름으로 환기되었다. 다른 말로 하자면, 문제를 키우는 것은 "이"this 개별적 말馬과 말 일반을 만드는 속성들의 추상적 구성 사이의 대비가 아니다. 문제적인 것은 우리가 이 개별적인 말 자체를 지각하면서 동시에 우리가 알아차리고 있는 것이다. "말해 보라! 거기에 그것이 다시 존재한다!"[1]

---

1. Isabelle Stengers, *Thinking with Whitehead: A Free and Wild Creation of*

그런데 화이트헤드는 "사건이 그러한 사건인 이유는 객체가 그러한 객체이기 때문입니다. … 객체가 그러한 객체인 이유는 사건이 그러한 사건이기 때문이라고 말하는 것도 동등하게 참입니다. 자연이란, 객체들이 사건들 속으로 진입하는 것 없이 사건들과 객체들은 있을 수 없다는 것입니다."(210쪽)라고 말한다. 즉, 구체적 사실인 사건과 다양한 추상화를 표현하는 객체 사이에는 위계가 없다. 어떤 "사람이 '그것'이 결코 같은 법이 없다는 것을 증명할 때, 그럼에도 그 사람은 스스로 부정하고자 하는 어떤 안정성을 함의하는 '그것'을 스스로 말해야 한다는 사실 자체에 고통스러울 정도로 역설적인 것은 아무것도 없다."[2] 또한 지각적 객체가 경험 습관의 결과라는 언명은 반복적 경험의 다발을 기반으로 주체에 의해 구성된 것으로 해석되어서는 안 된다. 여기서 단순한 습관이라는 것은 없으며, 그것은 이후 화이트헤드가 말하는 "존속성"endurance을 표현하는 자연의 사실로 읽을 수 있다.

다른 한편으로, 화이트헤드의 객체를 보편자와 비교하는 것은 편리하지만 다소 오해의 여지가 있다. 화이트헤드가 말하는 객체가 보편자의 문제와 어떤 연관성이 있다는 것은 참

Concepts, tr. Michael Chase (Cambridge, Mass.: Harvard University Press, 2014), pp. 79~80.
2. 같은 책, p. 76.

인 것처럼 보인다. 그러나 "실재론"이라는 단어가 (1) 개별자를 포괄하는 추상적 개념(보편자)의 독립적 현존과 (2) 인간의 정신과 독립된 실재의 현존을 모두 의미할 수 있다고 말할 때 둘 사이에는 연관성과 차이가 모두 있는 것처럼, 화이트헤드주의적 객체와 보편자는 분명 연관성이 있지만 구분된다.

미국의 철학자 이언 보고스트는 언젠가 자신의 단위조작 개념을 구성하면서 "컴퓨터의 편재성과 그 믿기 힘든 계산 능력 때문에 우리는 종종 컴퓨터가 초월적인 형식주의가 아닌 인간 표상의 형식을 사용한다는 점을 잊어버리고는 한다"[3]고 말한 적이 있다. 명백하게 보편자는 인간 경험 내부의 인간 표상의 형식이다. 따라서 객체에 관한 논의에서, 인간 경험 내부의 말이라는 보편자가 인간 경험 외부에도 현존하는지 묻는 것과 인간 표상으로서의 말과 "이" 개별적 말의 차이를 묻는 것에는 차이가 있다. 그레이엄 하먼이나 티머시 모턴, 이언 보고스트 같은 객체지향 존재론의 철학자들은 후자의 물음에 관해 두 말-객체가 다르며, 둘 사이에는 "번역"이 개입하고, 이 과정을 거치지 않고서는 말의 형상이 인간 경험의 내부로 "진입"할 수 없으리라고 말할 것이다. 만일 후자의 물음에서 볼 수 있는 구

---

3. Ian Bogost, *Unit Operations: An Approach To Videogame Criticism* (Cambridge: The MIT Press, 2006), p. 133.

분이 성립하지 않는다면, 두 말-객체는 동일한 것으로 전자의 물음만이 남게 된다. 그렇지만 상술한 논의는 전부 『자연의 개념』의 논의 범위를 벗어난 것이다.

화이트헤드는 이런 방식으로 구분을 세우지 않지만, 어쩌면 다음과 같이 말함으로써 화이트헤드주의적 객체와 보편자 사이의 관계를 정리해볼 수 있을 것이다. 즉, 객체는 보편자를 포함하지만 보편자는 객체를 포함하지 않는다. 화이트헤드가 말하듯 "매우 다양한 종류의 객체가 존재한다는 것은 분명"하며, "어떤 종류의 객체도 다른 종류의 객체들이 사건들에 대해 가지는 종류의 관계들을 가질 수"(210쪽) 없다. 이 책에서는 과학적 객체, 지각적 객체, 감각 객체라는 분류를 통해 객체가 다루어졌다. 그러나 영원한 객체에 관한 후기 화이트헤드의 논의를 포함한다면, 주체적 종의 영원한 객체(주체적 형식)와 객체적 종의 영원한 객체의 구별, 순수한 가능태와 실재적 가능태의 구별 등 다른 시각에서 서로 다른 유형의 객체 사이의 서로 다른 특징을 논할 수 있다. 사변적 실재론이 칸트 이후의 관념론을 비판하는 과정에서, 사변적 실재론자 퀑탱 메이야수는 우리에게 "거대한 바깥"the great outdoors으로 다시 나아갈 것을 촉구한다. 메이야수의 "거대한 바깥"은 통상적으로 우리의 정신 바깥에 얼마나 광활한 세계가 있는지를 보여주기 위해 사용되곤 한다. 그러나 과학철학으로서의 『자연의 개념』은 그 바깥을 내부에서 찾는 일의 가치 또한 고려해야 한다고 속삭인다. 우리는 그 가치를 자기-촉발auto-affection과 이형-촉발hetero-affection의 미로 같은 관계를 보여주는 티머시 모턴의 저작 속에서 찾을 수 있다. 혹은 그레이엄 하먼의 말을 빌리자면, "정신은 외부를 가진 유일한 사물이 아니며 심지어는 외부를 가진 최초의 사물도 아니다."[4]

이 번역서는 많은 사람의 격려와 도움이 있었기에 세상에 나올 수 있었다. 이 책을 펴내는 데 많은 도움을 주신 갈무리 출판사, 아낌없는 조언과 격려를 보내주신 장왕식 교수님, 정강길 선생님, 프리뷰에 힘써주신 박신현 선생님, 신빛나리 예술가님, 심귀연 선생님, 그리고 여기에 소개되지 않은 많은 분께 감사드린다.

2025년 2월
옮긴이 안호성

---

4. Graham Harman, *Skirmishes: With Friends, Enemies, and Neutrals* (Santa Barbara: punctumbooks, 2020), p. 339. [그레이엄 하먼, 『객체지향 교전』, 안호성 옮김, 갈무리, 근간.]

:: 화이트헤드 연보

1861년 알프레드 노스 화이트헤드, 2월 15일 영국의 동남부 켄트주 램즈게이트에서 마을교회의 주교 알프레드 화이트헤드와 부인 마리아 사라(Maria Sarah)의 아들로 태어나다.

1875년 남잉글랜드 중부 도세트주의 사립 샤번 학교에 입학하여 그리스어와 라틴어 중심의 고전 교육을 받았으며, 낭만주의 시인 워즈워스나 퍼시 비시 셸리의 시를 즐기거나 각종 스포츠 활동에 참여하는 등 예체능에도 관심을 보였다.

1880년 케임브리지대학의 트리니티 칼리지에 입학하여 수학을 전공했다.

1885년 트리니티 칼리지로부터 특별 연구원 자격을 받았으며, 수리물리학과 역학 강의를 담당했다.

1890년 12월 16일에 군인, 외교관의 영애로 프랑스에서 자란 이블린 웨이드(Evelyn W. Wade)와 결혼했으며, 결혼 생활은 화이트헤드가 서거하는 1947년까지 계속된다.

1892년 아들 토머스 노스(Thomas North)가 태어나다.

1893년 딸 제시(Jessie)가 태어나다.

1898년 『보편대수론』(*A Treatise on Universal Algebra*)을 출판. 아들 에릭 알프레드가 태어나다.

1900년 버트런드 러셀과 함께 파리의 제1회 국제철학회에 참석하다. 수학자 페아노의 연구에서 영향을 받았으며, 이는 『수학 원리』 출판을 위한 러셀과의 공동 연구의 주요 요인이 된다.

1903년 『보편대수론』의 업적을 인정받아 왕립협회의 회원이 되다.

1906년 『사영기하학의 공리』(*The Axioms of Projective Geometry*), 『물질 세계에 관한 여러 수학적 개념에 관하여』(*On Mathematical Concepts of the Material World*)를 출판.

1907년 『도형 기하학의 공리』(*The Axioms of Descriptive Geometry*)를 출판.

1910년 화이트헤드와 러셀의 공저 『수학 원리』(*Principia Mathematica*) 제1권이 케임브리지에서 출판되다. 수학적 형식화에 관한 작업은 화이트헤드가 담당하였고, 그에 대한 철학적 기초 작업은 러셀이 담당하였다. 출판비 마련을 위해 러셀과 서로 50파운드씩 부담한다. 케임브리지를 떠나 런던으로 가다.

1911년 『수학 입문』(*An Introduction to Mathematics*) 출판.

1912년 화이트헤드와 러셀의 공저 『수학 원리』 제2권 출판.

1913년 화이트헤드와 러셀의 공저 『수학 원리』 제3권 출판.

1914년 런던대학의 임페리얼 과학기술 칼리지의 응용수학 정교수로 취임.

1915년 『공간, 시간 그리고 상대성』(*Space, Time, and Relativity*) 출판. 독자적인 시공론에 입각한 상대성 이론을 전개한다.

1916년 『교육의 목적』(*The Aims of Education*)을 출판.

1917년 『사고의 조직화』(*The Organization of Thought*), 『몇몇 과학적 관념의 분석』(*The Anatomy of Some Scientific Ideas*)을 출판.

1918년 아들 에릭이 3월 13일 프랑스에서 총에 맞다.

1919년 『자연인식의 원리』(*An Inquiry Concerning the Principles of Natural Knowledge*)를 출판. 이 책은 물리학의 기초 개념의 형식화를 제공하며 과학철학이 나아갈 방향을 제시한다.

1920년 『자연의 개념』(*The Concept of Nature*)을 출판. 사변적 물리학을 재조직하는 데 필수적인 전제가 되는 자연철학의 기반을 마련한다.

1922년 『상대성의 원리』(*The Principle of Relativity, with Applications to Physical Science*)를 출판. 아인슈타인의 관점에 대한 대안을 제시한다. 아리스토텔레스 협회장으로 임명된다.

1924년 런던대학을 정년퇴직하고 2월 6일 하버드대학의 초빙을 받는다. 초빙을 수락하여 하버드대학 철학 정교수가 된다.

1925년 로웰 강의 『과학과 근대세계』(*Science and the Modern World*) 출판. 이 저작은 하버드대학 교수 시절의 첫 작품으로서, 과학철학에서 형이상학으로 발전해 가는 과도기의 저작이다.

1926년 로웰 강의 『형성 중인 종교』(*Religion in the Making*) 출판. 9월에 제6회 국제철학회에 참석하여 논문을 발표하고, 그 논문은 『시간』이라는 제목으로 출판된다.

1927년 『상징작용: 그 의미와 효과』(*Symbolism: Its Meaning and Effect*)를 출판. 에든버러 대학의 기포드 강사가 된다.

1929년 기포드 강의의 증보판이 『과정과 실재』(*Process and Reality*)로 출판되고, 같은 해에 『이성의 기능』(*The Function of Reason*)이 출판된다. 『과정과 실재』에서는 유기체 철학으로서의 그의 형이상학 체계가 집대성된다.

1931년 영국아카데미 회원이 된다.

1933년 『관념의 모험』(*Adventures of Ideas*) 출판. 이 저작은 『과학과 근대 세계』, 『과정과 실재』와 나란히 "형이상학 3부작"으로 불린다.

1934년 『자연과 생명』(*Nature and Life*)을 출판하고, 논문 「지시, 모임, 수, 유효화」(*Indication, Classes, Numbers, Validation*)를 발표. 같은 해에 출판된 W. V. 콰인의 『기호 논리학 체계』의 서문을 쓰다.

1937년 하버드대학을 정년퇴직하고 명예 교수가 되다.

1938년 『사고의 양태』(*Modes of Thought*) 출판. 이 책은 그의 형이상학적 체계의 기본 입장을 비전문적인 언어로 기술한다.

1939년 논문 「수학과 선」(*Mathematics and the Good*), 「건전한 정신에의 호소」(*An Appeal to Sanity*)를 발표.

1941년 P. A. 쉴프 편집 총서 『알프레드 노스 화이트헤드의 철학』에 그의 논문, 「불멸성」(*Immortality*)과 앞에 기술한 「수학과 선」, 그리고 최초로 그의 「자서전」이 게재되다.

1942년 2월에 정치적 문제를 철학적으로 고찰한 논문 「재건의 문제」(*The Problem of Reconstruction*)를 발표.

1945년 영국 정부로부터 메리트 훈장(Order of Merit)을 받다.

1947년 『과학과 철학 논문집』(*Essays in Science and Philosophy*) 출판. 12월 30일, 하버드대학교 교외에서 뇌졸중으로 일생을 마치다.

:: 화이트헤드 저작 목록

1898 : *A Treatise on Universal Algebra with Applications*, Cambridge : Cambridge University Press.

1902 : "On Cardinal Numbers", *American Journal of Mathematics*, 24(4) : 367-394. doi:10.2307/2370026

1906 : "On Mathematical Concepts of the Material World", *Philosophical Transactions of the Royal Society of London*, Series A, 205(387-401):465-525. doi:10.1098/rsta.1906.0014

1906 : *The Axioms of Projective Geometry*, Cambridge : Cambridge University Press.

1907 : *The Axioms of Descriptive Geometry*, Cambridge : Cambridge University Press.

1910 : "The Philosophy of Mathematics", *Science Progress in the Twentieth Century*, 5 : 234-239.

1910, 1912, 1913 : (with Bertrand Russell), *Principia Mathematica*, 3 volumes, Cambridge : Cambridge University Press.

1911 : *An Introduction to Mathematics*, Oxford : Oxford University Press, 1958. [『수학이란 무엇인가』, 오채환 옮김, 궁리, 2009.]

1916 : "La theorie relationniste de l'espace", *Revue de Metaphysique et*

Morale, 23(3) : 423-454.

1917 : *The Organisation of Thought : Educational and Scientific*, London : Williams and Norgate. Reprinted Westport, Connecticut : Greenwood Press, 1974.

1919 : *An Enquiry Concerning the Principles of Natural Knowledge*, Cambridge. [『자연인식의 원리』, 전병기 옮김, 이문출판사, 1998.]

1919 : "A Revolution of Science", *The Nation (London)*, November 15, 26 : 232-233.

1920 : *The Concept of Nature*, Cambridge : Cambridge University Press. [『자연의 개념』, 안호성 옮김, 갈무리, 2025.]

1922 : *The Principle of Relativity with Applications to Physical Science*, Cambridge : Cambridge University Press. Reprinted New York : Dover Publications, 2004. [『상대성 원리』, 전병기 옮김, 이문출판사, 1998.]

1926 : *Science and the Modern World*, (Lowell Institute Lectures 1925), Cambridge : Cambridge University Press. Reprinted New York : The Free Press, 1967. [『과학과 근대 세계』, 오영환 옮김, 서광사, 2008.]

1926 : *Religion in the Making*, (Lowell Institute Lectures 1926), New York : The Macmillan Company. Reprinted New York : Fordham University Press, 1996. [『종교란 무엇인가』, 문창옥 옮김, 사월의책, 2015.]

1927 : *Symbolism : Its Meaning and Effect*, New York : Macmillan. Reprinted New York : Fordham University Press, 1985. [『상징활동 : 그 의미와 효과』, 문창옥 옮김, 동과서, 2003.]

1929 : *The Aims of Education and Other Essays*, New York : The Macmillan Company. [『교육의 목적』, 유재덕 옮김, 소망, 2009.]

1929 : *The Function of Reason*, Princeton : Princeton University Press. Reprinted Boston : Beacon Press, 1958. [『이성의 기능』, 김용옥 옮김, 통나무, 1998.]

1929 : *Process and Reality*, (Gifford Lectures 1927~28), New York : Macmillan. Corrected edition, David Ray Griffin & Donald W. Sherburne (eds.), New York : The Free Press, 1985. [『과정과 실재』, 오영환 옮김, 민음사, 2003.]

1933 : *Adventures of Ideas*, New York : Macmillan Company. Reprinted New York : The Free Press, 1967. [『관념의 모험』, 오영환 옮김, 한길사, 1997.]

1934 : *Nature and Life*, Chicago : University of Chicago Press. Reprinted Cambridge : Cambridge University Press, 2011.

1938 : *Modes of Thought,* New York : Macmillan Company. Reprinted New York : The Free Press, 1968. [『사고의 양태』, 오영환·문창옥 옮김, 치우, 2012.]

1947 : *Essays in Science and Philosophy*, New York : Philosophical Library. Reprinted Westport, Connecticut : Greenwood Press, 1968.

1954 : *Dialogues of Alfred North Whitehead*, Lucien Price (ed.), Boston : Little Brown. Reprinted Westport, Connecticut : Greenwood

Press. [『화이트헤드와의 대화』, 오영환 옮김, 궁리, 2006.]

1961 : *The Interpretation of Science, Selected Essays*, A. H. Johnson, (ed.), New York : Bobbs-Merrill.

2017 : *The Harvard Lectures of Alfred North Whitehead 1924-1925 : Philosophical Presuppositions of Science*, (The Edinburgh Critical Edition of the Complete Works of Alfred North Whitehead), Paul Bogaard & Jason Bell (eds.), Edinburgh : Edinburgh University Press.

:: 인명 찾아보기

ㄱ

갈릴레이, 갈릴레오(Galilei, Galileo) 202

ㄴ

뉴턴, 아이작(Newton, Issac) 47, 198, 201, 202

ㄷ

더딩턴, 미시즈(Duddington, Mrs) 74

ㄹ

라그랑주, 조제프루이(Lagrange, Joseph-Louis) 202
라모, 조셉(Larmor, Joseph) 191
러셀, 버트런드(Russell, Bertrand) 26, 179, 180, 297, 298, 301
로렌츠, H. A.(Lorentz, H. A.) 191, 194

로스키, N. O.(Lossky, N. O.) 74
로크, 존(Locke, John) 47

ㅁ

맥스웰, 제임스 클러크(Maxwell, James Clerk) 191, 193
민코프스키, 헤르만(Minkowski, Hermann) 8, 191
밀턴, 존(Milton, John) 57

ㅂ

버클리, 조지(Berkeley, George) 48
베르그손, 앙리(Bergson, Henri) 85
베블런, 오즈월드(Veblen, Oswald) 59
베이컨, 프란시스(Bacon, Francis) 120
브로드, C. D.(Broad, C. D.) 8

ㅅ

셸링, 프리드리히 빌헬름 요제프 폰

(Schelling, Friedrich Wilhelm Joseph von) 74

ㅇ

아리스토텔레스(Aristotle) 8, 33~37, 43, 75, 109, 217, 283, 299
아브라함(Abraham) 156
아인슈타인, 알베르트(Einstein, Albert) 7, 8, 152, 191, 238, 239, 261~264, 274, 286, 299
알렉산더, 교수(Alexander, Prof.) 8
알프레드 대왕(Alfred the Great) 199
영, 존 웨슬리(Young, John Wesley) 59
오일러, 레온하르트 파울(Euler, Leonhard Paul) 116, 202
유클리드(Euclid) 130, 141, 142, 188, 262, 283
율리우스 카이사르(Julius Caesar) 59
잉게 박사(Inge, Dr) 75

ㅌ

타너, 에드워드(Tarner, Edward) 5, 12

ㅍ

패러데이, 마이클(Faraday, Michael) 212
푸앵카레, 쥘 앙리(Poincare, Jules Henri) 178~180
푸코, 레옹(Foucault, Leon) 200, 279
프레넬, 오귀스탱 장(Fresnel, Augustin Jean) 194
플라톤(Plato) 33~35, 43, 283
피츠제랄드, 조지 프랜시스(Fitzgerald, George Francis) 194

ㅎ

히스, T.L(Heath, Sir T. L.) 282, 283

:: 용어 찾아보기

ㄱ

감각-객체(sense-object) 216, 219,
　222~229, 231, 234, 245, 246
감각-알아차림(sense-awareness)
　15~17, 22, 26, 28~33, 36, 37, 41,
　43, 47~49, 51, 78~90, 92, 95, 98,
　100~103, 105, 106, 108~110, 114,
　115, 138, 139, 145, 146, 155~158,
　160~163, 172, 178, 179, 181~184,
　203, 205, 208, 209, 216~220, 223,
　224, 234, 266, 270~272, 288
감각-인식(sense-recognition) 208,
　272
감각-지각(sense-perception) 14~18,
　22, 30, 32, 70, 151, 194
개념적 자연(conceptual nature) 72,
　290
개체성(individuality) 22, 28~30, 79,
　92, 268
객체(object) 49~51, 59~61, 67, 69,
　70, 73, 118, 119, 122, 171, 172,
　176, 182~184, 186, 191, 195, 201,
　208~213, 215, 216, 219, 222,
　224~234, 245~248, 269, 270, 272,
　273, 277~282, 287, 289~295
경계(boundary) 8, 76, 83, 98, 105, 107,
　131, 132, 134, 150, 152, 153, 165
경계-입자(boundary-particle) 150
경계적 찰나(boundary moment)
　97~99, 150
경로(route) 92, 96, 128, 139, 140, 148,
　153, 154, 164, 165, 170, 172, 249,
　260, 263, 270, 274, 280
계량 기하학(metrical geometry) 177,
　188
계산의 정식(formula of calculation)
　71
계수(coefficients) 194, 263
곧은 경로(straight route) 154
공간(space) 7, 8, 29, 33, 34, 37~43,
　52, 53, 55~64, 67~69, 73, 80,
　82, 83, 89, 106~108, 114, 115,
　119, 120, 125, 129, 130, 135~137,

141~146, 148~153, 155~158, 164, 167~173, 176, 177, 179~181, 185, 187~190, 192~197, 200~205, 210, 212, 231~233, 239, 240, 243, 244, 249~256, 258, 259, 261, 262, 264, 266, 274, 276~280, 284

공간-순서(spatial-order) 59, 60, 143

공간의 점(point of space) 60, 129, 130, 135, 167, 170, 173, 254, 255, 284

공간적 순서(spatial order) 143

공간-체계(space-system) 256, 258, 259

공리(axiom) 59, 65, 117, 118, 156, 165, 177, 186~190, 211

공액(cogredience) 82, 161~166, 230, 271, 276, 277

공-현재(co-present) 255, 256

과거(the past) 39, 58, 83, 99, 103, 104, 109~111, 161~163, 199, 212, 223, 253, 255

과정(process) 29~31, 33, 37, 38, 41, 46, 49, 55, 61, 84, 85, 99, 101, 102, 129, 177, 184, 195, 224, 227, 230, 270, 287, 294

과학(science) 8, 12~14, 33, 34, 37, 41, 42, 44, 46~48, 54, 59, 64~66, 69, 71~73, 85, 89, 107, 108, 120, 130, 145, 152, 193, 195, 196, 198, 202, 203, 210, 211, 214, 215, 222, 230, 236, 239, 243, 245~248, 250, 286, 289

과학적 객체(scientific object) 216, 229, 230, 234, 245~247, 287, 295

과학철학(philosophy of the sciences) 5, 12~14, 32, 34, 42, 49, 50, 54, 286

관념론자(idealists) 107

관찰적 현재(observational present) 270

광선(ray of light) 263, 264, 270, 280

교차하는 장소(locus of intersection) 136

구체적 사실(concrete facts) 242, 247, 289, 292, 293

균등한 객체(uniform object) 234

그것(it) 21~23, 205, 291, 293

그리스 사상(Greek thought) 33, 34, 43, 283

그리스 철학(Greek philosophy) 33, 37

극한(limit) 90, 94, 95, 97, 123, 124, 126, 128, 130, 135, 138, 163, 208, 227, 233, 249, 250, 280

기술적 구절(descriptive phrase) 25, 27
기억(memory) 103~105, 110, 181, 183
기체(substratum) 33, 36~39
기하학(geometry) 59, 170, 174, 177, 178, 188, 275

ㄴ

내적 특성(intrinsic properties) 97
내적 특징(intrinsic character) 105, 122, 125, 126, 128, 129, 133, 135, 136, 140, 141, 167, 171, 230, 275
능동적 조건(active conditions) 221, 222, 225, 228

ㄷ

다수성(multiplicity) 41, 42
단순성(simplicity) 46, 47, 65, 81, 82, 90, 104, 120, 124, 126, 128, 140, 141, 229, 236, 248~250, 259
대칭(symmetry) 173, 184, 188~190
데데킨트주의(Dedekindian) 152
데데킨트주의적 연속성(Dedekindian continuity) 152
동시성(simultaneity) 83, 84, 86, 88, 281

ㄹ

라이프니츠의 모나드론(Leibnizian monadology) 218
런던(London) 21, 145, 241, 248, 298

ㅁ

망라(covering) 126~129, 131~133, 136, 137, 139~141, 148, 150, 151, 155, 165, 166
망상(delusions) 52, 62
망상적 지각적 객체(delusive perceptual object) 225
면적(area) 148, 153, 232, 251
무관한 것의 무한대(infinitude of irrelevance) 28
무시간적 공간(timeless space) 130, 131, 137, 143~145, 148, 157, 158, 164, 167~169, 172, 173, 196, 197, 232, 233, 254, 255, 276, 279, 284
무시간적 점(timeless point) 276
무한 사건(infinite events) 284
물리적 객체(physical object) 225~229, 234, 245, 246

물리적 장(physical field) 261, 273, 275, 277
물질(matter) 33, 34, 36~44, 46~48, 69, 73, 89, 107, 108, 110, 115, 126, 193, 204, 245, 272, 286, 289
물질적 객체(material object) 60, 61, 69, 73, 246, 269, 272, 277, 282
물질적 에테르(material ether) 120
미래(the future) 58, 83, 99, 109~111, 172, 223, 253, 255, 262
미분 방정식(differential equations) 282

ㅂ

배제(exclusion) 268
변화의 균등성(uniformity of change) 203
복합체(complex) 17, 18, 22, 23, 25, 29, 33, 79, 82, 84, 87, 108, 158, 240, 248, 278, 288
부분(part) 13, 30, 31, 34, 41~43, 53, 66, 69, 70, 91~95, 98, 114, 116~118, 120~122, 125~127, 130, 131, 141, 149, 150, 158, 159, 163~167, 181, 182, 201, 204, 205, 209, 242, 248, 253, 264, 268, 278, 283, 284
부정관사(a [or an]) 26
부피(volume) 42, 43, 60, 64, 126, 135, 138, 151~154, 203, 232, 251
분자(molecule) 35, 50~52, 54, 55, 67, 70~72, 119, 215, 242, 247, 248, 272, 287
불가역성(irrevocableness) 58, 61
비교(comparison) 155, 181, 182, 188, 208, 209, 271, 276, 277
빈 공간(empty space) 119, 210
빛(light) 7, 44, 46~48, 50, 66, 73, 110, 146, 191, 194, 212, 219, 221, 228, 257, 258, 263, 277, 280
빛의 속도(velocity of light) 191, 194, 257, 258, 280

ㅅ

사건(event) 31~33, 36, 37, 43, 51, 52, 55, 57~59, 61~63, 73, 82~84, 90~93, 101, 102, 106, 114~125, 127~131, 135, 149~155, 158~160, 162~166, 170~173, 182~184, 191, 195, 205, 208~213, 216, 217, 219~223, 225~230, 232, 233, 240~250, 256, 259, 260, 266~274,

277, 278, 280, 281, 284, 285, 287, 289~293, 295
사건들의 구조(structure of events) 82, 240, 242
사건들의 에테르(ether of events) 120, 191
사건들의 연속성(continuity of events) 116, 165
사건들의 추이(passage of events) 56, 205, 227
사건들의 흐름(stream of events) 230, 241, 245
사건의 경계(demarcation of event) 131, 150, 152, 165
사건의 구조(structure of event) 82, 241
사건의 추이(passage of event) 182, 195
사건-입자(event particle) 130~132, 134, 135, 139~141, 148~151, 153~155, 157, 165~168, 170~173, 186~188, 196, 249~255, 259~262, 274~276
사고(thought) 14~18, 22~24, 27~30, 32~34, 38, 39, 46, 49, 57, 60, 66, 76, 89, 91, 92, 95, 101, 102, 104, 115, 122, 130, 134, 141, 152, 157, 158, 195, 205, 211, 227, 235, 238, 239, 281, 288

사변적 물리학(speculative physics) 8, 52, 299

사변적 지시(speculative demonstration) 21~23

사실(fact) 7, 14~16, 21, 28~31, 33, 37, 38, 42, 44, 51~53, 56, 57, 65~67, 70, 72, 73, 75, 78, 79, 83, 85~89, 95, 100, 103~105, 108~110, 114, 118, 120, 125, 127~129, 137, 140, 146, 148, 151, 152, 156, 158, 160, 163, 170, 174, 178, 180, 181, 184, 185, 189~191, 193, 195, 197, 200, 203, 204, 211~214, 217, 218, 220, 222, 224, 226, 236, 239, 241, 243, 244, 247, 258~260, 262, 268~270, 272~274, 276, 277, 279, 281, 288, 289, 292, 293

상대성(relativity) 7, 8, 55, 58, 60, 61, 67, 129, 191, 196, 197, 202, 244, 250~252, 254, 259, 276, 277, 279, 286, 298

상대 운동(relative motion) 191, 196, 198

상황(situation) 31, 36, 70, 118, 119, 122, 182, 213~215, 217, 219~223,

225~228, 230~232, 234, 241, 242, 246, 260, 270, 272, 273, 279, 292
생략적 어법(elliptical phraseology) 21, 23, 24
설명(explanation) 6, 7, 43, 47~50, 66, 71, 74, 82, 84, 96, 108, 145, 146, 148, 164, 177, 193, 194, 199, 201~204, 215, 236, 239, 251, 275, 279, 282
성분(ingredient) 16, 30, 38, 50, 90, 119, 125, 126, 158, 203, 205, 208~211
성질(quality) 20, 47, 56, 68, 69, 73, 81, 86, 100, 101, 114, 136~138, 148, 151, 162, 163, 167, 182, 204, 215, 240, 268, 275, 279
소리(sound) 46, 47, 68~70, 80, 204, 216, 217, 226, 228, 245, 280, 287
소재(location) 232, 233
소진 불가성(unexhaustiveness) 30, 288, 289
속성(attribute) 33, 38~40, 46, 47, 218, 226, 291, 292
수렴(convergence) 96, 120, 125, 126, 128, 135, 274
수렴의 법칙(law of convergence) 125
수송(conveyance) 224, 225
수직성(perpendicularity) 172~174, 187, 277
순간(instant) 30, 56~59, 61, 89, 95, 97, 101, 107, 108, 126, 136, 145, 151, 170, 196, 212, 219, 249, 260, 283
순간성(instantaneousness) 88, 89, 106
순간적 공간(instantaneous spaces) 107, 108, 130, 135~138, 141~145, 151, 153, 155, 167, 170~173, 180, 232, 233, 255, 274, 276
순간적 평면(instantaneous plane) 136, 137, 142, 173
순간적 현재(instantaneous present) 109~111, 253, 255
순간-점(punct) 137~141, 143
순간-직선(rect) 137, 138, 141~143, 154, 155, 170~173, 186~188, 192
순간-평면(level) 137~139, 141~143, 149, 173, 185~187
순서의 근거(source of order) 277
술어(predicate) 35, 36
술어화(predication) 36, 37
시간(time) 7, 8, 29, 33, 34, 37~39, 41~43, 52, 55~65, 67, 69, 73, 78, 81~86, 93, 95, 99~102, 104, 106~108, 111, 115, 119, 120, 125,

129, 131, 142~144, 146, 159, 176, 181, 187, 188, 190, 192~195, 198, 201~203, 205, 210, 216, 227, 231, 232, 234, 240~244, 249~255, 258, 259, 261, 266, 274, 276, 277, 279, 280, 284

시간-계열(time-series) 121, 256, 257

시간의 주기(period of time) 64, 81, 82, 198

시간의 초월성(transcendence of time) 64

시간의 측정(measurement of time) 55, 100, 143, 202, 203, 251, 253

시간적 계열(temporal series) 100~103, 106, 108, 109, 129, 130, 136, 142, 148, 149, 157

시간적 순서(temporal order) 143

시간-체계(time-system) 34, 87, 137, 142, 143, 145, 148, 155~157, 163~173, 185~190, 200, 201, 230, 232, 256, 258, 259, 273~280, 282, 284

시간 측정(measurement of time) 199, 202, 253

시공간 다양체(space-time manifold) 250~253, 260, 261

시공간적 구조(spatio-temporal structure) 249

실재(reality) 49, 52, 54, 57, 67, 69, 70, 73, 86, 156, 211, 218, 290, 292, 294

실체(substance) 33, 35~40, 46, 47, 101, 218

ㅇ

아리스토텔레스 논리학(Aristotelian logic) 217

안티프라임(anti-prime) 133, 134

알렉산드리아(Alexandria) 108

알아차림(awareness) 15, 23, 28, 29, 31, 40, 49, 52, 79, 82, 87, 103, 105, 158, 159, 163, 169, 208, 209, 220

양자 이론(quantum theory) 234, 286

어디서(where) 119, 159

언제(when) 119, 159

에테르(ether) 36~38, 54, 71, 119, 120, 191, 193, 231, 244, 257, 258

여기(here) 158, 160~164

역선관(tubes of force) 212

역설(paradox) 195~198, 243, 251, 255, 264, 276

역학적 축(dynamical axes) 201

연속성(continuity) 91~93, 116, 118,

150, 152, 165, 227
연장(extension) 41, 42, 56, 59, 82, 86, 89~91, 93~95, 97, 100, 102, 104, 107, 108, 116, 121, 122, 127, 129, 130, 134, 157, 203, 249, 266~268, 272, 278, 279, 281, 284
연장된 자연(extended nature) 281
연장 추상화(extensive abstraction) 100, 121, 129
연합-잠재력(associate-potential) 262
영속성(permanence) 209, 241, 248, 281
예기(anticipation) 105, 110
오류(error) 6, 156, 160, 213, 236, 267
외부(outside) 53, 54, 80, 98, 149, 150, 294
외양적 자연(apparent nature) 52, 53, 61, 63, 65, 71
외적 특징(extrinsic character) 105, 125, 126, 130, 135, 167, 275
요소(element) 15, 29, 43, 50, 55, 57, 78, 79, 81, 83, 88, 99, 115, 128~132, 135~141, 148, 151~154, 160, 166, 208, 209, 224, 232, 233, 241, 243, 247, 250, 261~264, 267, 284, 290

요인(factors) 15, 16, 24, 28~33, 35, 37, 39, 54, 72, 78~80, 84, 85, 89, 92, 108, 110, 114, 115, 145, 158~160, 179, 181~183, 194, 198, 199, 205, 208, 216~218, 224, 235, 247, 257, 271, 272, 288, 290
운동(motion) 44, 155, 156, 161, 170~172, 184, 185, 188~190, 193, 196, 198~202, 244, 257, 258, 260, 263, 271, 276, 278, 279
운동 대칭(kinetic symmetry) 188~190
운동량(momentum) 156
운동 에너지(kinetic energy) 156
운동의 법칙(laws of motion) 198~200, 202, 203, 260, 263
원격작용(action at a distance) 230, 231, 273
원심력(centrifugal force) 200
원자(atom) 35, 71, 72
위치(position) 30, 62, 68, 69, 106, 114, 135, 136, 138, 140, 143, 148, 149, 151, 155~158, 164, 167, 176, 177, 179, 196, 212, 213, 220, 230, 232, 240, 244, 246, 251, 259, 262, 271, 275, 276, 279
유랑 면적(vagrant area) 153

유랑 입체(vagrant solid) 152
유물론(materialism) 69, 107~110, 115, 119, 120, 152, 180, 289
유한한 진리(finite truths) 28
의미작용(significance) 81, 269~271, 278, 284, 292
의회제정법(parliament) 176
이분화(bifurcation) 6, 52~54, 61, 62, 65, 67, 68, 70, 71, 266, 269, 287
이차 성질(secondary qualities) 47, 68, 204, 215
인과관계(causation) 53, 66, 212
인과적 자연(causal nature) 52~54, 61, 63, 64, 67, 286
인식(recognition) 140, 177, 181, 182, 208~210, 246, 271, 272, 274, 292
일차 성질(primary qualities) 47, 215
임계 속도(critical velocity) 277, 280
임페투스(impetus) 261~264
임페투스 계수(coefficients of impetus) 263

ㅈ

자기-합동(self-congruence) 177, 281
자연(nature) 6, 14~18, 22, 24, 28~35, 37~44, 47~58, 60~75, 79~86, 88, 90~93, 95~111, 114~118, 122, 125, 126, 129, 136, 137, 140, 144, 145, 148, 152, 155~164, 170, 172, 174, 178~184, 188, 190, 191, 194, 198, 199, 203~205, 208~212, 214~218, 220~225, 228~230, 234, 235, 240~245, 247, 249, 250, 252, 256, 259, 266~271, 273, 274, 277~279, 281, 282, 284, 286~290, 292, 293
자연과학의 철학(philosophy of natural science) 14, 49, 63, 72, 288
자연법칙(laws of nature) 44, 72, 115, 205, 223, 242, 260, 282
자연의 과정(process of nature) 31, 33, 38, 85
자연의 다양화(diversification of nature) 32
자연의 닫힘(closure of nature) 17
자연의 사건들의 추이(passage of the events of nature) 205
자연의 성층(stratification of nature) 269, 278, 279
자연의 연속성(continuity of nature) 91, 93, 116
자연의 체계(system of nature) 204
자연의 추이(passage of nature) 34,

56, 85, 86, 88, 92, 98~100, 102, 103, 105, 106, 110, 111, 115, 161, 164, 208, 209, 216, 292
자연철학(natural philosophy) 6, 8, 35, 43, 50, 51, 78, 107, 109, 203, 226, 227, 232, 235, 236, 280, 289, 299
자이로 나침반(gyro-compass) 279
잠재력(potential) 262
장소(place) 67, 81, 82, 136, 141, 150~152, 155, 166~168, 170, 173, 210, 240
저기/거기(there) 162~164, 272
저기압(cyclone) 200, 279
저 너머(beyond) 268, 284
적분(integral) 263, 264
전달(transmission) 5, 18, 24, 46, 48, 69, 95, 100, 108, 181, 190, 228, 266
전달작용(action by transmission) 230, 273
전자(electron) 52, 54, 72, 212, 215, 229, 230, 234, 242, 247, 248, 268, 272, 277, 287, 290, 295
전자기장(electromagnetic field) 119, 191, 193, 212, 258, 263, 280
전하(charge) 212, 229, 231, 234

절대 위치(absolute position) 156~158, 164, 167, 196, 271
점(point) 41, 42, 59, 60, 126, 129, 130, 132, 135, 137, 140, 144, 157, 167~171, 173, 176, 177, 185, 186, 188, 192, 193, 196, 197, 201, 203, 212, 232, 249, 250, 252~255, 275, 276, 283, 284
점-궤적(point-track) 167, 168, 170, 186, 192, 284
점-섬광(point-flash) 249, 250, 252
점유(occupation) 40, 41, 57, 59, 60, 150
접합(junction) 116~118, 150
정관사(the) 26
정류(station) 154, 155, 162~164, 166, 167
정류적 사건(stationary events) 285
정신(mind) 16, 17, 30, 33, 47~54, 62, 64, 66, 68, 73, 76, 85, 87, 88, 102~107, 110, 158~160, 163, 164, 178, 204, 208, 214, 217, 266, 286, 287, 294
정신적 첨가물(psychic additions) 50, 51, 68, 69, 269, 292
정지(rest) 41, 156, 161, 165, 167, 168, 171, 185, 189, 197, 200, 258, 262,

271, 276, 278, 282

정합성(coherence) 50, 66

제한된 사건(limited event) 90, 114, 121, 125, 249

제한된 이론(restricted theory) 277

조건화 사건(conditioning events) 220, 221, 226, 228

존재자(entity) 16~23, 25, 27~33, 37~39, 41, 42, 48, 50, 52, 55, 61, 65, 70, 72, 73, 76, 78~82, 84, 87, 88, 92, 95, 100, 101, 105, 107, 108, 118, 121, 130, 139, 144, 145, 169, 170, 182, 196, 198, 203, 205, 230, 235, 244, 247, 250, 252, 254, 266, 288, 291

종점(terminus) 16, 17, 28~31, 33, 84~86, 101, 103, 105, 108, 138, 162, 163

주어(subject) 35

중력(gravitation) 152, 247, 258~263

중력장(gravitational field) 261, 263, 280, 282

즉각성(immediacy) 83, 105, 106, 109, 157

지각(perception) 16, 47~51, 57, 64, 66, 69, 70, 73, 76, 109, 152, 154, 158~162, 164, 170, 172, 181, 184, 215, 223, 226, 255, 270, 272, 280, 287

지각력(percipience) 48, 161, 163, 164

지각의 즉각성(immediacy of perception) 109

지각적 객체(perceptual object) 216, 219, 222~226, 287, 290, 293, 295

지각하는 사건(percipient event) 158~164, 220~223, 225, 226, 229, 267, 270, 271

지속(duration) 42, 56, 60, 84~87, 90~99, 102~105, 109~111, 114, 121, 129, 130, 134, 150, 158~167, 182, 227, 230, 233, 249, 267~271, 273~275, 278, 284

지속 족(family of durations) 87, 93, 98, 99, 102, 109, 110, 129, 130, 274

지시적 구절(demonstrative phrase) 18~21, 23, 25~27

지식(knowledge) 5, 12, 13, 28~31, 33, 49~54, 56, 61, 63~66, 72, 75, 78, 79, 85, 89, 90, 96, 99, 101, 183, 194, 205, 228, 263, 266, 267, 269, 271, 272, 278, 279, 284, 287, 288, 290

직선(straight line) 137, 148, 154, 168~173, 177, 184, 185, 203, 275

진입(ingression) 209~213, 215, 221, 225, 226, 294
집합체(aggregate) 31, 42, 105, 107, 108, 116, 131, 138, 149~151, 166, 203, 274, 275

ㅊ

찰나(moment) 89, 90, 93, 96~100, 104, 105, 129, 133~138, 140~143, 148~153, 155, 157, 164, 165, 167~173, 185, 187, 227, 232, 233, 274~276, 284
찰나 족(family of moments) 97, 99, 129, 185
찰나적 경로(momental route) 153, 154
찰나적 면적(momental area) 153
창조적 전진(creative advance) 56, 256, 257
척도-체계(measure-system) 256, 282
철학(philosophy) 6~8, 13, 14, 33, 35, 37~39, 41, 42, 46~49, 63, 68, 72, 76, 107, 109, 194, 196, 210, 211, 217, 218, 286, 288~290
총체성(totality) 83, 131, 134, 160

추상(abstractive) 95~97, 102, 104, 121, 122, 124~141, 148, 149, 151, 153, 154, 160, 166, 196, 227, 232, 284
추상 요소(abstractive element) 128~132, 136~141, 148, 151~154, 166, 232, 284
추상적 힘이 동등하다(equal in abstractive force) 127
추상 집합(abstractive set) 95~98, 104, 121, 122, 124~135, 139~141, 149, 151~154, 166, 196, 227, 233
추상화(abstraction) 30, 33, 37, 39, 51, 55, 56, 61, 75, 99, 101, 119, 121, 126, 129, 183, 243, 247, 250, 259, 272, 289~291, 293
측정(measurement) 34, 55, 100, 143, 176, 177, 184, 190, 199, 201, 202, 251~256, 262, 278, 279, 281, 282
측정가능성(measurableness) 87, 253, 278

ㅋ

케임브리지(Cambridge) 145, 216, 219, 222, 297, 298

ㅌ

텐서(tensor) 7, 262
『티마이오스』(the Timaeus) 34, 35, 38, 43

ㅍ

파리(Paris) 131, 200
평면(plane) 136, 137, 142, 173, 177, 185, 275
평행(parallel) 97, 98, 169, 185~187, 273~275
평행사변형(parallelogram) 186, 187
평행성(parallelism) 141, 142, 185, 275
평행 지속(parallel durations) 273, 274
포함(inclusion) 267, 268, 271
프라임(prime) 151
피타고라스 학파(Pythagoreans) 283

ㅎ

한정적(definite) 23, 28, 29, 32, 62, 78, 84, 95, 97, 99, 107, 111, 114, 116, 123, 125, 126, 128, 139, 143, 148, 158, 161, 164, 169, 174, 179, 185, 188, 197, 198, 200, 201, 210, 219, 220, 223, 229, 231, 233, 240, 248, 252, 253, 255, 259, 261, 271, 274, 278, 279, 284
합동(congruence) 100, 143, 148, 173, 176~181, 184~188, 190, 198, 199, 203, 277, 279, 281
항력 계수(coefficient of drag) 194
행동주의적(behaviouristic) 266
행렬(matrix) 170, 171
현재(the present) 31, 43, 46, 48, 72, 83, 88, 103~106, 109~111, 114, 145, 159, 161~164, 181, 182, 196, 205, 227, 253, 255, 267, 269~271, 284
형이상학(metaphysics) 14, 17, 28, 33, 39, 44, 48~50, 54, 73, 74, 76, 86, 101, 176, 287~300
형이상학적 과학(metaphysical science) 54
활동성의 장(field of activity) 246, 247, 260, 261
회귀(recurrence) 58
회전(rotation) 200, 279

기타

4차원 다양체(four-dimensional manifold) 149, 150, 153, 157, 186, 254, 261, 262

4차원 시공간 다양체(four-dimensional space-time manifold) 250, 252, 260